파이썬
핵심
개발자들과의
인터뷰

추천사

파이썬 인터뷰에 오신 것을 환영합니다!

사람들은 종종 오픈 소스 프로그래밍 언어에 대한 중요한 부분을 잊고, 언어와 관련된 기술에만 관심을 가지곤 합니다. 가령, 언어 그 자체에 대한 관심이나 사용할 수 있는 라이브러리, 혹은 그 언어로 만든 멋진 제품 같은 것에 말이죠. 하지만 프로그래밍 언어가 만들어질 때부터 있었고, 그것이 지속적으로 존재할 수 있게 만든 사람들의 생태계ecosystem에 대해서는 쉽게 잊어버리곤 합니다.

파이썬은 오픈 소스 프로그래밍 언어이며, 전 세계의 자원 봉사자들에 의해 만들어지고 있습니다. 우리는 파이썬을 위대하게 만든 기술뿐만이 아니라, 이를 가능케 한 개인들에게 관심을 가지는 것 또한 중요합니다.

파이썬의 세계는 단순히 코드로만 구성된 것이 아니며, 오픈 소스 정신을 통해 더 나은 세상을 만들기 위해 모인 사람들의 공동체입니다. 동등한 마음을 가진 수천 명의 사람들이 파이썬의 성공에 기여했습니다.

이 책에는 프로그래밍 언어로서의 파이썬과 파이썬을 중심으로 한 오픈 소스 커뮤니티를 훌륭하게 지켜온 사람들의 이야기가 담겨 있습니다. 그들의 기술적 배경과 커뮤니티와 기술 그리고 우리가 가고자 하는 방향에 대한 의견을 함께 나누고 있습니다.

마지막으로, 우리가 잊지 말아야 할 중요한 사실은 프로그래밍 언어로서 파이썬은 한 발씩 한발씩 세상을 더 나은 곳으로 만들기 위해 노력하는 바로 여러분과 같은 사람들로 이루어져 있다는 것입니다.

케네스 레이츠(Kenneth Reitz)

파이썬 소프트웨어 재단 이사Python Software Foundation Director

귀도 반 로섬이 1989년의 크리스마스 휴가 기간에 취미로 시작했던 파이썬이라는 언어의 탄생과 발전 과정만으로도 프로그래머들에게 많은 읽을거리를 제공하지만, 파이콘으로 대표되는 파이썬 커뮤니티가 어떻게 형성되고 파이썬의 발전에 영향을 끼쳤는지를 알아가는 과정은 비단 파이썬 프로그래머 뿐에게만 아니라 파이썬을 잘 모르는 사람에게도 흥미롭고 즐거운 이야기가 될 것입니다.

파이썬 생태계를 잘 이해하는 독자분들에게는 파이썬의 핵심 개발자 그룹이 내린 선택에 대해 그 이유를 알아가는 기회가 될 것이며, 그렇지 않은 분들에게도 숙련된 기여자들이 어떤 과정을 통해 중요한 결정을 내리고 실천했는지에 대한 방법을 얻어가는 시간이 되리라 생각합니다.

인터뷰가 이뤄진 시점과 번역서가 출간되는 시점에 차이가 있어, 파이썬 2와 3에 대한 의견과 비동기 프로그래밍에 대한 부분은 옛 이야기를 듣는 기분이 들 수 있지만, 우리가 이들의 이야기를 통해 배워야 할 것은 어쩌면 결과보다는 과정일지도 모르겠습니다.

본문에서도 자주 언급되지만, 파이썬과 파이썬 커뮤니티는 초심자를 위한 배려와 다양한 직업군에 활용되기 위한 꾸준한 노력을 이어 오고 있습니다. 그 어떤 큰일도 한 번에 이뤄지지 않는 것과 같이, 이 책과 파이썬 프로그래밍을 통해 새로운 도전에 한 발짝 내디딜 수 있는 계기가 되었으면 좋겠습니다.

박현우(@lqez)

오픈소스 프로그래머, (전)파이콘 한국 준비위원

역자 서문

2018년 2월, 파이썬의 거장 스무 명의 이야기를 담고 있는 책이 세상에 나왔다는 소식을 접했습니다. 이 책은 기술을 전달하려는 책이 아니라, 미국, 호주, 유럽 등의 커뮤니티와 그 사람들의 이야기를 다루는 것이었고, 무척 신선했습니다. 그리고 유명한 파이썬 커뮤니티 사람들의 이야기를 한국의 개발자들에게 가장 먼저 전할 수 있는 역할을 하고 싶었습니다.

이 책은 파이썬 뿐만이 아니라, 소프트웨어에 종사하고 있는 사람이라면, 혹은 소프트웨어 세계에 관심을 가지고 있는 사람이라면 누구든지 즐길 수 있는 책입니다. 여러분은 스무명의 잘 알려진 개발자들이 어떻게 프로그래밍을 배웠고, 어떻게 파이썬을 시작하게 되었는지 엿볼 수 있을 것이며, 그들이 현재 생각하는 파이썬과 파이썬의 미래에 바라는 사항들에 대해서도 확인해 볼 수 있습니다. 또한, 한국어판에는 파이썬 소프트웨어 재단 이사 출신의 엔지니어 인터뷰도 특별히 추가하였습니다. 이러한 내용들은 처음 이 세계에 발을 딛으려고 하는 사람에게 좋은 길잡이가 될 것이고, 저와 같이 십수년의 경력을 가진 개발자에게 초심을 되돌아보고 앞으로의 성장에 대해서 고민해 보는 시간을 선물해 줄것입니다.

이 책의 필자는 인터뷰 대상자에게 데이터 과학 영역, 특히 인공지능과 기계학습 분야에서 파이썬을 널리 활용하고 있는 이유와 파이썬의 장/단점을 묻고 있으며, 인터뷰 대상자들의 답변에서 다양하면서도 일관된 답을 찾아 볼 수 있을 것입니다. 대부분 다른 언어로 프로그래밍을 시작한 인터뷰 대상자들이 파이썬을 선택하게 되는 과정도 무척 흥미롭습니다. 그리고 앞으로 파이썬 차기 버전에서 핵심적인 기능이 될 비동기 (async) 모듈에 대한 상반된 의견도 인상적입니다.

우리나라에서 쉽게 볼 수 없는 개발자들의 이야기가 가득한 책이 나와서 무척 기쁩니다. 저는 이 책을 통해 제가 앞으로 어떻게 경력을 쌓아가야 할지 무척이나 뚜렷해졌습니다. 현재 부족한 것이 무엇인지 되돌아보는 계기가 되었으며, 보완하기 위해서 해야 할 것들이 무엇인지 알게 되었습니다. 무엇보다도, 한국이기 때문에 겪을 수도 있겠다고 생각했던 많은 문제점들이, 해외에서도 일어났다는 것을 보고 무척 놀라면서도, 한국의 전반적인 개발 환경과 수준이 그들보다 조금 뒤쳐진 것이지, 부족한 것이 아니라는 것을 깨달았습니다. 오히려, 우리가 더 잘하고 있는 것도 많다고 느꼈습니다. 이 책을 읽으시는 모든 분들도 저와 같은 경험을 하시길 진심으로 바라겠습니다.

이 책의 기획과 번역에 동참할 수 있게 해주신 터닝포인트 출판사 관계자분들 고맙습니다. 역서 추천사를 써주신 파이썬 커뮤니티의 박현우님과 베타 리딩을 해주시고 멋진 후기까지 남겨주신 박성철님, 신상재님, 임성현님, 김영하님 그리고 조성수님에게도 깊은 고마움을 전합니다. 덕분에 훨씬 완성도가 높은 책을 쓸 수 있었습니다!!

그리고 항상 저의 든든한 버팀목이 되시는 아버지, 그리고 물심 양면으로 도움을 주시는 어머님께 고맙고 사랑한다고 전합니다. 마지막으로 옆에서 지켜봐주고 응원해주는 사랑스러운 아내 지희와 이쁜 딸 안나, 씩씩한 아들 신후, 그리고 곧 태어날 막둥이에게 이 책을 바칩니다. 모두, 사랑합니다!

조인석 드림

베타 리더 후기

이 책을 읽는 동안, 파이썬 커뮤니티의 한 사람인 것이 무척 좋았고, 파이썬을 더 좋아하게 되었습니다. 파이썬 커뮤니티에서 활동하면서 다양한 사람들의 이야기를 들어보고 싶었는데, 이 책을 통해 파이썬 커뮤니티에서 잘 알려진 주요 인물들의 이야기를 들을 수 있어 행복했습니다.

파이썬 커뮤니티의 주요 인물들이 파이썬을 접하게 된 배경과, 미래의 파이썬은 어떻게 발전할 것으로 생각하고 있는지 알고 싶다면, 이 책을 꼭 읽어보시기 바랍니다. 이 책을 통해 한국에서도 더 많은 사람이 파이썬 커뮤니티에 참여하여, 함께 이야기를 나누었으면 좋겠습니다.

파이썬 한국 사용자 모임, 조성수

이 책을 읽고 나서 보니, 근현대사의 영웅들과 이야기한 기분이 듭니다. 호기심으로 또는 스파크가 일어나듯 이거다! 싶은 이야기들이 나오고 자신의 걸작을 설명할 때에는 그 간결한 대화가 갑자기 페이지가 넘어가게 장황하고 흥분된 어조로 말을 이어갑니다. 또, 파이썬 현 모습에 아쉬운 점을 이야기할 때에도 감출 수 없는 괴짜들의 모습과 용어들이 튀어나오는 것을 봐서도 지면이 제한되지 않았으면 훨씬 더 긴긴 이야기를 풀어냈을 것 같네요.

파이썬이 새로 만들어진다면 대소문자 구별이 없었으면 할 때 저절로 수긍하였고, 구글과 유튜브의 핵심 언어로서의 위치를 이야기할 때에 뭐랄까 자신감을 느꼈고, PEP 제안과 적용 절차를 이야기할 때에는 암막 뒤가 어떻게 돌아가는지 알 수 있었습니다. 그리고, 한국어 번역판에만 등장하는 마지막 챕터는 읽으면서 꼭 그 자리에 있었으면, 있어야 할텐데 하는 아쉬움을 획 날리는 챕터라고 생각합니다.

무엇보다도 왜 프로그래밍을, 파이썬을 선택하고 시작했는지 풀어내는 그 이야기를 통해 현재의 프로그래머는 과거의 열정을, 미래의 프로그래머는 지금의 자신을 돌아보는 기회로 활용할 수 있는 좋은 도전이 될 것 같습니다. 이 서문을 읽으신다면 꼭 마지막 챕터까지 순서대로 읽으시길 권합니다. 400페이지가 넘는 이 책을 관통하는 프로그래머들의 열정과 즐거움을 맛볼 수 있을 것 입니다. 다 읽은 소감은 참 즐거운 여행을 다녀온 기분입니다. 여러분도 다 즐기시면 좋겠습니다.

우아한형제들 SRE팀, 임성현

이 책은 파이썬과 관련된 사람들 21명의 이야기를 담고있습니다. 어떤 이야기는 격하게 공감되고, 어떤 이야기는 갸우뚱할 수 있습니다. 파이썬이 가지는 다양성이라는 가치만큼, 이 책을 읽는 여러분의 느낌도 제각각일겁니다. 하지만 우리 모두는 곧 깨닫게 될겁니다. 내가 이 파이썬이라는 세계에서 얼마나 많은 것을 누리고 있는지, 그리고 나는 이 세계의 어디쯤에 있는지를 말입니다.

저는 이 책을 보면서 '파이썬'이라는 개발 언어보다 그것을 둘러싼 사람들의 드라마에 매료되었습니다. 독립 객체같은 수 많은 사람들이 '파이썬'이라는 구심력에 이끌려 어우러진 커뮤니티라는 우주가 있습니다. 이 신비로운 현상은 그 어떤 로직이나 알고리듬으로도 설명하기 어렵지만, 우리는 이미 의심없이 부지불식간에 그 세계에 발을 담그고 있습니다.

나와 '파이썬'을 공유하는 그들의 이야기에 조금이라도 마음이 움직였다면, 이제 책을 덮고 주변의 동료들을 바라 보세요. 메신저도 좋고 블로그도 좋습니다. 그리고 이제 그들에게도 나누어주세요. '파이썬'에 관한 나의 이야기 말입니다.

기술 번역가, 신상재

언어적인 간편함과 높은 생산성 그리고 과학분야에서 많이 사용되고 있기에 파이썬은 이제 우리에게 친숙해졌습니다. 하지만, 이 친숙해졌다는 것이 언어 자체를 사용하는 방법을 의미하는 것이지, 파이썬 언어를 둘러싼 철학, 생태계, 그외 네트워크와 같은 것을 의미하는 것은 아닌듯 싶습니다. 최근 만들어진 언어들 중에서도 파이썬만큼 많이 사용되는 언어도 없을 것입니다.

파이썬은 누구든지 쉽게 생태계에 참여할 수 있는 기회가 열려 있습니다. 어떻게가 어려운 것인데 이 책을 통해 파이썬이 만들어진 철학을 깊이 이해하고, 생태계에 참여하는 방법을 깨닫게 해주는 생생한 의견들을 들을 수 있습니다.

"Do it! 데이터 분석을 위한 판다스 입문" 역자, 김영하

남의 삶을 훔쳐보는 것은 언제나 재미있습니다. 특히 나와 관련된 사람의 삶은 그렇습니다.

그런 면에서 이 책은 일단 재미있습니다. 처음 프로그래밍을 하게 된 계기부터 파이썬을 접하고 여러 형태로 기여하게 된 각자의 사연을 읽다보면 어떤 동질감이나 운명적인 이끌림 같은 게 느껴지고 어느 덧 내 삶을 그 위에 덧입혀 보게 됩니다.

이런 재미와 함께 파이썬이 다양한 영역에서 어떻게, 어떤 의미로 사용이 되는지, 앞으로 파이썬은 어떻게 될지, 파이썬이 당면한 도전은 무엇인지 알 수 있어 파이썬을 좋아하는 분들에게 유용한 정보도 제공합니다.

무엇보다 여러분이 강조하는 파이썬 커뮤니티의 에너지와 개방성과 더 나아지고자 하는 욕망은 매우 매력적입니다. 좋은 기술은 좋은 커뮤니티를 만들고 그 위에서 더 발전합니다. 그런 면에서 파이썬은 진정으로 성공한 기술입니다.

우아한 형제들, 박성철

목차

들어가면서

2016년 말쯤에, 저는 편집자와 함께 어떤 책이 흥미로울지 의논하였습니다. 때마침 제 블로그(PyDev of Week)에 파이썬 커뮤니티의 핵심 구성원을 인터뷰한 내용들이 있었는데 그것을 책으로 만들면 좋겠다고 해서 이 책에 담을 인터뷰 대상자 20명을 선택하였고, 2017년부터 연락하기 시작했습니다.

약 8~12개월 동안 인터뷰 대상자 목록이 여러 번 변경되었지만 파이썬 커뮤니티의 기둥과 같은 20명과 인터뷰했습니다. 어떤 사람들은 인터뷰를 할 수 없었거나, 연락이 닿지 않기도 하였습니다. 그러나 마침내 파이썬 프로그래밍 커뮤니티를 다방면으로 대표하는 사람들을 만날 수 있었습니다.

이 책에서는 파이썬 역사와 브렛 캐넌Brett Cannon 및 닉 코그란Nick Coghlan과 같은 여러 파이썬 창시자의 흥미로운 일화를 제공합니다. 파이썬이 첫 번째 릴리즈에서 유니코드를 지원하지 않는 이유를 알게 될 것이며, 코어 개발자로부터 파이썬의 방향성에 대해서 들어봅니다. 알 스웨이거트AI Sweigart, 루시아누 하말류Luciano Ramalho 및 더그 헬먼Doug Hellman과 같이 잘 알려진 파이썬 개발자의 소견을 듣게 될 것입니다.

또한, 유명한 파이썬 써드파티 패키지인 웹투파이web2py(마시모 디 피에로Massimo Di Pierro), SQLAlchemy(마이크 베이어Mike Bayer) 그리고 트위스티드Twisted 프레임워크 (글리프 레프코비츠Glyph Lefkowitz)의 창시자 혹은 코어 개발자와도 이야기를 나누었습니다.

캐럴 윌링Carol Willing과의 인터뷰는 정말 즐거웠습니다. 그녀는 파이썬 코어 개발자로서 기술 및 파이썬 세계 안의 여성에 대한 견해를 들려주었고, 무척이나 많은 것을 깨닫게 되었습니다. 또한, 프로젝트 쥬피터Project Jupyter의 기여자였기에, 이 프로젝트에 대해서도 많은 것을 배울 수 있었습니다.

매우 오랫동안 파이썬 관련 업무를 한 알렉스 마르텔리Alex Martelli와 스티브 홀덴Steve Holden의 인터뷰에서 흥미로운 생각들을 많이 얻을 수 있을 것입니다.

대화를 나누었던 모든 사람에게서 배울 점이 무척 많았습니다. 만약 여러분이 그들을 알게 된다면, 저보다 더 친해지게 될 것입니다. 그들 모두와 대화할 수 있어 좋았고, 모두 무척 짧은 일정에도 빠르게 응답해주었습니다. 만약 콘퍼런스장에서 그들을 만난다면, 그들의 공헌에 대해 꼭 감사의 표시를 하기 바랍니다.

인터뷰한 모든 분께 무척 고맙다고 전하고 싶습니다. 모두 이 프로젝트를 돕기 위해 바쁜 와중에도 개인 시간을 내주었기에 마음 속 깊이 감사함을 느낍니다. 이 프로젝트가 잘 마무리될 수 있도록 도와주신 여러 편집자께도 고마움을 전합니다. 마지막으로 여름에 다양한 시간대에 있는 사람들과 인터뷰를 할 수 있게 도와준 제 아내, 에반젤린, 고맙습니다. 그리고 이 책을 읽고 있는 독자 여러분께도 감사드립니다.

1
브렛 캐넌
Brett Cannon

브렛 캐넌은 캐나다 소프트웨어 엔지니어이자 파이썬 코어 개발자이다. 그는 마이크로소프트의 수석 소프트웨어 개발자로 문서 편집 도구를 만들고 있다. 이전에는 구글 소프트웨어 엔지니어였으며, 옵롭Oplop의 창시자이기도 하다. 브렛은 2013년에 파이썬 소프트웨어 재단Python Software Foundation(PSF) [1]의 회원이 되었으며, 2013년부터 2014년까지 PSF의 이사로 활동하였다. 파이콘 [2] US 위원회의 전 위원이었으며, 파이데이터 [3] 시애틀 2017 콘퍼런스 위원장이었다. 브렛은 씨파이썬 [4]을 깃허브로 마이그레이션하고 importlib [5]을 만들었다. 그의 오픈 소스 업적 중에 "caniusepython3 [6]"가 있으며, "17개의 성공적인 파이썬 개선 제안서(Python Enhancement Proposals (PEP)) [7]"의 공동 저자이기도 하다.

토론 주제	코어 개발자, v2.7/v3.x, 파이썬 스프린트
브렛 캐넌 소셜 미디어 주소	@brettsky

○

1   Python Software Foundation(PSF) : 파이썬 프로그래밍 언어의 지적 재산권을 보유하고 있는 비영리 단체 (https://www.python.org/psf/)
2   파이콘(PyCon) : Python Conference의 약자로, 연 단위로 세계 각 도시에서 파이썬 프로그래밍 언어에 대한 토론과 지식 공유를 하는 콘퍼런스(http://www.pycon.org/). 서울에서도 매년 개최하고 있음 (https://www.pycon.kr/)
3   파이데이터(PyData) : 파이썬을 중심으로 오픈소스 데이터 도구를 사용하는 개발자와 사용자들의 커뮤니티 (한국 PyData 페이스북 그룹 : https://www.facebook.com/groups/pydatakorea/)
4   씨파이썬(CPython) : C로 구현한 파이썬의 엔진, 파이썬 코드를 바이트코드로 바꿔서 번역기를 통해 실행하는 주체
5   importlib : 파이썬 import 구문의 구현체
6   caniusepython3 : 파이썬2 소스 코드를 파이썬3로 변경 가능 유무를 확인하는 프로젝트 (https://caniusepython3.com/)
7   Python Enhancement Proposals(PEP) : 파이썬을 개선하기 위한 공식 제안서들의 모음 (https://www.python.org/dev/peps/)

마이크 드리스콜   **왜 컴퓨터 프로그래머가 되었나요?**

브 렛 캐 넌   제가 기억하는 한, 저는 컴퓨터가 항상 흥미로웠습니다. 애플 IIe[1]로 가득 찬 컴퓨터 연구실이 있는 초등학교에 다닌 것은 큰 행운이었죠. 그런 곳이 정말 없을 때였습니다. 덕분에 일찍부터 컴퓨터에 접하게 되었죠.

중고등학교 시절, 여름 동안 애플 베이직을 조금 가르치는 컴퓨터 수업을 들었습니다. 저는 전체 수업을 첫 주에 끝마칠 정도로 탁월한 역량을 가지고 있었지만, 그 당시에 이 일로 밥을 먹고 살 수 있을지 분명하지는 않았습니다.

이런 상황은 고등학교 시절 내내 계속되었고, 대학의 전공을 결정할 때가 되었을 때, 어머니께서 2가지만 약속해달라고 하시더군요. 저는 철학과 컴퓨터 프로그래밍 모두 전공을 하는 데 동의하였습니다. 그리고 결국 둘 다 사랑하게 되었죠.

또 한번은 한 학기 내내 진행하는 C 프로그래밍 언어 입문 수업의 책을 첫 2주 동안 모두 읽었습니다. 그리고 처음으로 책을 다 읽었을 때, 수업 후 컴퓨터 앞에 앉아 틱-택-토 게임[2]을 구현하였습니다. 심지어 저녁 먹는 것을 잊어버릴 정도였어요! 저의 여러 유레카 순간 중 하나입니다. 이 도구로 제가 원하는 것은 무엇이든지 만들 수 있을 것이라는 느낌이 저를 사로잡았죠. 제가 프로그래밍에 푹 빠지게 된 이유입니다.

'이 도구로 내가 원하는 것은 무엇이든지 만들수 있을 것이라는 느낌이 저를 사로잡았죠. 제가 프로그래밍에 푹 빠지게 된 이유입니다.'

저는 틱-택-토 알고리듬이 이미 존재하는 것을 알았기 때문에, 내 손으로 직접 만든 프로그램으로 틱-택-토 게임을 완벽하게 즐길 수 있다고 생각했습니다. 그 날 저녁 단 6시간 만에 프로그램을 완성할 수 있었고, 실제로 제가 그 일을 스스로 해냈다는 생각에 마치 날아다니는 것 같았어요. 이 경험을 통해 컴퓨터가 무슨 일을 할 수 있는지 알 수 있었고, 컴퓨터의 자유로움과 문제를 바라보는 시각에 대한 능력이 저를 사로잡았습니다. 그 이후로 지금까지 계속 프로그래밍을 하고 있죠.

드리스콜   **파이썬과 파이썬 커뮤니티에 참여하게 된 계기가 무엇인가요?**

캐   넌   글쎄요, 저는 버클리에서 철학 학위를 받은 시점에 컴퓨터 과학 수업을 꾸준히 듣고 있었어요. 버클리에서 컴퓨터 과학 입문 과정은 시험을 통과해야만 수강할 수 있었는데, 저는

○

1   애플IIe : 애플사에서 1983년에 출시한 PC 중 애플II 시리즈의 3번째 모델이다. https://en.wikipedia.org/wiki/Apple_IIe
2   틱-택-토 게임 : 두 명이 번갈아가며 O와 X를 3X3 판에 써서 같은 글자를 가로, 세로, 혹은 대각선 상에 놓도록 하는 게임. 프로그래밍을 배울때 일반적으로 처음 구현하는 데 자주 활용된다.

절차 지향 프로그래밍 언어인 C 밖에 몰랐기 때문에 객체 지향 프로그래밍 언어를 하나도 모르고 있다는 것이 좀 걸렸습니다. 그래서 객체 지향 프로그래밍 언어들을 살펴보기 시작했습니다. 그러다가 파이썬을 알게 되었고, 배우게 되었고, 사랑하게 되었으며, 결국 개인 프로그램을 파이썬으로 구현하게 되었습니다.

언젠가 datetime을 표현하는 문자열을 열거형 데이터 타입인 튜플로 변환해주는 time.strptime이라는 함수가 필요했어요. 그 당시 운영체제가 윈도우였는데, time.strptime 함수는 윈도우 운영체제를 지원하고 있지 않았습니다. 결국, 저는 지역/국가locale 정보를 직접 입력하여 변환하는 방법을 찾았습니다.

그리고서 그 당시에 유명한 웹 사이트였던 액티브스테이트 ActiveState의 쿡북Cookbook에, 제가 찾은 strptime 레시피를 기고하였습니다. 이후에, 오'라일리 출판사에서 "파이썬 쿡북"의 첫 번째 에디션을 내놓았고, 저자인 알렉스 마르텔리Alex Martelli가 제 레시피를 책의 가장 마지막 부분에 포함했죠. 제 레시피가 책에서 가장 긴 레시피였습니다.

| '액티브스테이트의 쿡북에 제가 찾은 strptime 레시피를 기고하였습니다.'

저는 개발자가 직접 지역/국가 정보를 입력하는 것이 거슬렸었어요. 이 부분을 해결하지 못해서 좌절감을 느끼고 있었습니다. 제 마음속에서는 어떻게 하면 지역/국가 정보를 운

영체제에서 얻어올 수 있을까 계속해서 생각하고 있었어요. 그러다가 결국 방법을 찾았습니다. 그때가 버클리를 졸업한 지 딱 한 주가 지났을 때였습니다. 저는 해결 방법을 정리하는 시간을 제 자신에게 선물로 주었고, 결국 아무도 더는 지역/정보를 직접 입력할 필요가 없게 되었죠.

이후에 알렉스 마르텔리와 수차례 메일을 주고받다가 이렇게 물었습니다. "알렉스, 제가 해결했어요! 이제 더는 지역/국가 정보를 입력할 필요가 없게 되었습니다. 이를 어떻게 알리죠?" 알렉스 마르텔리가 이렇게 답을 보내오더군요. "네, 그냥 파이썬-데브 Python-Dev [3] 메일링 리스트를 대상으로 이메일을 보내시면 돼요. 그리고 패치도 같이 올리세요."

'알렉스 마르텔리가 이렇게 답을 보내오더군요. "네, 그냥 파이썬-데브 메일링 리스트를 대상으로 이메일을 보내시면 되요. 그리고 패치도 같이 올리세요."'

그래서 메일링 리스트 대상으로 메일을 보냈고, 제 기억에는 스킵 몬타나로 Skip Montanaro 가 처음으로 답을 보내왔습니다. 스킵이 이렇게 말하더군요. "와, 정말 훌륭합니다. 패치를 받아서 반영하였고, 사용하기로 하였습니다." 저는 그것 자체가 너무 멋졌습니다. 저는 이 프로젝트와 파이썬에 기여할 수 있었고, 이러한 상황이 정말 즐거웠습니다.

○

3   파이썬-데브(Python-Dev) : 파이썬 커뮤니티의 코어 개발자들의 메일링 리스트이며, 이메일을 통해 파이썬의 방향성과 구현 방법에 대해 의견을 주고 받고 있다. (https://mail.python.org/mailman/listinfo/python-dev)

'저는 이 프로젝트와 파이썬에 기여할 수 있었고, 이러한 상황이 정말 즐거웠습니다.'

이 모든 것이 학부와 대학원 사이의 1년 동안 일어났습니다. 저는 컴퓨터 과학을 전공으로 대학원 진학을 시도하고 있었고, 제가 들었던 수업에서 한 프로그래밍 경험보다 더 많은 경험이 필요하다는 것을 깨달았습니다. 저는 파이썬에 기여하고 도움을 줄 수 있다고 생각했어요. 그때부터 파이썬 세계에서 항상 시간을 보냈고, 커뮤니티의 일부분이 되겠다고 결심했습니다.

'커뮤니티의 일부분이 되겠다고 결심했습니다.'

메일링 리스트를 확보하고 질문들 틈 속에 살기 시작했습니다. 그리고 같은 해에 파이썬-데브(Python-Dev) 요약집을 제공하기에 이르렀습니다. 그해에 끝이 나긴 했지만요. 파이썬-데브에서 주고받는 모든 메일 하나하나를 읽을 수밖에 없었기 때문에, 이것이 파이썬을 배우기 위한 훌륭한 방법임을 깨달았습니다.

한 가지 재미있는 간접 효과는 아무도 신경을 쓰지 않는 작은 이슈들까지 알아야 했기 때문에, 다른 사람이 이 작은 이슈들을 보기 전에 제가 먼저 볼 수 있었다는 것이죠. 저는 아주 쉽게 작은 이슈들을 골라서 고칠 수 있었고, 배울 수 있었으며, 꾸준히 할 수 있었습니다.

브렛 캐넌

파이썬-데브 요약집을 완성하기 위해서, 저는 계속 질문을 할 수 밖에 없었습니다.

그러다가 어느 순간 충분히 알 만큼 알게 되었고, 2003년 첫 파이콘 (적어도 파이콘이라는 이름으로 진행한 첫 콘퍼런스) 직후에 코어 개발자가 되었습니다. 매력적인 일이었죠. 팀과 사람들을 알게 되었고, 그들은 제 친구가 되었습니다. 정말 즐거웠고 무척 재미있었습니다. 그래서 커뮤니티에 푹 빠지게 되었고, 지금까지 한 달 넘게 활동을 멈춰본 적이 없습니다.

https://wiki.python.org/moin/GetInvolved

파이썬 커뮤니티에 참여하기 위해서 반드시 코어 개발자가 될 필요는 없습니다. 본인이 즐길 수 있을 때까지, 본인이 원하는 만큼 참여하면 됩니다.

드리스콜 **블로그를 시작하고 파이썬에 대해서 글을 쓰기 시작한 계기가 무엇인가요?**

캐   넌 블로깅은 커뮤니티에 참여하기 위한 방법 중의 하나로, 글쓰기를 즐기는 저에게는 블로그가 의사소통하기에 딱 맞는 방법이었습니다. 저는 블로깅을 시작한 순간부터 지금까지 꾸준히 일관되게 글을 쓰고 있습니다. 제가 할 수 있는 최고

Brett Cannon

의 방법으로 지식을 전 세계에 나누는 것은 언제나 무척 즐거운 일입니다.

| 드리스콜 | **파이썬에 합류하게 된 시점이 중요하다고 생각하나요? 프로젝트 초반에 참여하는 것을 권장하나요?** |

캐   넌

그럼요, 적절한 시간에 적절한 곳에 있었고, 그 당시에 충분한 여유 시간이 있었던 것도 한몫했습니다. 제가 원한 만큼 기여할 수 있는 충분한 시간이 확보된 이후에 시작했었죠.

제가 참여한 시점에는 파이썬 프로젝트가 그리 크지 않았습니다. 제가 석사 과정에 있을 때 사람들이 저에게 한가한 시간에 무엇을 하느냐고 물었던 것이 기억이 나네요. 제가 파이썬에 기여하고 있다고 이야기하자, 그들이 이렇게 답하더군요. "빈칸이 들어가는 그 프르로그래밍 언어 말인가요?" 그래서 이토록 오랫동안 파이썬 커뮤니티 활동을 하고 있는지도 모르겠습니다.

답은 '예'입니다, 저는 2005년경에 언어에 대한 관심이 커지기 전에 프로젝트에 참여했습니다. 때로는 조금 더 일찍 시작했으면 어땠을까 하는 생각도 들지만, 그때 저는 너무 어렸기 때문에 불가능했을 거예요. 그러니 모든 것이 완벽한 조합이었다고 생각합니다.

브렛 캐넌

드리스콜 **파이썬의 어떤 부분에 깊이 기여했나요?**
datetime 모듈과 같이 초기에 도움이 되거나 큰 영향을 미쳤던 모듈이 있나요?

캐　　넌 제가 실제로 영향을 미친 것은 time 모듈입니다. 제가 datetime 모듈보다 앞섰다고요! 제가 처음 만든 모듈은 파이썬2의 dummy_thread와 dummy_threading 모듈입니다.

이 모듈은 누군가 나서서 멋진 모듈이라고 추천하던 것이었죠. 누군가가 구현한다고 했었지만, 시간이 지나도 구현이 되지 않았습니다. 그래서 제가 이렇게 메일을 보냈죠. "이 모듈, 구현하실 건가요?" 그들은 '아니오'라고 답하면서도 여전히 유용한 모듈이라고 말했고, 결국 제가 구현하였습니다. 이 모듈들이 제가 처음으로 아무것도 없는 상태에서 작성한 모듈들입니다.

Brett Cannon

이 시점부터 파이썬 언어의 모든 것을 의무감을 가지고 손대기 시작했습니다. 심지어는 몇 안되는 사람이 참여한 구문분석기(parser)에도 참여하였죠. 아마도 토큰화하는 부분에 경고 메시지를 넣는 것을 도왔던 것 같군요. 컴파일러의 기존 구체적 구문 트리(concrete syntax tree)에서 바이트코드로 변환하는 것을, 추상 구문 트리(abstract syntax tree)에서 파이썬으로 변경하는 방식으로 개선하는 작업에 큰 역할을 했습니다.

'이 시점부터 파이썬 언어의 모든 것을 의무감을 가지고 손대기 시작했습니다.'

제레미 힐튼Jeremy Hilton이 그 프로젝트를 시작했었고, 이미 몇 년이 흐른 시점이었기에, 파이썬의 창시자인 귀도 반 로섬Guido van Rossum은 모두에게 최후통첩을 보낸 상황이었습니다. 귀도 반 로섬은 이렇게 말했죠. "여러분은 반드시 다음 릴리즈까지 이 프로젝트를 끝내야합니다."

'귀도 반 로섬은 이렇게 말했죠. "여러분은 반드시 다음 릴리즈까지 이 프로젝트를 끝내야합니다."'

저는 바로 뛰어들었고, 제리미가 나머지 반을 마무리하는 것을 도왔습니다. warnings 모듈에도 비슷하게 참여했어요. 네일 놀비츠Neil Norbits는 warnings 모듈을 구현하기 시작했지만, 결국 끝내지 못하고 주위를 맴돌기만 했죠. 그래서 제가 참여하여 나머지를 마무리 했습니다. 이게 바로 제가

warnings 모듈에 대해서 좀 많이 아는 이유에요!

제가 파이썬에 그렇게 빠진 이유가 또 뭐가 있을까요? 아마도 가장 잘 알고 있는 importlib이 그 중 하나일 것입니다. 저는 현재 import의 대부분을 구현 (파이썬 3.3)하였고, 이후 닉 코그란Nick Coghlan과 에릭 스노우Eric Snow가 많은 도움을 주었지만, 전체 importlib 패키지는 제 작품입니다. 지금 떠오르는 것은 이 정도이지만, 저는 기본적으로 모든 곳의 모든 것에 관여하였습니다. 지난 14년동안 했던 일들을 다 기억하지 못하겠군요!

드리스콜   네, 이해합니다. 저도 종종 어떤 코드를 보면서 "도대체 누가 이 엉망인 코드를 무슨 이유로 작성한거지?"라고 생각했는데, 제가 2년 전에 작성한 코드였다는 것을 기억하는 게 싫었습니다!

캐   넌   그렇죠. 만약 6개월 전에 당신이 작성한 코드를 읽었는데 여전히 괜찮다면, 무언가 잘못된 것입니다. 대개 6개월 동안 새로운 것을 배운 적이 없다는 것을 의미하죠.

'만약 6개월 전에 당신이 작성한 코드를 읽었는데 여전히 괜찮다면, 무언가 잘못된 것입니다. 대개 6개월 동안 새로운 것을 배운 적이 없다는 것을 의미하죠.'

드리스콜	**파이썬 코어 개발자가 되어서 가장 좋은 점은 무엇이라고 생각하나요?**
캐 넌	아마도 제가 코어 개발자가 되면서 만든 우정이라고 생각해요. 많은 코어 개발자들이 모두 제 친구거든요.

우리는 일 년에 한 번씩 모여서 일주일 동안 하루 24시간 내내 함께 지냅니다. 이 시간이 그들과 일 년 동안 온라인으로 만나는 것보다 훨씬 귀중한 시간입니다. 이 시간이 아마도 제 다른 친구들과 함께 보내는 시간보다 더 많을 것입니다. 왜냐하면, 대개 좋은 친구들과 1주일 동안 휴가를 가는 경우는 무척 드물기 때문입니다.

그러니 솔직하게 말하자면, 우정이라고 볼 수 있어요. 이 우정이 이 친구들과 함께 지내고 일할 수 있게 해주며, 그들에게 배우기도 하고 우리가 하는 일을 즐기면서 지속해서 할 수 있게 해줍니다.

저는 파이썬의 영향에 대해서 자주 생각하지 않습니다. 이런 생각을 하다보면 도저히 이해가 안되는 순간이 종종 있어요, 그래서 자주 생각하지 않으려고 합니다. 저는 그 영향 때문에 생기는 어떤 유형의 자만심도 생기지 않기를 바랍니다. 그래서 가능한 한 이에 대해 생각을 하지 않으려고 노력해요. 제가 이곳에 앉아서 수백만 명의 개발자들이 사용하는 프로그래밍 언어를 개발한다고 생각해보면, 정말 멋진 일임에 틀림이 없어요. 파이썬 개발에 동참하고 있다고 말할 수

있는 것도 멋진 일이지만, 친구와 함께 일하는 것 또한 중요
합니다.

아직도 제가 메일링 리스트에 가입하고 팀에 처음으로 합류
했을 때를 기억합니다. 사람들이 본인이 파이썬 개발팀에서
높은 레벨의 리드급 엔지니어라고 말하는 것을 온전히 받아
들이기 어려웠습니다. 저도 그런 사람이라고 생각하지 않아
요. 파이썬 창시자인 귀도 반 로섬이 구글에 있을 때 들었던
유명한 질문이 있습니다. "파이썬에 대해서 얼마나 잘 알고
있는지 1부터 10까지 점수를 매겨 보시겠어요?" 귀도 반 로
섬의 답은 8이었죠.

> '파이썬 창시자인 귀도 반 로섬이 구글에 있을 때 들었던 유명한 질문이 있습
> 니다. "파이썬에 대해서 얼마나 잘 알고 있는지 1부터 10까지 점수를 매겨 보
> 시겠어요?" 귀도 반 로섬의 답은 8이었죠.'

그 어느 누구도 전체 시스템을 알 수 없습니다. 오늘날 프로
그램이 너무나도 커져 버렸기 때문입니다. 우리는 머릿속에
언어의 모든 기능의 기본 의미를 담을 수는 있겠지만, 각 기
능이 실제로 어떻게 동작하는지에 관한 복잡한 세부 사항까
지 모두 기억할 수는 없습니다. 본인이 작성하는 소스 코드
의 디스크립터descriptor나 메타 클래스를 아는 사람이 얼마나
될까요? 저도 필요할 때마다 찾아봐야 합니다. 그러니 전체
시스템을 알고 있는 사람은 없다고 볼 수 있습니다.

Brett Cannon

드리스콜 **그렇다면 전체적으로 봤을 때, 파이썬은 프로그래밍 언어 측면에서 어디쯤 왔다고 볼 수 있을까요? 특정 영역에서 점점 더 인기를 얻을까요? 아니면 C++ 같은 레거시 상태에 들어가고 있나요?**

캐 넌 오늘날 파이썬은 흥미로운 위치에 있습니다. 파이썬이 주요 프로그래밍 언어로 사용되지 않는 곳은 거의 없습니다. 물론, 저수준 운영체제나 커널 개발과 같은 특정 영역에서 파이썬이 적합하지 않지만, 그 이외의 거의 모든 곳에서 파이썬을 잘 사용하고 있습니다.

데이터 과학 분야에서는 파이썬이 아직도 2인자입니다. 파이썬 프로젝트의 성장 추세를 볼 때, 최소한 향후 몇 년간 데이터 과학에서 사용하는 언어로 R을 바로 대체하기는 힘들 것으로 보입니다. 하지만 장기적으로 봤을 때, 분명 따라잡을 것입니다. 그 외에는, 제가 다른 분야를 많이 알지는 못하지만, 파이썬이 1순위로 대접받지 못하는 시스템 레벨 언어가 필요한 곳이 아니라면, 파이썬을 앞으로도 꾸준히 사용할 것입니다.

파이썬이 그리 강하지 않은 또 다른 영역인 데스크톱 앱 영역이 확장 가능성이 있다고 봅니다. 데스크톱 분야에서도 파이썬을 사용하고 있으니 관련 기능이 없는 것은 아니지만, 데스크톱 앱 분야에 엄청 많은 경쟁 제품들이 있습니다. 장기적으로 보면, 이미 그 시점이 왔을 수도 있겠지만, 우리는 파이썬 코드가 모든 곳에서 사용되는 시점에 최고의 정점을 찍을 것이고, 파이썬 자체가 결코 사라지지는 않을 것입니다.

'장기적으로 보면, 이미 그 시점이 왔을 수도 있겠지만, 우리는 파이썬 코드가 모든 곳에서 사용되는 시점에 최고의 정점을 찍을 것이고, 파이썬 자체가 결코 사라지지는 않을 것입니다.'

파이썬은 절대로 코볼COBOL과 같은 길을 걷지 않을 것입니다. 그리고, 우리는 더욱 깊이 그리고 더 오랫동안 사랑을 받을 수 있을 것이고, 그 누구도 떠나지 않기를 바랍니다. 사라져 버리기에는 너무나 많은 소스 코드들이 있어요.

드리스콜 **파이썬은 현재 인공지능 및 기계학습이 주목받는 시점에서 필요한 주요 언어 중 하나입니다. 파이썬이 이 영역에 적합한 이유가 무엇일까요?**

캐 넌 파이썬은 쉽게 배울 수 있는 언어라는 점이 인공 지능에 적합한 이유라고 생각합니다. 현재 인공 지능 관련 업무를 하는 사람은 소프트웨어 개발자뿐만이 아니라, 소스 코드를 거의 매일 작성하지 않아도 되는 데이터 과학자와 같은 사람들이 포함됩니다.

이는 프로그래머가 아닌 사람들에게 쉽게 가르칠 수 있는 프로그래밍 언어가 필요하다는 의미죠. 파이썬은 이러한 요구에 잘 맞습니다. 과학자 및 컴퓨터 과학 교육자들이 파이썬을 어떻게 활용하고 있는지 살펴보면, 이것이 전혀 새로운 추세가 아닌 것을 알 수 있습니다.

Brett Cannon

드리스콜	**지금 모두 파이썬 3로 갈아타야 하는 시점인가요?**

캐   년   파이썬 3 작업에 참여한 사람으로서, 제 답은 확고합니다. 저는 지금 즉시 파이썬 3로 전환해야 한다고 생각합니다. 그래야 파이썬 3.0이 나온 시점에 추가된 이점들을 누릴 수가 있어요.

> '파이썬 3로 전환하는 작업을 서서히 진행할 수 있으니, 시스템 전환 작업이 반드시 험난하거나 특별히 고통스러울 필요가 없다는 것을 사람들이 깨달았으면 좋겠습니다.'

파이썬 3로 전환하는 작업을 서서히 진행할 수 있으니, 시스템 전환 작업이 반드시 험난하거나 특별히 고통스러울 필요가 없다는 것을 사람들이 깨달았으면 좋겠습니다. 인스타그램Instagram도 꾸준히 신규 기능을 개발하면서 9개월 만에 전환 작업을 완료하였으니, 가능한 셈입니다.

드리스콜   **조금 더 먼 미래를 생각해보죠. 파이썬 4에 관해서는 무슨 일이 벌어지고 있나요?**

캐   년   파이썬 4는 현재 논의 중입니다. 파이썬 4에 대해서 많이 들어보지는 못했지만, 듣고 싶군요. 아직은 구체적이지 않습니다. 파이썬 4는 Py3k[4]에 대한 바람을 적은 Py4k와 같다고나 할까요. 단순히 언어가 어디로 가야 하는지 기술한 가이드라인 말입니다.

파이썬 4가 나오는 시점이 되면, 표준 라이브러리를 깨끗하게 정리하고 필요 없는 것들은 제거할 것입니다. 파이썬 2와의 호환성을 위해 남겨두지 않는 다면, 결국 제거해야 하기 때문이죠.

> '파이썬 4가 나오는 시점이 되면, 표준 라이브러리를 깨끗하게 정리하고 필요 없는 것들은 제거할 것입니다.'

파이썬 4에서는 가비지 콜렉터[5]의 전략이 객체 참조 횟수 계산 방식[6] 대신에 포인터 추적 방식[7]을 선택할 것으로 보입니다. 아직 잘 모르겠지만, 그렇게 될거에요. 파이썬은 커뮤니티 중심으로 만들어지고 있기 때문에 다소 차이가 있을 수 있습니다. 제 말은, 우리가 거대한 표준 라이브러리를 가지고 있는 이유 중 하나는 인터넷의 존재를 부인하기 때문이죠, 그렇죠?

○

4   Py3k : Python 3000, Python 3.0, Py3k는 모든 같은 것을 의미하며, 파이썬 3 개발을 위한 가이드라인을 정한 PEP 문서이다. https://www.python.org/dev/peps/pep-3000/

5   가비지 콜렉터 : Garbage collector(GC)로 쓰레기 수집기라고도 부른다. 메모리에 상주하고 있는 객체 중 더이상 사용하지 않는 객체를 제거하는 주체다.

6   객체 참조 횟수 계산 방식 : 가비지 콜렉터 전략 중 하나로 객체에 참조값을 두고 참조할 때 값을 증가시키고 더이상 사용하지 않게 되면 참조값을 줄인다. 보통 참조값이 0이 되면 더이상 유효한 객체로 보지 않고 제거 대상이 된다.

7   포인터 추적 방식 : 가비지 콜렉터 전략 중 하나로 루트 객체의 참조 사슬을 확인하여 도달할 수 있는 객체들을 추적하여 제거 대상을 선정한다.

파이썬은 유니코드의 공식 표준을 먼저 구현하였습니다. 파이썬이 처음 공개되었을 때가 1991년 2월이었고, 유니코드 1.0은 1991년 10월에 표준이 제정되었기 때문이죠. 처음에는 인지하지 못하고 있었어요. 사람들이 "이봐, 유니코드를 자바처럼 구현하지 않은 이유가 뭐지?"라고 물었을 때 알게 되었답니다. 유니코드 표준보다 더 빨리 구현했기 때문이죠!

그렇기 때문에 미래에는 지금처럼 거대한 표준 라이브러리가 더는 필요하지 않을 것입니다. 만약, pip 설치로 원하는 라이브러리를 설치할 수 있다면, 굳이 있을 필요가 없죠.

우리에게는 다행히도 활발하게 움직이는 커뮤니티가 있고, 표준 라이브러리 대신 사용할 수 있는 높은 수준의 표준을 구현한 써드파티 라이브러리가 있습니다. 그러니 표준 라이브러리를 더 작게 만들 수 있을 것이고, 코어 개발자들의 유지 보수 업무를 줄여줄 수 있을 것입니다. 커뮤니티에게 품질 높은 모듈을 사용할 수 있게 해주면, 리스크 없이 향후 파이썬 릴리즈에 반영할 수 있다고 봅니다. 이러한 활동이 파이썬을 사용하는데 있어서 더욱 쉽고, 가볍고, 좋게 만들 수 있을 것입니다.

> '파이썬 4에서는 오늘날처럼 거대한 표준 라이브러리가 더는 필요하지 않을 것입니다.'

제가 바라보는 관점은 이렇습니다만, 제 마음대로 할 수 있는 것은 아닙니다. 하여튼 좋은 꿈을 꾸는 것 같군요. 잘 될

브렛 캐넌

거에요! 지금까지 파이썬 4 관련 질문에 이와 같은 답변을
할 때 저보고 미쳤다는 사람은 없었습니다.

드리스콜 **요즘 가장 인기있고 관심이 높아지고 있는 마이크로파이썬[8]
에 대해서 어떻게 생각하시나요?**

캐   넌 주변에서 마이크로파이썬에 대해서 꾸준히 질문을 받고 있
습니다. 제가 직접 사용하지는 않지만, 분명 더욱 커질 것입
니다. 제가 계속 요청하고 있거든요! 장담컨데, 이 관심은 교
육 분야에서 마이크로비트[9]와 같은 것을 사용하는 사람들
때문입니다. 그들로부터 마이크로파이썬에 대한 모든 관심
이 나왔을 거에요.

드리스콜 **어떻게 하면 우리가 모두 파이썬 언어에 기여할 수 있을까요?
어떻게 시작할 수 있을까요?**

○

8 마이크로파이썬(MicroPython) : 마이크로프로세서와 입출력 모듈을 하나의 칩으로 만들어 정해진 기능을
수행하는 마이크로컨트롤러Microcontroller에서 실행되며, 파이썬의 표준 라이브러리 일부를 최적화한
파이썬 3 프로그래밍 언어다. (https://micropython.org/)
9 마이크로비트(Micro Bit) : 영국에서 교육 목적으로 BBC에서 만든 ARM 기반 보드다.
(https://en.wikipedia.org/wiki/Micro_Bit)

제가 2011년부터 작성하기 시작한 개발 가이드(Dev Guide)가 있습니다. 이 문서의 전체 이름은 "파이썬 개발자 가이드(Python Developer's Guide)"입니다. 기본적으로 이 개발 가이드에 알아야 할 모든 것들이 정리되어 있으니, 여러분도 파이썬 언어에 기여할 수 있습니다.

'이 개발 가이드에 알아야 할 모든 것들이 정리되어 있으니,' 여러분도 파이썬 언어에 기여할 수 있습니다.'

개발 가이드(https://devguide.python.org/)는 어떻게 파이썬 소스 코드를 내려받고 컴파일 후 테스트 케이스들을 실행할 수 있는지 알려줍니다. 그리고, 기여자가 선호하는 방법으로 기여하기 위해 알아야 할 것들을 어떻게 찾는지 알려주고 있습니다. 또한, 코어 개발자를 위한 문서도 담고 있으니, 코드 리뷰를 어떻게 해야 하는지 알 수 있습니다.

개발 가이드는 현재 꽤 큰 문서이며, 스스로 진화하고 있습니다. 저는 사람들에게 일단 개발 가이드를 한번 읽어 보고, 어떤 부분을 돕고 싶은지 생각해보라고 말합니다. 정말 익숙한 모듈이거나, 모듈의 버그를 고칠 수 있거나, 혹은 정말 편하게 느끼게 하는 모듈을 고르면 됩니다.

또한, 메일을 영구 보관하지 않는 코어 멘토십 메일링 리스트가 있습니다. 그러니 '어떤' 질문도 할 수 있고, 5년 뒤에 누군가 그 질문을 찾게 될까 봐 염려할 필요도 없습니다. 그러니 코어 멘토십 메일링 리스트에 가입하고, 개발 가이드를 읽으면, 여러분이 무엇을 하고 싶은지 찾을 수 있을 것입니다!

드리스콜	**우리도 코드 리뷰를 통해 파이썬에 기여할 수 있나요?**

| 캐   넌 | 그럼요, 사실 저는 처음 시작하는 사람에게 코드 리뷰를 하라고 권합니다. 만약 그 모듈이 익숙하고 깃허브에 풀 리퀘스트[10]가 올라오면, 그 풀 리퀘스트에 대한 코드 리뷰를 하면 좋겠습니다.

정기적으로 혹은 가끔 사용하는 모듈의 코드 리뷰를 하고, 관련된 것들을 검토하는 것이 익숙해지면, 파이썬 언어 개발에 정말 크게 기여하는 것입니다. |

> '만약, 정기적으로 혹은 가끔 사용하는 모듈의 코드 리뷰를 하고, 관련된 것들을 검토하는 것이 익숙해지면, 파이썬 언어 개발에 정말 크게 기여하는 것입니다.'

파이썬 발전에 가장 큰 제약 사항은 코어 개발자의 일정하지 않은 수준입니다. 그렇기 때문에 여러분의 코드 리뷰가 프로젝트를 더욱 쉽게 관리할 수 있는 데 큰 도움이 됩니다. 합류해서 더 많은 패치를 올리고 버그를 고쳐서 저희를 도와주시면 좋겠습니다.

○

10 풀 리퀘스트(pull request) : 깃허브와 같은 분산 소스 버전 관리 시스템에 본인이 작성한 소스 코드 병합을 요청하는 일종의 티켓. 오픈소스 프로젝트라면 누구든지 확인할 수 있고, 리뷰할 수 있으며, 관리자가 병합 유무를 결정한다.

| 드리스콜 | **파이썬 언어에 기여할 수 있는 다른 방법이 있을까요?** |

캐　넌　파이썬에 대한 질문에 답을 하는 것도 파이썬 커뮤니티에 큰 도움이 됩니다. 그리고 답을 할 때 열린 마음으로 솔직하게 해주세요. 물론, 파이썬에 대해서 이야기할 때 얼간이처럼 이야기하지 않는 것도 중요하죠. 그저 친절하면 됩니다.

드리스콜　**현재 개발 단계인 프로젝트 중에 누군가 참여해서 기여할 수 있는 것이 있을까요?**

캐　넌　그럼요, 만약 여러분이 현재 모듈에 별로 관심이 없다면, 현재 개발 단계에 도움이 필요한 파이썬 프로젝트 중 기여하고자 하는 것을 찾을 수 있습니다. 가령, 파이썬 패키지 색인의 신규 버전도 항상 도움이 필요합니다. 개발 단계 프로젝트 중에 관심 있는 것을 찾아서 합류해 보세요.

드리스콜　**시작 단계의 프로젝트는 어떤가요?**

캐　넌　솔직하게 말씀드리면, 신규 프로젝트를 만들기가 쉽지 않습니다. 늘 그렇듯이, 우리에게는 소스 코드를 들여다보고 문제가 있으면 바로 수정하는 사람들이 충분히 있습니다. 그래서, 프로젝트를 시작하기가 어려우며, 이는 제가 더 많은 풀 리퀘스트 리뷰를 권장하는 이유이기도 합니다.

브렛 캐넌

드리스콜	파이콘 행사에는 일반적으로 파이썬 언어를 위한 스프린트를 수행하는 것으로 알고 있습니다. 파이콘 스프린트에서는 어떤 일을 하나요?

캐 넌 저는 직접 파이콘 스프린트를 이끌어 왔습니다. 보통 스프린트 방에 파이썬 코어 개발 팀을 테이블에 앉혀놓고, 그냥 이렇게 말합니다. "여러분, 기여하고 싶으면, 들어오세요."

원격으로 기여하고 싶은 사람들에게도, 파이콘 스프린트 참가자들에게 말한 것과 똑같이 말합니다 : 여기 개발 가이드가 있습니다. 개발 가이드를 읽고, 개발 환경을 준비하고 실행한 뒤, 작업할 것을 찾아보세요. 만약 찾았다면, 시작하면 됩니다.

> '원격으로 기여하고 싶은 사람들에게도 파이콘 스프린트 참가자들에게 말한 것과 똑같이 말합니다 : 여기 개발 가이드가 있습니다. 개발 가이드를 읽고, 개발 환경을 준비하고 실행한 뒤, 작업할 것을 찾아보세요.'

물론, 스프린트에서는 어떤 질문에도 답변을 합니다. 보통, 알. 데이비드 머레이R. David Murray와 같은 사람은 쉬운 버그 리스트를 찾아서 스프린트 방에 있는 사람에게 나눠줍니다. 사람들에게 인사를 건넬 좋은 기회죠. 만약, 누군가 기여를 시작하고 싶다면, 방 안에 파이썬 코어 개발자들이 있으니, 질문에 빠른 답변을 받을 수 있습니다. 이메일을 보고 답변을 줄 때까지 기다릴 필요가 없어요. 그저 왼쪽이나 오른쪽에 있는 사람에게 돌아서서 질문할 수 있고 답변을 받을 수 있습니다.

때로는 스프린트를 할 때 짧은 프리젠테이션을 하는 경우가 있는데, 사람들이 볼 수 있다면, 무척 좋습니다. 보통 이렇게 이야기합니다. "여기에 도구가 있습니다. 여기에는 여러분이 어떻게 빌드를 실행할 수 있는지 알 수 있고, 여기에서는 어떻게 테스트를 실행할 수 있는지 알 수 있습니다." 그러고 나서 코딩을 하죠.

스프린트는 콘퍼런스의 나머지 세션과 비교해보면, 매우 여유롭고 편안하게 진행됩니다. 그런 분위기가 조성될 수 있도록 최대한 권장하는 편이에요. 스프린트 방 안은 콘퍼런스의 메인 장소에서 펼쳐지는 것과 같이 정신없이 바쁘지 않습니다. 왜냐하면, 마음이 느긋한 적은 수의 사람이 앉아있기 때문이죠. 점심을 먹으러 가거나 돌아올 때를 제외하고는 자리를 서로 바꾸지도 않습니다. 그러니 대화를 나누고자 하는 사람을 찾기가 훨씬 수월하죠. 이 부분이 가장 훌륭합니다. 그러니 스프린트는 정말 즐겁습니다. 저는 내년에 하나 혹은 두 개 정도 참여할 생각이에요.

'보통 이렇게 이야기합니다. "여기에 도구가 있습니다. 여기에는 여러분이 어떻게 빌드를 실행할 수 있는지 알 수 있고요, 여기에서는 어떻게 테스트를 실행할 수 있는 지 알 수 있습니다." 그러고 나서 코딩을 하죠.'

드리스콜 **어떤 팀은 사람들을 유혹시키는 멋지고 작은 선물을 주기도 하더군요. 러셀 케이스-메기**Russell Keith-Magee**의 비웨어**BeeWare **프**

로젝트 [11] 같은 경우는 처음으로 기여하는 사람에게 챌린지 코인 [12]을 주더군요. 보신 적이 있나요?

캐　　넌
네, 러셀의 프로젝트에 도움을 주면 챌린지 코인을 줍니다. 크고 인상적인 금속 동전이죠. 지금 제가 쥐고 있는 동전이 바로 러셀에게 받은 것입니다. 제 넥서스 5X 스크린의 멋진 곳에 자리 잡고 있죠!

어떻게 하면 러셀에게 챌린지 코인을 받을 수 있는지 알려 드리겠습니다. 여러분이 문서나 프로젝트 일부에 기여한 부분을 비웨어 프로젝트가 받아들이면, 다음 번에 러셀을 직접 만났을 때, 코인을 준답니다. 제 경우에는 러셀이 예제 리포지토리에 대해서 트위터에 글을 올렸는데, 제가 오타를 몇 개 찾았습니다. 저는 풀 리퀘스트를 보냈고, 결국 코인을 받게 되었죠. 이 코인은 멋진 감사의 표시이며, 누구든지 기여하면 받을 수 있기 때문에, 꼭 받아보고 싶었어요.

만약, 챌린지 코인에 대해서 잘 모르겠다면, 99% 인비지블 [13]에서 이 코인을 설명한 훌륭한 팟캐스트가 있으니 참고하기 바랍니다. (https://99percentinvisible.org/episode/coin-check/)

○
11 비웨어(BeeWare) 프로젝트 : 파이썬을 사용하여, 모바일, 데스크톱 등의 네이티브 UI를 개발할 수 있는 도구들을 만든다. (https://pybee.org/project/overview/)
12 챌린지 코인(Challenge Coin) : 어떤 특정 조직 소속으로 그들의 성과를 치하하기 위해 만드는 동전이나 메달
13 99% 인비지블(Invisible) : 디자인과 아키텍처 관련 주제 중심으로 라디오 쇼를 만드는 팟캐스트 사이트

'만약 챌린지 코인에 대해서 잘 모르겠다면, 99% 인비즈블에서 이 동전을 설명한 훌륭한 팟캐스트가 있으니 참고하기 바랍니다.'

드리스콜   **파이썬 코어 개발팀에도 러셀의 챌린지 코인과 같은 인센티브를 제공하나요? 파이썬 언어에 기여하는 사람의 주요 목적과 인센티브가 무엇이라고 생각하시나요?**

캐   넌   저는 늘 파이썬을 위한 챌린지 코인을 만들고 싶어 합니다. 코어 개발자와 패치에 기여하는 사람들 모두를 위해서요. 끝내주는 아이디어입니다. 하지만, 저는 러셀처럼 자주 여행을 가지 않습니다. 그러니 동전을 주기 위해서 여러 콘퍼런스에 참여할 필요가 있지만, 좀 힘들겠어요. 그러나 정말 멋진 생각이고 더 많은 프로젝트가 챌린지 코인을 주는 일과 같이 인센티브를 주는 것에 참여하면 좋겠습니다.

일반적으로 파이썬 코어 개발 팀은 인센티브에 대해 매우 소극적인 시도를 하고 있다고 봅니다. 사실이에요, 하지만, 우리는 단지 파이썬 언어의 요소들이 완성되기를 바라는 마음에 대부분의 시간을 투자하고 있고, 많은 사람이 고마워할 것을 알고 있습니다. 그것이 바로 우리가 파이썬에 기여하는 깊은 인센티브입니다. 그리고 누구든지 원격이나 콘퍼런스 스피린트에서 저희 팀에 참여하면 좋겠습니다.

드리스콜   고맙습니다, 브렛 캐넌.

Brett Cannon

2
스티브 홀덴
Steve Holden

스티브 홀덴은 영국 컴퓨터 프로그래머이며, 파이썬 소프트웨어 재단(PSF)의 전 의장이었다. 그는 "파이썬 웹 프로그래밍(Python Web Programming)[1]"의 저자이자, 알렉스 마르텔리Alex Martelli와 안나 라벤스크로프트Anna Ravenscroft와 함께 "파이썬 인 어 넛셸(Python in a Nutshell)[2]"의 공동 저자이기도 하다. 스티브는 영국 스트레스 관리 스타트업인 글로벌 스트레스 인덱스(Global Stress Index)[3]의 CTO이며, 기술 시스템 구축을 총괄하고 있다. 파이썬 언어와 관련된 경력이 스티브의 무대를 전 세계로 넓혔다. 꾸준히 파이썬 오픈 소스 프로젝트에 기여하고 있으며, 기술 콘퍼런스의 연사로도 활동하고 있다.

토론 주제	파이콘, 파이썬 소프트웨어 재단(PSF), 파이썬의 미래
스티브 홀덴 소셜 미디어 주소	@holdenweb

○

1 Python Web Programming : https://books.google.com/books/about/Python_Web_Programming.html?id=NmkD220i9KsC

2 Python in a Nutshell : http://shop.oreilly.com/product/0636920012610.do

3 글로벌 스트레스 인덱스(Global Stress Index) : 사람의 스트레스를 측정/학습/회복하는 최고의 방법을 제공하는 것을 목표로 하는 영국 스타트업 (https://www.felix.com/)

마이크 드리스콜   **컴퓨터 프로그래머가 되기로 한 이유가 무엇인지 말씀해주시**
겠어요?

스 티 브 홀 덴   저는 원래 십대 초반부터 전자 제품을 무척 좋아했습니다.
지루한 화학 선생님 때문에, 전공도 화학 공학에서 전자 공
학으로 옮겼죠.

그래서 제 경력은 15세에 텔레비전 공장의 수습생 제품 엔
지니어로 시작합니다. 18개월이 지나고 보니, 그 일이 그다
지 제게 잘 맞지 않더군요. 저는 새 직장을 찾았고, 제가 사
는 지역의 브래드포드 대학 컴퓨터 연구소에서 주니어 기술
자 채용 공고가 있는 것을 보게 되었습니다. 채용 공고에 지
원해서 학교에 가보니, 주니어 기술자는 그저 직급이더군요.
그들이 정말 원하는 것은 천공기' 운영원이었습니다.

연구소 책임자는 제가 도중에 그만두지 않을까하고 걱정했
습니다. 그는 저에게 반드시 6개월 동안 근무하면서 컴퓨터
를 배워야 한다고 했죠. 그래서 저는 확실히 전자 관련된 일
은 하지 못했습니다. 그 시절에 컴퓨터 유지보수 업무는 지
극히 특화된 업무였기 때문입니다. 하지만 컴퓨터를 어떻게
운영하고 프로그램을 어떻게 만드는지 배울 수 있었습니다.
이게 제 컴퓨팅 경력의 첫 시작입니다.

드리스콜   **그렇군요! 그럼 파이썬을 시작하게 된 계기와 파이썬이 당신**

스티브 홀덴

에게 특별한 이유가 무엇인가요?

홀　덴　글쎄요, 1970년 초반에 객체 지향 프로그래밍에 관심이 많아지고 있었습니다. 그리고 마침내 23세에 대학에 진학하였죠. 그때 제록스 파크[2] 의 앨런 케이[3] 그룹으로부터 스몰토크[4] 의 초창기 논문을 접할 수 있었습니다.

> **｜ '1970년 초반에 객체 지향 프로그래밍에 관심이 커지고 있었습니다.'**

그들은 컴퓨팅에 대해 아주 새로운 접근법을 시도하고 있었고, 저는 스몰토크에 관심을 갖게 되었습니다. 결국, 12년 후 맨체스터 대학 근무 시절에 실제로 스몰토크를 사용할 수 있게 되었어요. 저는 연구생에게 스몰토크를 구현해보라고 했습니다. 그 당시에는 영국에서 구현한 스몰토크 프로그램이 없었거든요. 그때 제가 스몰토크를 그리 좋아하지 않는다는 것을 알게 되었습니다. 그래서 그 이후 10년 동안 객체 지향 프로그래밍에서 손을 떼고 있었습니다.

○

1　천공기 : 천공기(keypunch)는 운영원이 직접 종이 카드 특정 위치에 구멍을 뚫어서 프로그램을 할 수 있는 장치다. (https://en.wikipedia.org/wiki/Keypunch)

2　제록스 파크(Xerox PARC) : 미국 캘리포니아 주 팰로앨토에 있는 연구 개발 회사. 레이저 프린터, 이더넷, 그래픽 사용자 인터페이스(GUI) 개념, 객체 지향 프로그래밍, 유비쿼터스 컴퓨팅, VLSI 기술 등을 개발한 곳으로 널리 알려져 있다. (https://ko.wikipedia.org/wiki/팰로앨토_연구소)

3　앨런 케이(Alan Kay) : 미국의 전산학자. 객체 지향 프로그래밍과 사용자 인터페이스 디자인 분야의 선구자로 잘 알려져 있다. (https://ko.wikipedia.org/wiki/앨런_케이)

4　스몰토크(Small Talk) : 1970년대 제록스 파크에서 만든 객체 지향 언어. 파이썬, 자바, 루비, 스칼라와 같은 많은 언어에 영향을 주었다. (https://ko.wikipedia.org/wiki/스몰토크)

　Steve Holden

사실, 책을 통해 파이썬을 접하게 된 것은 제가 미국으로 옮긴 후입니다. 제 기억에 마크 루트Mark Lutz와 데이비드 애셔David Ascher가 쓴 "러닝 파이썬(Learning Python)"이라는 책이었어요. 저는 파이썬이 저를 위한 언어라는 것을 깨달았죠! 파이썬은 객체 지향 프로그래밍을 현명하게, 알기 쉽게, 이해할 수 있게 하는 방법을 제시합니다.

| **'파이썬 지식이 빠르게 늘어났고, 곧 많은 질문에 답을 할 수 있었습니다.'**

저는 파이썬 커뮤니티에 합류하기 위해 사람들이 하는 일을 그대로 따라 했죠. 파이썬 지식이 빠르게 늘어났고, 곧 많은 질문에 답을 할 수 있었습니다. 총 8년간 comp.lang.python[5]에서 활동하였습니다. 제가 올린 포스트만 20만 개에요! 대단히 많죠! 하지만, 불행하게도 구글이 과거 데이터를 저장하지 않는 바람에 comp.lang.python의 역사가 많이 사라졌습니다.

드리스콜   **파이썬은 인공지능과 기계학습에 널리 사용되고 있는데요. 파이썬이 이렇게 유명해지게 된 이유가 무엇이라고 생각하나요?**

홀   덴   파이썬은 여러 가지 장점이 있습니다. 가독성이 좋고 콘솔이나 IDE에서 객체를 대화하듯이 생성할 수 있죠. 파이썬은 대량으로 계산할 때 빠르게 연산하기 위해 컴파일 언어와 연계하는 비교적 쉬운 방법을 제공합니다(누구도 4세기 동안 걸쳐서 진행된 스페인 종교재판처럼 느리게 실행되길 원하지 않죠).

_____
역자 NOTE

파이썬은 컴파일 과정 없이 소스 코드가 바로 실행되는 인터프리터 언어이기 때문에, 실행 속도가 상대적으로 컴파일 언어보다 느립니다. 그래서 연산이 오래 걸리는 작업은 컴파일 언어로 실행하여 실행 속도를 줄이기도 하는데, 파이썬이 다른 컴파일 언어와 쉽게 연동할 수 있는 것을 설명하고 있습니다. 그래서 파이썬을 접착(glue) 언어라고도 부릅니다.

드리스콜 **혹시 현재 파이썬 언어나 커뮤니티에 문제가 있다고 생각하나요?**

홀   덴 실제로 여러 커뮤니티가 합쳐져 있는 파이썬 커뮤니티는 승승장구하고 있습니다.

파이썬이 친절하고 따뜻한 커뮤니티와 함께 다양한 방면에서 채택되는 것을 보니, 무척 행복합니다. 파이썬 소프트웨어 재단(PSF)은 오늘날 자원봉사자 활동을 위한 기금을 모으고, 금전적인 도움을 제공하는 위치에 있습니다. 그들의 임무를 더 잘 할 수 있도록 돕고 지원하는 셈이죠.

○
5 comp.lang.python : 파이썬 초보 개발자를 위한 메일링 리스트, 하루에 20~80개의 메시지가 메일 생성되며 활발하게 답변을 주고 받고 있다. (https://wiki.python.org/moin/CompLangPython)

'파이썬 소프트웨어 재단(PSF)은 오늘날 자원봉사자 활동을 위한 기금을 모으고, 금전적인 도움을 제공하는 위치에 있습니다.'

얼마전에 알렉스 마르텔리, 안나 라벤스크로프트와 함께 "파이썬 인 어 넛셀(Python in a Nutshell)" 3판을 마무리했습니다. 저는 파이썬이 꽤 훌륭한 모습을 갖추었다고 말하고 싶어요. 하지만, 신규 비동기 프리미티브 타입은 보통 수준의 프로그래머가 배우기에는 다소 어렵지 않을까 싶습니다.

귀도 반 로섬과 코어 개발자들은 파이썬에 기능을 덕지덕지 붙여서 지저분하게 만들지 않았습니다. 굉장히 잘 한 일이에요. 하지만 비동기 패러다임은 트위스티드[6] 개발자에게나 익숙한 개념입니다. 단순한 동기식 태스크 명세에 비해 직관적인 측면에서 보았을 때, 그리 명확하지 않다고 봅니다.

'저는 파이썬의 성장이 파이썬을 주로 사용하는 개발자들에게 별로 도움이 되지 않는 일에 집중하고 있는 것이 아닌가 염려가 됩니다.'

솔직히 말씀드리자면, 저는 파이썬의 성장이 파이썬을 주로 사용하는 개발자들에게 별로 도움이 되지 않는 일에 집중하고 있는 것이 아닌가 염려가 됩니다. 언어 속으로 비동기 프로그래밍을 들여오기 위해서 대단히 많은 일을 하였고, 이는 쓰레드의 필요성을 제거하는 협력 멀티태스킹 메커니즘을 포함하고 있습니다.

역자 NOTE : 협력 멀티태스킹

협력 멀티태스킹은 Co-operative multitasking 혹은 non-preemptive multitasking으

스티브 홀덴

로 불리며, 컴퓨터 멀티태스킹의 하나의 방법이다. 실행되고 있는 프로세스가 다른 프로세스를 생성할 때 운영체제가 이전의 프로세스 상태를 보관하고 새로운 프로세스의 상태를 누적하여 컨텍스트 스위치를 변경하지 않는 방식이다. 대신 프로세스는 자발적으로 유휴 상태 혹은 논리적으로 차단된 상태에서 여러 응용 프로그램을 동시에 실행할 수 있도록 스스로 제어해야 한다. "협력"이라고 표현하는 이유는 모든 프로그램이 반드시 협력해야 전체 스케줄을 관리할 수 있기 때문이다.

이 작업을 수행하는 동안, 개발자들은 특정 비동기식 연산 작업에 실행 콘텍스트의 섭근 제한 영역을 내부 영역으로 할 필요가 있다는 것을 인식했습니다. asyncio[7]의 쓰레드-로컬 변수[8]와 같다고 보면 됩니다. 파이썬-데브(Python-Dev) 리스트의 토론들을 살펴보면, 파이썬 사용자의 99.5%에게 영향을 미치지 않는, 매우 깊은 수준의 토론을 하는 것을 자주 보았습니다. 우려되는 이런 점에도 불구하고, 파이썬의 이전 버전 호환성을 지키려고 노력하는 점에 고마움을 전합니다.

'파이썬 사용자의 99.5%에게 영향을 미치지 않는, 매우 깊은 수준의 토론을 하는 것을 자주 보았습니다.'

저는 이 작업이 파이썬에 어노테이션을 소개하는 것과 비슷

○

6   트위스티드(Twisted)는 파이썬으로 작성된 이벤트 기반의 네트워크 프로그래밍 프레임워크로, MIT 라이선스로 허가되었다. (https://ko.wikipedia.org/wiki/트위스티드_(소프트웨어))

7   asynchio : 파이썬의 비동기 네트워킹 통신 모듈 (https://docs.python.org/3/library/asyncio.html)

8   쓰레드-로컬 변수 : 동일 쓰레드 내부에서만 접근 가능한 변수, 동일 소스 코드를 서로 다른 쓰레드가 동시에 실행하는 경우, 이 변수의 값을 서로 다른 쓰레드간에 조회할 수 없다.

하다고 느낍니다. 물론 조금 덜 중요할 수도 있지만요. 이는 전적으로 언어에 선택적으로 사용하는 요소로 제안되었지만, 표준 라이브러리와 같이 어노테이션으로 이 기능을 사용할 수 있게 해달라는 이슈를 제기하고 있습니다.

저는 언어를 처음 배우는 사람들이, 나중에 필요할 때 추가해도 상관 없는 어노테이션의 기능 전체를 다 알지 못하더라도, 꾸준히 언어를 배울 수 있으면 좋겠습니다. 앞으로도 이것이 가능하게 될지는 확신하지 못하겠네요.

긍정적인 면을 살펴보면, f-string[9] 표기법을 비교적 쉽게 사용할 수 있기에 파이썬 3 커뮤니티가 열정적으로 사용하고 있습니다. 하지만, 3.5 버전에서는 소스 코드가 동작하지 않을 거에요. 늘 그렇듯이 데이브 비즐레이Dave Beazley가 f-strings의 끔찍한 면을 발견했죠. 하지만, 이런 일들은 늘 저를 즐겁게 만듭니다.

드리스콜 **이러한 이슈들을 어떻게 극복하셨나요?**

홀   덴   이 이슈들을 극복하기 위해서 큰 노력이 필요한지 잘 모르겠습니다. 자만심을 갖지 말고, 언어를 개선하면서, 커뮤니티를 더욱 확대하고, 다양해질 수 있는 노력을 꾸준히 하는 것이 중요합니다. 파이콘은 누구의 강요 없이 기술 커뮤니티가 스스로 큰 규모로 조직화할 수 있다는 것을 증명하였습니다.

스티브 홀덴

드리스콜	**과거에 파이썬 소프트웨어 재단과 파이콘의 의장을 역임한 거로 알고 있습니다. 어떻게 의장이 되었나요?**
홀 덴	저는 처음이자 사실상 마지막으로 2002년 국제 파이썬 콘퍼런스에 참석하였습니다. 콘퍼런스 내용 자체는 훌륭하였지만, 귀도 반 로섬과 많은 일을 하고 고용까지 한 상업 조직이 이벤트를 주관하였고, 이벤트에 참석하기 위해서는 예산이 필요했죠.

프로그래밍 언어가 보급되는 초창기에는 이런 접근 방식도 좋지만, 만약 정말 파이썬이 대중에게 인기를 얻으려면, 굳이 행사장에 나오지 않더라도 집에 있는 사람들도 콘퍼런스를 즐길 수 있어야 한다고 생각합니다. 한 예로, 제가 매일 참여하고 있는 comp.lang.python 메일 리스트에 있는 사람들처럼 말이죠.

'만약 정말 파이썬이 대중에게 인기를 얻으려면, 굳이 행사장에 나오지 않더라도 집에 있는 사람들도 콘퍼런스를 즐길 수 있어야 한다고 생각합니다.'

콘퍼런스가 끝날 때, 귀도 반 로섬은 거의 국가 통치 기관 수준의 파이썬 소프트웨어 위원회(PSA)를 발표하였고, PSA는 비영리 재단으로 바뀌게 되었습니다. 귀도 반 로섬은 제가 간절히 예상했듯이, 콘퍼런스 협의를 하기 위한 메일링 리스

○

9 f-strings : 파이썬 3.6에 추가된 새로운 문자열 포맷팅 방식이다. (https://www.python.org/dev/peps/pep-0498/)

Steve Holden

트를 만들어서 발표하였죠!

아쉽게도 2009년 5월의 글은 아카이브(https://mail.
python.org/pipermail/conferences/)에서 확인할 수 있
습니다. 하지만 제가 마지막으로 전체 내용을 살펴보았을
때, 제 기억(무언가를 기억하기 위해서 오랜 시간 기다려야
하는)이 완전히 잘못된 것을 알았습니다. 리스트의 첫 포스
트까지 가는데, 이틀이 걸렸습니다. 저는 커뮤니티가 콘퍼런
스를 주최해야 더 잘 할 수 있고, 그래야만 한다고 제 견해를
밝혔어요, 순수하게 커뮤니티 자체만으로요.

'저는 커뮤니티가 콘퍼런스를 주최해야 더 잘 할 수 있고, 그래야만 한다고 제
견해를 밝혔어요.'

완전히 우연이었지만, 버지니아로 거처를 옮기는 행운이 따
랐습니다. 이곳은 서로 다른 위치에서 파이썬 코어에 기여하
고 있던 귀도 반 로섬, 제레미 힐튼, 배리 워서와 프레드 드레
이크Fred Drake와 20~30마일 떨어진 곳이었습니다.

이 일행은 보스턴에서 살고 있던 팀 피터스Tim Peters와 함께
BeOS[10]라고 불리는 회사에 함께 고용되었습니다. 그 당
시 그들의 협업에 밝은 미래가 올 것처럼 보였지만, 약 6개
월 후에 BeOS가 곤경에 처했을 때 끔찍한 타격을 입었습
니다. 다행히, 조프 코퍼레이션Zope Corporation[11](현재 Digital
Creations)이 사무실 공간을 임대해 주었고, 그들은 파이썬
랩스PythonLabs를 설립했습니다.

스티브 홀덴

드리스콜 **어떻게 파이썬 팀과 함께 일하기 시작 하셨나요?**

홀　덴　저는 comp.lang.python에서의 많은 기여와 2002년에 출
간한 "파이썬 웹 프로그래밍(Python Web Programming)"
으로 알려지기 시작했습니다.

제기 귀도 반 로심에 세 연락해서 점심을 먹자고 제안하자,
그는 파이썬랩스 사무실 근처로 저를 초대하였습니다. 저
는 전체 팀원 5명을 모두 만났고, 근처에 있는 중국 식당에
서 점심을 먹었습니다. 이 모임은 격주에 한 번씩 진행하는
정기적인 행사로 바뀌었고, 토론 주제 중 하나가 커뮤니티에
전문 주최자가 없다는 것이었죠.

> '토론 주제 중 하나가 커뮤니티에 전문 주최자가 없다는 것이었죠.'

1990년 후반대에, 귀도 반 로섬은 무언가 조금 더 공식적
인 것들이 필요하다는 것을 깨달았고, 파이썬랩스 인원들은
PSF를 만들고 일정 수준의 기금을 모금하기 시작했습니다.
저는 제가 과거에 DECUS UK & Ireland[12] 커뮤니티의 재

○

10　BeOS : 1990년에 설립된 과거 미국의 컴퓨터 기업. BeBox 개인용 컴퓨터를 위한 GUI 운영체제인 BeOS
로 잘 알려져 있다. (https://ko.wikipedia.org/wiki/BeOS)

11　Zope Corporation : 1995년에 설립되고 1997년에 신문, 잡지의 안내 광고 엔진을 만들던 회사. 파이
썬 커뮤니티와 인연이 깊은 회사이며, 귀도 반 로섬은 2003년에 이 회사를 떠났다. (https://en.wikipedia.
org/wiki/Zope)

12　DECUS UK & Ireland : 주로 HP 장비와 서비스를 받는 엔터프라이즈 영역의 기술자들이 정보를 교환하기
위해 만든 커뮤니티. 현재는 HP-Interex Ireland로 이름이 바뀌었다.

무 담당자였고, 커뮤니티 컨퍼런스 경험이 있다고 설명했어요. 귀도 반 로섬은 만약 제가 콘퍼런스 의장 제안을 받아준다면, PSF가 비용을 책임지겠다고 말했습니다.

우리는 죠지 워싱턴 대학의 카프리츠 콘퍼런스 센터를 대관하고 날짜를 공지하였습니다. 모두들 좋아했어요. 그리고서, 비공식 팀하나가 제빠르게 파이콘오르거나이저 PyConorganizers 리스트를 만들었죠. YAPC(Yet Another Perl Conference)[13] 아이디어를 생각했던 네이트 토킹톤-Nate Torkington의 도움을 많이 받은 것이 생각 나는군요.

'비용을 최대한 낮추기 위해서, 순식간에 모인 자원 봉사자들의 도움으로 모든 것이 가능할 것이라고 생각했어요.'

비용을 최대한 낮추기 위해서, 순식간에 모인 자원 봉사자들의 도움으로 모든 것이 가능할 것이라고 생각했어요. 캐서린 데브린Catherine Devlin이 음식을 준비하였습니다(모두의 음식 선호도를 고려해야 하는 어려운 일을 해냈어요). 티켓을 어떻게 팔았는지 기억도 안 나네요, 행사 이후로 사이트를 사용할 수 없거든요.

이틀짜리 스프린트와 여러 튜토리얼 세션이 열린 후 시작된 콘퍼런스에 약 250여 명의 사람이 참석하였습니다. 그들은 모든 세션에 적극적으로 참여해주었습니다. 사실 행사를 진행하는 과정 중에 인터넷 접속이 잘 되지 않는 헤프닝이 있었는데, 가능한한 모든 사람이 인터넷에 접속할 수 있도록 노력했습니다.

스티브 홀덴

이 콘퍼런스에 트위스티드 팀이 처음으로 모습을 드러냈습니다. 그들은 네트워크 문제가 있었고 (그 당시 대부분 시스템에는 이더넷 케이블이 필요할 때죠), 오로지 그들만을 위해 100MHz 허브를 설치해준 것이 기억에 남네요.

드리스콜 **콘퍼런스가 재무적으로 성공했나요?**

홀   덴   콘퍼런스가 끝났을 때, PSF에 대략 17,000달러(약 1,800만 원) 정도를 남겨주었다고 발표했습니다.

귀도 반 로섬은 이익의 절반을 주겠다고 제안했지만, PSF를 위한 준비금이 필요할 것이라며 사양하였습니다. 또한, 그는 저의 PSF 멤버 합류를 제안했고, 기쁘게 수락할 수 있어 영광이었습니다. 물론, 정식으로 투표를 하여 합류하게 되었죠.

같은 해 OSCON[14] 에서 제가 진행한 귀도 반 로섬과의 인터뷰에서 그는 PSF에 경험이 풍부한 사람들이 더 필요하다고 말했습니다. 그 당시, 그는 단지 기업에 본인 이름이 알려져 있다는 이유만으로 PSF를 이끌고 있었거든요.

○

13   YAPC (Yet Another Perl Conference) : 펄 프로그래밍 언어를 위한 컨퍼런스 (http://www.yapc.org/)
14   OSCON (O'Reilly OpenSource CONvention) : 오라일리 출판사에서 주관하는 오픈소스 콘퍼런스

다음 해 같은 장소에서 열린 두 번째 파이콘이 끝났을 때, 저는 앞으로 한 번만 더 콘퍼런스 의장을 맡겠다고 했습니다. 저는 개인 소유물이 되어가는 커뮤니티 행사를 그리 좋아하지 않습니다. 그리고 의장을 맡는 것은 상당히 많은 시간을 투자해야 합니다. 다행히도, 그 당시 저의 수입은 가르치는 일과 간헐적인 컨설팅에서 발생하고 있었고, 대부분의 일을 집에서 할 수 있었죠.

제 기억이 맞다면, 제가 PSF 이사회에 선출된 해였습니다. 귀도 반 로섬은 의장직에서 물러난 뒤, 스테판 데벨Stephan Deibel이 그를 대신하여 시작했고, 귀도 반 로섬은 명단에 이름만 올리게 되었습니다. 이는 그가 행정적인 일 대신, 개발에 더욱 집중할 수 있게 되었다는 것을 의미합니다.

드리스콜   **그럼 콘퍼런스 의장직에서 물러나신 게 언제인가요?**

홀   덴   마지막으로 워싱턴DC에서 열린 세 번째 파이콘이 끝날 무렵, 그 누구도 다음 콘퍼런스의 의장을 하고 싶어하지 않았어요. 저는 사람들에게 내년에도 시기와 장소와 상관없이 콘퍼런스가 열릴 것이라고 말할 수 없었습니다.

| '만약 파이콘이 계속 열리려면, 커뮤니티로부터 더 폭넓은 지원을 받아야만 한다고 굳게 믿고 있었습니다.'

저는 콘퍼런스 의장을 한 번만 더 맡아달라고 여러 번 요청을 받았습니다. 파이콘이 계속 열리려면, 커뮤니티로부터 더 폭넓은 지원을 받아야만 한다고 굳게 믿고 있었습니다. 두 달 후, 앤드류 커즐링Andrew Kuchling이 제게 와서 의장을 하는데 필요한 것이 무엇인지 물어왔고, 정말 고맙게도 달라스와 텍사스에서 열린 2번의 콘퍼런스를 주최하였습니다. 그들은 완전히 상업적인 장소로 옮겨서 행사를 개최하였고, 파이콘은 점점 더 커지고 있습니다.

드리스콜   **만약 누군가 프로그래밍을 배우고 싶다면, 파이썬을 선택해야만 하는 이유가 무엇일까요?**

홀   덴   연령대에 따라서 달라질 수 있다고 봅니다. 10세까지는 스크래치와 같이 시각화 프로그래밍 시스템이 더 잘 어울릴 것 같습니다.

그 연령대가 넘어가면, 파이썬만큼 프로그래밍 언어를 처음 배우기에 좋은 언어도 없죠. 다양한 곳에서 거대한 양의 오픈소스 파이썬 코드를 찾을 수 있습니다. 요즘에는 어떤 영역에서 종사한다고 해도, 시발점으로 삼을 만한 파이썬 코드를 어디에서든지 찾을 수 있습니다.

| '파이썬만큼 프로그래밍 언어를 처음 배우기에 좋은 언어도 없죠.'

드리스콜	**그럼 어떤 코딩 테크닉을 추천하세요?**

| 홀 덴 | 저는 프로그래머로 살아온 첫 30년 동안 테스트-주도 개발을 하지 않았지만, 지금은 열성적인 팬입니다. 비즈니스 관점에서는 모든 이해관계 당사자가 비즈니스에 가장 큰 가치를 줄 작업을 선택할 수 있기 때문에 애자일이 더 바람직하다고 생각합니다.

저는 지난 1년 반 동안 애자일을 잘못 사용하고 있었어요. 새로운 업무에서 애자일 방법론이 생산적이라는 것을 꼭 증명하고 싶습니다. 하지만 애자일은 코딩 테크닉이라고 보기보다는 개발 관리 방법론에 더 가깝다고 봅니다.

짝(Pair) 프로그래밍은 이전만큼 많이 사용되지는 않지만, 기술 전수 관점에서 보면 믿을 수 없이 훌륭한 커뮤니케이션 도구라고 생각합니다. 젊은 프로그래머들은 경력 개발에 많은 시간을 투자하지 않는 것으로 보입니다만, 매니저 측면에서 보자면 제 스태프가 성장하고 배우는 것을 보고 싶습니다. 짝 프로그래밍은 비교적 덜 고통스럽게 새로운 기술을 확보할 수 있는 한 가지 방법입니다. |

드리스콜	**파이썬 기초를 배우고 나면, 무엇을 배워야 하나요?**

| 홀 덴 | 여러분이 관심 가질만한 문제를 찾아보고 해당 영역에 오픈 |

소스 프로젝트가 있는지 확인해 보세요.

'대부분 신규 프로그래머는 그들이 스스로 배울수 있다고 생각하지만, 사실 협업을 통해서 배우는 것이 훨씬 쉽습니다.'

대부분 신규 프로그래머는 그들이 스스로 배울 수 있다고 생각하지만, 사실 제대로 된 팀 안에서 협업을 통해서 배우는 것이 훨씬 쉽습니다. 팀워크는 효율적인 프로그래머가 되기 위해서 알아야 할 실용적인 소프트웨어 엔지니어링 기술을 가르쳐 줄 수 있습니다.

누구나 코딩을 할 수 있다고들 말하지만, 주변을 둘러보면 꼭 그렇지만은 아닌 것 같습니다. 하여튼, 스스로 코딩을 할 수 있게 되었다는 것은 실용적이고 기능을 갖추었으며 유지보수가 쉬운 시스템을 개발할 준비가 충분히 되었다는 것을 의미합니다. 이러한 다양한 기술 습득을 프로그래밍에 숙달한 이후로 미뤄서는 안 됩니다.

드리스콜   **근래 파이썬의 어떤 부분이 가장 흥미롭나요?**

홀 덴   파이썬 커뮤니티의 꾸준한 성장과 파이썬 적용 사례가 증가하는 것이 정말 흥미롭습니다. 특히, 교육 분야 말이죠. 이를 통해 향후 20년 동안 비교적 이해하기 쉬운 프로그래밍 도구로 누구든지 쉽게 이용할 수 있을 거라 장담합니다.

Steve Holden

제 책상 위에는 Wi-Fi, Bluetooth, LoRa, Sigfox 및 셀룰러 통신 모듈을 칩에 내장한 FiPy 장치가 있습니다. 마이크로파이썬 콘트롤러가 이들을 제어하며, 디지털 입력 및 출력을 담당하는 평범한 종과 호루라기가 있으며, 모든 기능에 REPL[15]로 접근이 가능합니다. 은퇴하고 이 녀석들과 시간을 보내게 되기를 기다리는 게 무척 힘들군요. 10년 뒤에 무슨 일이 벌어질지 상상해보세요!

드리스콜 **앞으로 파이썬의 미래가 어떻게 펼쳐질까요?**

홀   덴   언어가 어떤 방향으로 갈지는 잘 모르겠습니다. 파이썬 4에 대해서도 들어보셨을 거예요. 현재 파이썬은 충분히 복잡한 단계에 왔다고 봅니다.

> '파이썬 4에 대해서도 들어보셨을거예요. 현재 파이썬은 충분히 복잡한 단계에 왔다고 봅니다.'

파이썬이 자바 환경과 같은 방식으로 몸집이 커졌다고 생각하지 않습니다. 성숙도 측면에서 본다면, 오히려 파이썬이 다른 언어로 파생할 가능성이 있다고 봅니다. 조금 더 특화되고, 애플리케이션의 특정 영역을 겨냥한 언어로 말이죠. 저는 이것이 근본적으로 건강하다고 보며, 모든 프로그래머가 모든 곳에 파이썬을 사용하도록 하고 싶지는 않습니다. 언어를 실용적인 이유로 선택할 수 있어야 합니다.

스티브 홀덴

저는 변화를 부추기는 사람이 아닙니다. 충분히 똑똑한 사람들이 이미 고민하고 있습니다. 그래서 저는 대부분 파이썬-데브 메일링 리스트에 숨어 있으며, 가끔 너무 복잡한 상황이 벌어질때 고객 입장에서의 관점을 심어주고 있습니다.

드리스콜　　　**파이썬 3로 무조건 전환해야 하나요?**

홀　　덴　　　필요할 때 하면 됩니다. 어쩔 수 없이 2.7로 개발된 시스템을 마이그레이션 할 수 없는 상황이 있습니다. 해당 시스템 운영자가 전반적인 기술 지원 영역을 확장해서, 파이썬-데브 기술 지원이 종료되는 2020년이후에도 시스템의 수명을 연장하면 좋겠습니다. 하지만, 파이썬 3로 시작하는 사례가 점점 많아지고 있으니, 시작하는 단계의 프로젝트라면 반드시 파이썬 3를 배워서 사용하세요.

드리스콜　　　고맙습니다, 스티브 홀덴.

○
15　Read-Eval-Print Loop (REPL) : 대화식으로 명령문과 결과를 바로 바로 확인할 수 있는 콘솔 형태의 프로그래밍 셸 환경

3
캐럴 윌링
Carol Willing

캐럴 윌링은 소프트웨어 개발자이자, 전 파이썬 소프트웨어 재단 이사를 역임했다. 지난 7년간 윌링 컨설팅사의 오픈소스 소프트웨어와 하드웨어 개발을 하고 있다. 캐럴은 비영리 교육 센터인 팹 연구소Fab Lab 샌디에고에 상주하고 있는 괴짜geek다. 그녀는 씨파이썬(CPython)[1]의 코어 개발자이며, 파이레이디스[2] 샌디에고와 샌디에고 파이썬 사용자 그룹 운영을 돕고 있다. 캐럴은 프로젝트 쥬피터[3]의 연구 소프트웨어 엔지니어이자, 오픈소스 파이썬 프로젝트의 활발한 기여자다. 또한 연설자와 저자 활동으로 기술을 열성적으로 선파하고 있다.

| 토론 주제 | 씨파이썬, 쥬피터, 파이썬 소프트웨어 재단 |
| 캐럴 윌링 소셜 미디어 주소 | @WillingCarol |

○

1   씨파이썬(CPython) : 파이썬 프로그래밍 언어의 구현체이며, C로 구현되었다.
    소스 코드 위치 : https://github.com/python/cpython
2   파이레이더스(PyLadies) : 파이썬을 사랑하는 여성을 위한 커뮤니티 (http://www.pyladies.com/)
3   프로젝트 쥬피터(Project Jupyter) : 여러 종류의 프로그래밍 언어를 인터랙티브하게 실행할 수 있는 오픈소스 웹 애플리케이션인 쥬피터 노트북(구, 아이파이썬 노트북iPython Notebook)을 중심으로 진행하는 여러 프로젝트의 부모 프로젝트 (http://jupyter.org/)

마이크 드리스콜   **당신의 배경을 조금 설명해주겠어요?**

캐 럴   윌 링   저는 70년대에 초등학교에서 컴퓨팅을 배운 사람이에요. 실은 벨 연구소[1] 근처에서 자라면서 받은 영향도 있었습니다. 파이썬 커뮤니티도 비슷한 방식으로 젊은 코더에게 영향을 끼치는 것 같이 말이죠.

그러다가 중학교 시절, 첫 TRS-80[2]과 애플 II[3]에서 프로그래밍을 꾸준히 할 기회가 왔습니다. 프로그래밍이 항상 즐거웠어요. 무언가 새로운 것을 탐험하는 것이었기 때문이죠. 그 당시에는 인터넷이 없었기 때문에 그저 소스 코드와 얇은 문서가 전부였어요. 그것만 있으면 컴퓨터 탐험가가 될 수 있었던 것이죠. 정말 즐거웠습니다.

그 후에 저는 전기 공학 학위를 받았습니다. 제가 대학에 있을 때, 캠퍼스의 케이블 TV 방송국을 운영할 기회가 있었습니다. 기술적인 것도 배웠지만, 자원 봉사자들에게 어떻게 동기 부여를 하는지 알게 되었죠.

저는 사실 취업을 하고 6년이 지나도록 엔지니어로 일을 하지 않았습니다. 일을 그만두고 긴 휴식을 취했지만, 제 시간 대부분을 집에서 리눅스 네트워크를 구축하는 데 보내고 있었어요. 저는 정말 예전으로 돌아가서 개발 쪽 일을 하고 싶었습니다, 그게 제 세상을 실제로 뒤흔들었기 때문이죠. 저는 쥬피터 팀과 일할 기회를 얻었고, 지금도 그 일을 하고 있습니다.

드리스콜 **어떻게 전기 엔지니어에서 프로그래밍으로 돌아갈 수 있었을까요? 제가 알기로는 전기 엔지니어는 하드웨어에 더 치중하는 것으로 알고 있습니다.**

윌 링 글쎄요, 저는 지금도 마이크로파이썬이나 서킷파이썬[4]과 같은 프로그래밍 언어와 하드웨어를 정말 사랑합니다. 여전히 저에게는 흥미로운 것들이지만, 저는 프로그래밍 퍼즐이 더 좋습니다.

| '저는 프로그래밍 퍼즐이 더 좋습니다.'

저는 수학과 프로그래밍과 첫 사랑에 빠졌어요. 전기 공학에서 제가 좋아한 영역은 디지털 의사소통 이론(digital communications theory)입니다. 그러니 제가 배운 것은 하드웨어 쪽이 아니라, 수학과 소프트웨어 개발에 더 가깝습니다.

드리스콜 **루비나 다른 언어 대신, 파이썬을 선택하게 된 이유가 무엇인가요?**

○

1 벨 연구소(Bell Labs) : 미국의 케이블 및 통신업 관련 연구소 1925년에 설립하여 하드웨어와 소프트웨어에 수많은 업적을 남겼다. (https://ko.wikipedia.org/wiki/벨_연구소)
2 TRS-80 : 1977년에서 1981년까지 탠디사에서 팔던 홈 컴퓨터
3 애플 II(Apple II) : 1977년부터 1993년까지 애플사에서 팔던 가장 성공적인 8비트 홈 컴퓨터
4 서킷파이썬(CircuitPython) : 저비용 마이크로콘트롤러 보드 위에 프로그램을 간단하게 할 수 있게 설계된 프로그래밍 언어

Carol Willing

| 윌　링 | 글쎄요, 저는 레일즈 초기 시절에 C++, 자바, 루비를 할 수 있었습니다. 그러다가 신중히 컴퓨터 언어를 고르다 보니, 제가 실제로 찾고 있는 것은 제가 참여하여 즐길 수 있는 기술 커뮤니티라는 것을 깨달았습니다. |

캘리포니아 남부에는 사람들을 만나는 밋업 기회가 많았습니다. 한동안 리눅스 커뮤니티에 빠져 있었어요. 그러다가 오픈소스에 기여하는 방법을 가르치는 오픈해치OpenHatch 사람들과 함께 일을 하게 되었습니다.

파이썬으로 프로그래밍을 하면 할수록, 소스 코드가 더욱 읽기 쉬워졌습니다. 파이썬은 쉽게 개발을 완료할 수 있게 해주었고, 방대한 라이브러리를 가지고 있었습니다. 이것이 제가 파이썬에 빠지게 된 계기에요. 비록 파이썬 세계로 가는 곧은 길은 아니기에 시간이 더 걸렸을지 모르겠지만, 좋은 길이었다고 생각해요.

드리스콜　　**어떻게 파이썬 코어 개발자가 되었나요?**

윌　링　　네, 저는 몇 년 전에 파이콘에서 발표와 튜토리얼 준비 과정에 참여한 적이 있습니다. 참석해보니, 씨파이썬 스프린트에 참여한 개발자가 아주 많아서 깜짝 놀란 동시에, 그 중 여성 개발자가 너무 적어서 무척 놀랐죠.

'씨파이썬 스프린트에 참여한 개발자가 아주 많아서 깜짝 놀란 동시에, 그 중 여성 개발자가 너무 적어서 무척 놀랐죠.'

닉 코그란과 몇 명의 사람이 저에게 커뮤니티가 어떻게 돌아가는지 설명해주었습니다. 저는 더 많은 자원 활동이 필요하다고 느꼈고, 파이썬 개발자 가이드에 많은 시간을 투자했으며, 파이레이디스 커뮤니티에도 자원하였습니다. 저는 닉과 귀도 반 로섬과 함께 더 좋은 문서를 만들었고, 더 쉽게 접근할 수 있도록 하는 작업을 하였습니다. 이것이 제가 코어 개발자가 된 계기입니다.

쥬피터는 파이썬 3에 크게 의존하고 있습니다. 그렇기 때문에 웹 커뮤니티 외부의 목소리가 언어 핵심에 기여할 필요가 있다고 생각합니다. 파이썬은 훌륭한 언어이며, 무척 많은 기회를 제공합니다. 파이썬이 20년이 되었지만, 이 언어가 우리를 어디로 데려갈 수 있는지 이제 조금 경험했다고 생각해요.

'파이썬이 20년이 되었지만, 이 언어가 우리를 어디로 데려갈 수 있는지 이제 조금 경험했다고 생각해요.'

드리스콜　　　　**라이브러리의 어떤 부분을 담당하고 있나요? 코어 개발자로서 어떤 일을 하나요?**

윌 링	현재 저는 문서화 작업과 개발 도구 가이드를 만들고 있습니다. 파이썬으로 개발을 시작하는 사람들이나, 코어 파이썬 개발을 시작하는 사람들에게 멘토링을 해주고 있고요.
	저는 쥬피터가 깊이 의존하고 있는 것들에 관여하고 있습니다, 가령, 비동기 통신 같은 것들이죠. 만약 시간이 더 허락된다면, 씨파이썬 쪽 일을 더 할 것입니다. 하여튼, 지금은 쥬피터가 급속하게 성장하고 있기 때문에 계속 바쁘네요.
	또한, 저는 교육 쪽에 정말 관심이 많답니다. 만약, 여러분이 사람들에게 언어를 쉽게 가르칠 수 있다면, 훌륭한 아이디어를 많이 가지고 있는 것이라고 생각해요. 이러한 능력은 파이썬의 모든 라이브러리에서 찾아 볼 수 있습니다.
드리스콜	**파이썬 소프트웨어 재단(PSF)에서는 무슨 일을 하나요?**
윌 링	한 2년 정도 PSF에서 이사를 맡았어요. 지금은 마케팅이나 과학 같은 몇 개의 그룹에서 일하고 있습니다.
	올해는 정말 전 세계 대상으로 발표를 하고 나누는 것에 초점을 맞추고 있습니다. 파이썬을 둘러싼 교육 현황과 여러 다양한 학문에 파이썬이 얼마나 잘 맞는지, 그리고 쥬피터와 어떻게 잘 어울리는 지에 대해서 이야기하고 싶습니다. 그리고서 다시 파이콘의 튜토리얼을 진행할 생각입니다. 사람들

이 보내는 제안을 읽는 것은 정말 즐거운 일이죠.

저는 마케팅 그룹에 비교적 신규 인력입니다만, 전 세계적으로 커뮤니티와 스폰서와 어떻게 협업해야 하는지 다양한 각도로 살펴 보고 있습니다. 저희는 파이썬이 실세계에서 실제로 어떻게 사용되고 있는지 더 부각시키고 싶습니다. 마케팅 그룹은 트위터 캠페인을 참고하여 더 강력한 아이디어를 내 놓으려고 노력하고 있으며, PSF가 하고 있는 일을 잘 나타낼 아이디어를 갖고 있습니다.

드리스콜 **PSF의 현재 목표는 무엇인가요?**

윌　링　PSF의 목표는 파이썬 언어가 스스로 생존하고 저작권을 보호하는 것입니다. 그리고 파이썬을 성장시키고, 파이썬을 아직 사용하지 않는 전 세계의 어느 곳이라도 파이썬을 사용할 수 있게 만드는 것이 하나의 목표입니다.

매년, PSF의 목표는 조금씩 달라 보일 수 있습니다. 분명히 말씀드리지만, 파이콘을 개최하는 것은 언제나 PSF의 매우 중요한 목표이죠. 다른 것들은 다소 전략적일 수 있어요, 가령, 저희가 기금 지원을 하는 여러 프로젝트의 지원 요청 사이에서 균형을 잡는 것과 같이 말이죠.

모든 오픈 소스 세계에서 가장 중요한 것은 프로젝트의 지속성이며, 이 프로젝트들이 순항하기 위해 어떻게 인프라를 마련해 주느냐는 것입니다. PSF에는 커뮤니티와 스폰서 중에 훌륭한 기부자들이 있다는 것이 무척 큰 행운이죠. 하지만 어떤 이유로 스폰서가 떠나더라도 사람들은 여전히 파이썬을 위한 공식 써드파티 소프트웨어 저장소인 파이피아이PyPI가 건재하길 바랄 것이며, 웹 싸이트 역시 지속적으로 문제 없이 운영되기를 바랄겁니다.

장기적으로 지속할 수 있는 계획을 세울 필요가 있으며, 자원 봉사자들을 혹사 시키면 안됩니다. PSF는 사람들이 기대하는 수준의 서비스를 제공할 필요도 있어요. 도날드 스터프트Donald Stufft가 파이피아이의 일일 트래픽을 설명한 인터뷰를 한 걸로 알고 있습니다. 그 수치가 꽤 놀라워요. 파이피아이는 우리 모두가 기대고 있는 것입니다. PSF는 전 세계에서 파이썬의 존재를 보장하며, 개발자가 일상적으로 당연하게 여기는 인프라를 유지합니다.

'PSF는 전 세계에서 파이썬의 존재를 보장하며, 개발자가 일상적으로 당연하게 여기는 인프라를 유지합니다.'

역자 NOTE : 파이피아이 트래픽

위에서 언급한 도날드 스터프트는 2016년 1월경에 토크파이썬 팟캐스트에서 에피소드 하나를 공개한적이 있다. 이때 도날드는 파이피아이가 월 300TB가 넘는 트래픽이 발생한다고 언급하였으며, 이는 일 10TB 트래픽으로 계산된다. 굉장히 큰 수치라고 볼 수 있다. 팟캐스트는 다음 링크에서 전문을 확인할 수 있다 : https://talkpython.fm/episodes/transcript/64/inside-the-python-package-index

캐럴 윌링

드리스콜 **이 주제에 관해서 보안상 이야기를 할 수 있을지 모르겠군요, 프로젝트 쥬피터에서는 무슨 일을 하시나요?**

윌 링 프로젝트 쥬피터에서 무슨 일을 하는지 말씀드릴 수 있죠, 쥬피터는 오픈소스 프로젝트이니까요. 이 프로젝트는 과학 연구 프로젝트 기금과 기업 기금에서 도움을 받고 있습니다.

쥬피터에는 크게 3개의 주 영역으로 나눠집니다. 첫 번째는 아이파이썬 노트북에서 발전한 클래식 쥬피터 노트북이 있습니다. 두 번째로는 노트북과 통합할 수 있는 수많은 위젯과 도구들이 있구요. 마지막으로 제가 관여하고 있는 쥬피터허브 JupyterHub가 있습니다.

쥬피터허브는 특정 목적을 가지고 모인 사람들의 그룹 단위로 노트북을 제공하는 도구입니다. 장소는 작은 워크숍일 수도 있고, 연구소일 수도 있습니다. 큰 규모의 교육 기관에서도 쥬피터허브를 많이 사용하고 있습니다. 또한, 많은 연구원들이 고성능 컴퓨팅이 필요한 수치 연산에 쥬피터허브를 사용하고 있습니다.

'기본적으로 쥬피터허브는 훌륭한 기능과 함께 간결한 IDE 느낌을 제공할 것입니다.'

차세대 쥬피터노트북은 쥬피터허브가 될 것입니다. 기본적으로 쥬피터허브는 훌륭한 기능과 함께 간결한 IDE 느낌을 제공할 것입니다. 그룹 내에 있는 다른 노트북과 실시간으로 변경 사항이 반영되는 그래프를 웹 페이지에 그릴 수 있습니다.

쥬피터랩JupyterLab은 확장을 가능케 합니다. 그러니 모듈을 추가하거나 커스터마이징할 수 있습니다. 저는 약 1년 전부터 다른 버전의 쥬피터랩을 사용해오고 있습니다. 피드백이 매우 긍정적이었으며, 작년부터 싸이파이[5]에 쥬피터랩을 공유하였습니다.

드리스콜 **쥬피터허브를 사용하려면 가입을 해야 하나요? 어떻게 사용할 수 있죠?**

윌　링 아니요, 쥬피터허브 역시 무료 오픈소스 프로젝트입니다. 여러분이 관리하고 있는 자체 서버가 있다면 해당 서버에 배포할 수 있습니다. AWS, 애저, 구글 클라우드 혹은 락스페이스와 같은 클라우드 환경에 배포할 수도 있고요.

최근에는 쿠버네티스[6] 위에 쥬피터허브를 배포하려는 사람들을 돕기 위한 가이드를 만들고 있습니다. 실제로 정말 잘 동작해요. 다양한 사용자 인증 방법도 제공하고 있어요, 교육 기관들 사이에서 상이한 사용자 인증 방식으로 인해 기본 인증 방법이 변경될 가능성이 크기 때문입니다.

'모든 학생에게 웹 계정과 함께 쥬피터 노트북을 제공할 수 있으며, 그들은 모두 같은 도구와 같은 경험을 하게 됩니다.'

캐럴 윌링

여러분은 쥬피터 노트북 인스턴스를 각각 사람에게 산란어가 알을 낳듯이 개별적으로 나눠주고 싶을거에요. 이것이 대학에서 쥬피터허브가 매력적인 이유입니다. 모든 학생에게 웹 계정과 함께 쥬피터 노트북을 제공할 수 있으며, 그들은 모두 같은 도구와 같은 경험을 하게 됩니다. 일일이 설치하는 악몽에서 벗어날 수 있죠.

드리스콜   **아이파이썬** IPython **관련 작업도 하나요?**

윌 링   아이파이썬은 전체 쥬피터 프로젝트 일부이지만, 아이파이썬 자체에는 최소한으로 관여하고 있습니다. 가끔 신규 릴리즈가 있을 때 돕는 정도죠.

쥬피터는 하나의 큰 학문적인 연구 프로젝트입니다. 저희에게 마케팅 자원이 부족하지만, 널리 알리기 위해 노력하고 있어요. 쥬피터의 가장 강력한 장점 중 하나는 다른 사람이 쉽게 상호 작용할 수 있는 방식으로 정보를 공유할 수 있다는 점입니다. 실제로 학생들이 쥬피터에 끌리고 있는 것이 보입니다.

○

5   싸이파이(SciPy) : 싸이파이는 파이썬 기반으로 수학, 과학, 엔지니어링 영역에 특화된 오픈소스 소프트웨어 생태계를 보유한 커뮤니티이다. (https://www.scipy.org/)
6   쿠버네티스(kubernetes, K8S) : 도커를 포함한 컨테이너화된 애플리케이션의 자동 배포, 확장, 관리를 위한 도구로 구글에 의해 설계되고 리눅스 재단에서 관리하고 있다. (https://kubernetes.io/)

| 드리스콜 | **파이썬 커뮤니티의 어떤 점이 마음에 드나요?** |

| 윌 링 | 브렛 캐넌과 다른 사람들이 예전에 말했었죠. 프로그래밍 언어 때문에 왔지만, 파이썬 커뮤니티를 위해 머문다고요. 정말 공감합니다. 기술 세계에 파이썬 커뮤니티만큼 따뜻한 커뮤니티가 있는지 모르겠네요. |

> '프로그래밍 언어 때문에 왔지만, 파이썬 커뮤니티를 위해 머문다고요.'

사려 깊고 재능있는 많은 사람이 그들의 지식과 아이디어를 기꺼이 나누려고 합니다. 제 생각에는 귀도 반 로섬의 바람대로 언어를 쉽게 쓰고 읽을 수 있게 한 것이 영향을 미쳤다고 봅니다. 또한, 귀도 반 로섬은 건강한 언어만큼이나 건강한 파이썬 커뮤니티를 원하기 때문에, 사람들을 격려하고 질문에 답합니다. 이것이 정말 중요하다고 생각해요.

> '또한 귀도 반 로섬은 건강한 언어만큼이나 건강한 파이썬 커뮤니티를 원하기 때문에, 사람들을 격려하고 질문에 답합니다.'

사람들이 서로 다른 일을 하는 것을 두루 살펴보는 것은 즐거운 일이라고 생각해요. 저는 파이콘을 좋아하는 만큼, 지역 콘퍼런스도 정말 사랑합니다. 그곳에서 새로운 일이 벌어지고 있어요. 다른 사람의 관점에서 파이썬을 어떻게 사용하고 있는지 확인할 수 있습니다.

새로운 사용자에게 언어를 가르치는 것만큼 파이썬의 사용자 경험의 개선점을 알게 되는 방법은 없다고 생각해요. 개발자로서 저에게 그리 유쾌한 경험은 아니지만, 설정이 제대로 되었는지 알기 어려운 신규 입문자에게는 더 불쾌한 경험일 것입니다.

드리스콜   **현시점에 파이썬에 대해 흥미로운 점은 무엇인가요?**

윌 링   지금까지 나눈 대화를 보았을 때, 제가 단지 한 가지에만 관심이 있지 않다는 것을 아실 거에요.

파이썬에 관한 한 가지 장점은 언어를 임베디드 환경, 웹 환경, 과학 관련 개발이나 분석 쪽에서 사용할 수 있다는 것입니다. 저는 파이썬을 아이나 어른을 가르치는 데 사용할 수 있습니다. 수많은 언어 중에서 이 모든 것들에 대해 전반적으로 강력한 언어는 또 없다고 말할 수 있어요. 파이썬은 그 부분에 있어 정말 훌륭하다고 생각해요.

> '파이썬을 둘러싼 학습과 교육은 정말 기대됩니다. 파이썬 3를 교육에 활용하는 것 자체가 무척 즐거운 일이에요.'

파이썬을 둘러싼 학습과 교육은 정말 기대됩니다. 파이썬 3를 교육에 활용하는 것 자체가 무척 즐거운 일이에요. 파이썬 3.6에 등장한 "f-strings"는 문자열 표현(formatting)을 굉장히 단순화합니다. 마이크로파이썬, 써킷파이썬, 라즈베리파이, 마이크로비트 그리고 쥬피터는 젊은 친구들에게 정말 흥미로운 프로젝트를 할 수 있게 해줍니다. 파이콘 UK에서 저희의 기대를 넘어선 젊은 개발자들의 프로젝트와 라이트닝 토크를 접하는 것은 무척 즐거운 일입니다.

드리스콜   **파이썬 코어 개발자로서 언어의 미래가 어디로 갈 것 같나요?**

윌 링   파이썬의 과학분야 프로그래밍 파트가 꾸준히 성장할 것으로 보입니다. 언어 측면의 파이썬 성능 지원과 비동기 기능 안정화가 꾸준히 진화할 것으로 보여요. 그러고나면 파이썬은 매우 강력하고 유일무이한 언어가 될 것으로 생각합니다. 여러분이 오늘 개발을 그만둔다고 할지라도, 파이썬은 끝내 주게 좋은 언어에요.

파이썬 커뮤니티의 요구사항은 파이썬에 반영될 것이고, 언어가 가고자 하는 방향에 영향을 줄 것이라고 생각해요. 코어 개발팀 안에 다른 그룹의 대표들이 더 많아지면 좋겠습니다. 그렇게 되면 저보다 훌륭한 분들이 사람들의 질문에 더 좋은 답변을 제공할 수 있습니다. 귀도 반 로섬에게 파이썬이 어떤 방향으로 가면 좋을지에 대한 생각이 있을 거라고 확신해요.

'더 훌륭한 모바일 적용 사례가 있어야 합니다. 하지만 여러분도 알다시피 파이썬은 그 일을 해낼 것입니다.'

캐럴 윌링

모바일 개발은 오래전부터 파이썬의 아킬레스건입니다. 비웨어 프로젝트가 파이썬으로 모바일에서 실행하는 앱을 만드는 크로스-컴파일 관련 일을 해내기를 바랍니다. 더 훌륭한 모바일 적용 사례가 있어야 합니다. 하지만, 여러분도 알다시피 파이썬은 그 일을 해낼 것입니다.

파이썬은 파이썬 3 안에 있는 기능 위주로 꾸준히 발전할 것입니다. 인스타그램과 같이 큰 코드 베이스도 이제 파이썬 2에서 3로 전환하였습니다. 여전히 그들의 운영환경에 파이썬 2.7 코드가 많이 있지만, 파이콘 2017 기조연설에서 공유하였듯이 큰 발전을 이루었습니다.

역자 NOTE : 파이콘 2017 기조연설
인스타그램의 엔지니어 후이 딩과 리사 구오가 장고와 파이썬 스택으로 운영되는 인스타그램 적용 사례를 기조 연설에서 발표했다. 다음 동영상 링크에서 전체 발표 영상을 확인할 수 있다 :
https://youtu.be/66XoCk79kjM

> '회사마다 다르겠지만, 보안과 유지 보수와 같은 비즈니스 요구사항에 따라 어느 시점에서는 파이썬 3로 마이그레이션을 시작할 것입니다.'

더 많은 파이썬 3 관련 도구와 더 많은 테스팅 도구들이 있기 때문에 레거시 코드를 파이썬 3로 전환하는 리스크를 줄일 수 있습니다. 그래야, 회사가 비즈니스를 제대로 수행할 수 있습니다. 회사마다 다르겠지만, 보안과 유지 보수와 같은 비즈니스 요구사항에 따라 어느 시점에서는 파이썬 3로 마이그레이션을 시작할 것입니다. 만약, 여러분이 신규 프로젝트를 시작한다면, 파이썬 3가 최고의 선택입니다. 특히, 마

Carol Willing

이크로서비스와 인공지능을 하려는 신규 프로젝트라면 파이썬 3를 더욱 선호할 것입니다.

드리스콜   **파이썬이 인공지능과 기계학습에 많이 활용되는 이유가 무엇이라고 생각하나요?**

월 링   파이썬이 인공지능을 위한 최고의 선택이 된 이유는 과학과 데이터 분석 분야에서 오랫동안 파이썬을 사용하였기 때문입니다. 싸이킷-런 scikit-learn, 넘파이 NumPy, 판다스 Pandas와 쥬피터 Jupyter를 포함한 파이썬 라이브러리의 풍부한 생태계는 연구자와 제작자에게 일을 마무리하기 위한 든든한 밑거름이 됩니다.

'파이썬이 인공지능을 위한 최고의 선택이 된 이유는 과학과 데이터 분석 분야에서 오랫동안 파이썬을 사용하였기 때문입니다.'

드리스콜   **어떻게 파이썬이 인공지능을 위해 더 나은 언어가 될 수 있을까요?**

월 링   기존 파이썬 인프라와 핵심 라이브러리의 지속성은 파이썬의 원초적인 성장에 지대한 영향을 미칩니다. 건강하고 포용적인 생태계와 지속적인 기업 기금은 인공지능, 딥 러닝과 기계학습의 빠른 성장에 꾸준히 도움이 될 것입니다.

드리스콜 **미래 파이썬 릴리즈에서 보고 싶은 변화가 있나요?**

윌 링 동시성, 비동기, 병렬 처리와 분산 프로세싱을 설명하고 있는 태스크-중심 문서들이 더 많아지면 좋겠습니다. 지난 몇 개의 릴리즈에서 멋진 개선 사항들이 있었고, 다른 사람들이 이 개선 사항들을 조금 더 쉽게 사용할 수 있도록 도와준다면 멋질 것입니다.

드리스콜 고맙습니다, 캐럴 윌링.

4
글리프 레프코베츠
Glyph Lefkowitz

글리프 레프코비츠는 다양한 오픈소스 프로젝트에 참여하고 있는 미국 소프트웨어 엔지니어이다. 이전에는 애플의 시니어 소프트웨어 엔지니어였고, 현재는 스타트업을 위한 회계 장부 서비스를 제공하는 Pilot.com에서 일한다. 글리프는 파이썬으로 개발한 네트워크 프로그래핑 프레임워크인 트위스티드Twisted의 원조 창시자이다. 여전히 트위스티드를 유지보수하고 있으며 트위스티드 커뮤니티에서 활발히 활동하고 있다. 2009년에 파이썬 소프트웨어 재단(PSF)의 회원이 되었다. PSF는 2017년에 파이썬 언어에 대한 기여를 기리는 커뮤니티 서비스 상Community Service Award을 글리프에게 수여[1]하였다.

| 토론 주제 | v2.7/v3.x, 파이썬의 미래, 다양성 |
| 글리프 레프코비츠 소셜 미디어 주소 | @glyph |

○

[1]   수상이력 : https://www.python.org/community/awards/psf-awards/#june-2017

| 마이크 드리스콜 | **어떻게 프로그래머가 되었나요?**

글리프 레프코비츠 글쎄요, 제가 프로그래머가 된 길은 엄청 돌아가는 길이었습니다. 저는 어렸을 때 프로그래밍을 시작했지만, 베이직 다음에 펄을 배우는 것과 같이 진부한 이야기는 아닙니다. 꾸준히 실력이 늘어나거나 프로그래밍을 해야겠다는 열정도 없었어요.

저는 어렸을 때 죠크[1] 와 같은 게임을 만들고 싶었을 뿐이에요. 제 아버지는 실력있는 전문 프로그래머였어요, 그래서 저에게 APL[2] 을 가르치려고 했죠. 저는 프로그래밍을 빠르게 배우지 못했습니다. 변수를 어떻게 대입하는지 배웠는데, 그게 다였죠. 저는 변수 대입이 무엇인지 전혀 몰랐습니다. 한 5년 동안 그 수준에 머물러 있었죠.

그러다가 애플이 만든 프로그래밍 도구인 하이퍼카드[3] 를 배웠고, 제어 흐름과 루프를 사용하기 시작했어요. 저는 비디오 게임을 만들려고 노력했습니다. 저의 어린 시절을 통틀어 보면, 저는 프로그래밍을 배우고 싶지 않았어요. 수학을 잘하지 못했기 때문에 항상 프로그래머와 상관없는 것들을 찾았습니다.

| '저의 어린 시절을 통틀어 보면, 저는 프로그래밍을 배우고 싶지 않았어요.'

얼마 지나지 않아서 하이퍼카드로는 할 수 있는 것들이 많지 않다는 것을 알게 되었습니다. 저는 어느 순간에 애플 맥킨

토시의 고수준 개발 환경인 슈퍼카드[4]를 갖게 되었고, 변수가 무엇인지 그리고 데이터 구조상에서 제대로 돌아가는 프로그램을 만드는 방법을 배웠습니다. 그리고선 C++를 배웠죠. 수년간 프로그래밍 안에 숨어있는 매력을 느끼지 못했지만, 제대로 이해한 순간 그 매력 속으로 빠져들고 말았습니다.

'수년간 프로그래밍 안에 숨어있는 매력을 느끼지 못했지만, 제대로 이해한 순간 그 매력 속으로 빠져들고 말았습니다.'

저는 고등학교 때 자바Java를 배웠고, 펄Perl을 배웠고, 리스프Lisp를 배우고, 스킴Scheme을 배웠습니다. 그 당시 프로그래밍 수업에서 가르치기도 했으니, 제가 프로그래밍 세계에 본격적으로 발을 들인 나이가 17살이네요. 하지만 거기까지 가는 데 오랜 시간이 걸렸습니다.

드 리 스 콜   **어떻게 다른 여러 언어보다 파이썬에 빠지게 되었나요?**

○

1   죠크(Zork) : 8비트 PC 초창기 시절부터 유명했던 서양의 텍스트 어드벤처 게임 시리즈다.
2   APL(A Programming Language) : 1957년 하버드 대학에서 발명된 고급 수학용 프로그래밍 언어이다. 금융 및 보험 애플리케이션, 시뮬레이션, 수학 응용 프로그램 등 다양한 응용에서 사용되었다.
3   하이퍼카드(HyperCard) : 1987년 애플 맥킨토시와 애플 IIGS 컴퓨터를 위한 응용 애플리케이션이자 프로그래밍 도구. 월드 와이드 웹 이전에 존재한 최초의 성공적이며 널리 쓰인 하이퍼미디어 시스템이다.
4   슈퍼카드(SuperCard) : 1990년 중반에 출시된, 맥킨토시 고수준 개발 환경이다. SuperTalk라고 불리는 프로그래밍 언어를 사용했다.

레프코비츠   글쎄요, 제가 전문 프로그래머로 경력을 쌓기 시작했을 때 저는 자바를 사용하였습니다. 자바로 작성한 애플리케이션의 실행속도는 정말 끔찍했어요, 특히 맥OS에서요. 런타임에 대한 정말 좋지 않은 경험을 하게 된 거죠. 기본적으로, 제가 작업하고 있던 애플리케이션이 윈도우 시스템에서 버그가 있었어요.

이 버그를 피하려고 애플리케이션 설계나 구조를 변경할 수 없었습니다. 왜냐하면, 방대한 양의 메모리 누수와 관련 있는 버그였거든요. 그래서 사실상 제 프로젝트는 죽은 것이나 다름없었고, 저는 직업을 잃었습니다. 수개월 동안 저는 무직 상태였고, 이 경험 때문에 자바를 버리기로 마음먹었죠. 런타임 이슈 때문에 다시는 사용하지 않았습니다.

> '수개월 동안 저는 무직 상태였고, 이 경험 때문에 자바를 버리기로 마음 먹었죠. 런타임 이슈 때문에 다시는 사용하지 않았습니다.'

제가 가장 먼저 한 것은 자바 컴파일러를 위해 GNU[5]가 제공하는 것이 무엇인지 살펴보는 것이었습니다. 자바를 할 수도 있지만, 런타임과 관련된 것은 손대지 않아야 한다고 생각했어요. 버그투성이었거든요. 결론은 자바를 사용하지 않는 것으로 빠르게 결정하였습니다.

그 당시, 취미 프로젝트가 자바로 작성한 온라인 텍스트 기반 게임이었습니다. 자바로 제가 한 엄청난 양의 작업은 함수를 실행하기 위해 전체 객체를 해쉬 테이블에 담는 일이었어요.

                                                  글리프 레프코비츠

리플렉션[6]을 사용하여 인수를 주입하는 함수가 있었습니다. 사용자가 게임 실행 중에도 개입을 할 수 있게 만드는 것이 컨셉이었습니다. 사용자가 프로그램을 할 수 있게 만든 셈이지만, 제약이 많은 방법이었던 거죠.

드리스콜 **그래서 게임이 어떻게 동작하던가요?**

레프코비츠 사용이 제한된 블록을 쌓을 수 있는 세트를 주고, 사용자가 만든 것을 게임의 결과에 반영하는 것이었습니다. 단순히 정해진 텍스트만 출력하는 것이 아니었죠. 그래서 자바 버전의 코드 대부분은 임의의 컬렉션collection일 수도 있는 객체에서 동적으로 객체를 조합하는 거대한 양의 리플렉션이 주를 이루었습니다.

저는 전체 프로그램을 파이썬으로 다시 작성하였고, 더는 이런 작업을 하지 않아도 된다는 것을 깨달았습니다. 파이썬 객체는 이러한 동적 컬렉션 그 자체였어요. 임의로 속성값을 추가하고 가져올 수 있었습니다. 다른 딕셔너리[7]를 조회할 수도 있었고, 다 그런 식이었어요.

○

5 GNU : 운영체제 중 하나이자, 컴퓨터 소프트웨어의 모음이다. GNU는 온전히 자유 소프트웨어로 이루어져 있으며, 그중 대부분이 GNU 프로젝트의 GPL로 라이선스된다.

6 리플렉션(Reflection) : 자바 기능 중 하나로 구체적인 클래스 타입을 알지 못해도, 이미 생성된 객체를 통해 그 클래스의 메소드, 타입, 변수들에 접근할 수 있도록 해준다.

'저는 전체 프로그램을 다시 작성하기 시작했습니다. 25,000 줄이었던 자바 코드가 800줄의 파이썬 코드로 바뀌었고, 훨씬 더 나은 프로그램이 되었습니다.'

그래서 저는 전체 프로그램을 다시 작성하기 시작했습니다. 25,000줄이었던 자바 코드가 800줄의 파이썬 코드로 바뀌었고, 훨씬 더 나은 프로그램이 되었습니다. 맞아요, 제가 자바로 구현한 것은 파이썬 객체 모델의 지저분한 버전이었어요, 그러니 파이썬 구현이 확실히 쉬웠습니다.

수년 동안 제 큰 관심사는 결합성과 자동 조립 능력이었습니다. 저는 프로그램을 스스로 대칭 구조를 가질 수 있게 만들고 싶었습니다. 그러면 비슷한 인터페이스를 가진 많은 구현체와 자동으로 결합할 수 있을 테니까요. 파이썬의 메타프로그래밍 기능[8] 은 리스프와 스킴 사이에서 경쟁상대가 없을 정도로 강력한 위치를 차지하고 있어요. 리스프나 스킴으로는 두 사람이 같은 객체 모델을 작성할 수가 없습니다.

다른 측면을 본다면, 자바와 같은 언어는 모든 것이 표준화가 되어 있지만, 무척 지루한 작업의 연속이기 때문에 표준화 자체가 그리 큰 장점으로 다가오지 않습니다. 자동으로 객체나 속성값을 함께 끄집어낼 수 없으며, 모든 것이 너무 장황합니다. 그러니 메타프로그래밍을 하기에는 적합하지 않아요.

파이썬은 이러한 것들을 구현하기 위해 충분히 표준화되어 있으면서도, 리스프 매크로와 비슷한 수준의 강력한 유연성을 제공하며 추상화가 잘 되어 있습니다. 이것이 바로 제가 파이썬에 매달리는 이유이며, 제가 아주 많은 언어를 알고 있긴 하지만, 주기적으로 파이썬을 탐험하는 이유이기도 합니다. 파이썬은 절대적으로 제 주 언어이며, 파이썬과 함께 제 경력을 쌓아오고 있습니다.

> '파이썬은 절대적으로 제 주 언어이며, 파이썬과 함께 제 경력을 쌓아오고 있습니다.'

드리스콜 **당신은 코어 파이썬 개발자인가요? 그 부분을 확인하지 못했네요.**

레프코비츠 아닙니다. 트위스티드가 꽤 고수준의 파이썬 프로젝트이기 때문에, 여러 코어 파이썬 개발자 행사에 참석하고 있습니다.

몇 년 전에 프로그래밍 언어 서밋에 갔었고, 버그 추적시스템의 분류 권한을 가지고 있습니다. 저는 파이썬 보안 대

○

7 딕셔너리(dictionary) : 파이썬 데이터 타입 중 하나로, 키와 값의 쌍으로 이루어진 데이터 구조이다. 다른 언어에서는 맵으로도 불림

8 메타프로그래밍(metaprogramming) : 자기 자신 혹은 다른 컴퓨터 프로그램을 데이터로 처리함으로써 프로그램을 작성/수정하는 프로그램을 구현하는 것을 말한다. 넓은 의미에서, 런타임에 수행해야 할 작업의 일부를 컴파일 타임 동안 수행하는 프로그램을 말하기도 한다.

응팀 소속이며, 보안 관련 라이브러리를 제공하고 있습니다. 또한, 귀도 반 로섬과 함께 표준 라이브러리에 asyncio를 통합하기 위해 많은 시간을 보내고 있습니다. 예를 들어, asyncio 통합 관련 피드백이나 제가 트위스티드에서 얻은 경험을 공유하고 있습니다.

그래서 저는 파이썬 코어 개발팀의 주변에 있지만, 코어 팀의 구성원은 아닙니다. 한 번도 합류하고 싶지 않았어요. 저는 기본적으로 자원자로서 오픈소스 개발을 하는 것보다 이미 더 많은 시간을 투자하고 있으며, 파이썬 코어에 추가하는 작업을 하고 있습니다. 많은 사람이 파이썬을 전문적으로 사용하고, 파이썬 커뮤니티에서 받은 것을 돌려주고 싶어하는데, 저는 이미 돌려주었어요.

드리스콜   **자, 그럼 지금부터 트위스티드 이야기를 해보죠. 어떻게 트위스티드가 탄생했고, 트위스티드를 구현하기 위해 영감을 준 것은 무엇인가요?**

레프코비츠   글쎄요, 트위스티드는 앞서 말했던 비디오 게임 때문에 만들기 시작했습니다. 저는 자바 버전의 서버를 파이썬으로 다시 구현하기 시작했어요.

해당 서버의 동시성은 쓰레드 기반으로 구현이 되어 있었습니다, 왜냐하면 동시에 여러 플레이어가 게임을 하고 있고,

여러 자동화 에이전트가 다양한 작업을 하고 있었기 때문입니다. 자바의 쓰레드로 구현한 큰 쓰레기였죠. 그 방법밖에 없었고, 전체 에코시스템은 수많은 쓰레드를 사용하는 방식으로 설계가 되었습니다.

│ '대규모 멀티 쓰레드라는 단어가 프로젝트에 유행하던 시절이 있었습니다.'

사실, 저는 1990년대 후반과 2000년대 초반에 '대규모 멀티 쓰레드' 프로젝트의 호황기인 시절을 결코 잊지 못합니다. 사람들이 프로젝트 장점이 멀티 쓰레드라고 주장하던 때입니다.

저희는 비슷한 타입의 아키텍처를 가지고 있었고, 거대한 쓰레기였습니다. 쓰레드를 제대로 관리하지 못한 결과는 셀 수 없이 많은 버그로 이어졌습니다. 제가 이 사실을 어떻게 발견했는지 정확히 기억하지 못하지만, 기본적으로 모든 커넥션에는 3개의 쓰레드가 있었습니다 : 입력 쓰레드, 출력 쓰레드와 로직 쓰레드였죠.

제 친구 제임스 나이트James Knight는 이 게임의 클라이언트/서버 프로토콜을 다시 작성하였습니다. 그는 Select 모듈[9]을 사용하여 3개의 쓰레드를 각각 플레이어에게 할당하는 단일 쓰레드로 줄였습니다.

○

9 Select 모듈 : 대부분 운영체제의 select()와 poll() 함수에 접근할 수 있는 기능을 제공하는 파이썬 모듈, https://docs.python.org/3/library/select.html

드리스콜 **이 개발 경험이 당신에게 어떤 의미인가요?**

레프코비츠 저는 클라이언트/서버 프로토콜을 살펴보았고, 제가 소켓으로 개발할 수 있을지도 모르는 부분이 여러 곳 있다는 것을 깨달았습니다.

> 'Select 모듈을 찾자마자, 소스 코드를 읽었고 프로그램의 동작 방식에 대한 개념을 완전히 바꾸었습니다.'

그래서 Select 모듈을 찾자마자, 소스 코드를 읽었고 프로그램의 동작 방식에 대한 개념을 완전히 바꾸었습니다. 앞서 언급했듯이, 제 초창기 프로그래밍 입문은 하이퍼카드였기에, 컴퓨터가 유휴 상태이고 어떤 일이 일어날 때까지 기다리는 직관적인 개념을 가지고 있었습니다.

드리스콜 **그래서 어떻게 되었나요?**

레프코비츠 하루나 이틀 정도 Select 모듈과 씨름을 하고 나서, 데이터 수신이나 커넥션을 맺는 부분 그리고 다른 것들도 셀렉트 모듈로 구현할 수 있다는 것을 깨달았습니다.

저에게는 그것이 훨씬 자연스러웠습니다. 왜냐하면 대부분 쓰레드로 구현한 것들이 정말 불편했거든요. 그 당시, 프로그램을 구동할 때 여간 찝찝한 게 아니었습니다. 백그라운드에서 쓰레드가 구동하거나 동시에 어떤 일들이 벌어지고 있었지만, 병렬 처리가 어떻게 동작하는지 정확하게 이해하지 못했었어요.

Select 모듈로 구현한 프로그램은 다중 커넥션이 맺어지는 것을 확인할 수 있기 때문에 병렬 처리가 어떻게 동작하는지 볼 수 있었습니다. 제가 인스턴스화한 다중 객체들이 있을 뿐이고, 제가 호출한 함수가 이벤트 루프로부터 실행이 되었죠. 그래서 Select 모듈로 밑바닥부터 구현한 프로그램은 동시성이 어떻게 동작하는지 더 잘 이해할 수 있었습니다.

이것이 바로, 요즘 우리가 대체 현실 게임(Alternate Reality Game)[10] 이라고 부르는 게임의 아이디어입니다. 이 게임은 다양한 프로토콜을 사용하여 플레이어에게 이메일이나 텍스트 메시지를 보냅니다. 이러한 특성이 모든 것을 구식으로 만들어 버렸습니다. 왜냐하면, 웹 서버는 이를 해결하기 위해 시도한 여러 가지 것들 중 하나였고, 웹 기술이 이러한 기능을 제공할 수 있을지 확신할 수 없었기 때문이에요.

'웹 기술은 그저 정말 느리고 실행이 자주 멈추는 버그투성이의 네이티브 클라이언트로밖에 보이지 않았습니다.'

○
10 대체 현실 게임(Alternate Reality Game) : 가상의 사건이 현실에서 있었났다는 가정하에 플레이어들이 사건을 해결하는 게임을 말한다.

트위스티드 개발팀에게 웹 기술은 그저 정말 느리고 실행이 자주 멈추는 버그투성이의 네이티브 클라이언트로밖에 보이지 않았습니다. 저희는 원하는 것을 파이썬을 사용하여 네이티브 클라이언트로 구현할 수 있었습니다. 물론, 보안은 요즘처럼 그리 신경을 쓰지는 않았었어요. 그래서 운영 환경에 보안 측면의 위협을 차단하기 위한 테스트 환경인 샌드박스가 필요한지 확실치 않았습니다. 공정하게도, 그 당시 브라우저 보안 역시 끔찍했었죠. 하지만 이런 상황은 저희가 생각하던 것이 아니었습니다. 그래서 이 프로젝트가 다중-프로토콜 하이드라Hydra 안에서 개발이 되었던 것입니다.

트위스티드가 대형 표준 라이브러리에 내장된 이유 중 하나는 개발자들이 그들의 프로토콜을 쓰레드를 사용하지 않고 다시 재작성하기를 정말 바랐기 때문입니다. 저는 이 작업이 오늘날 해야 할 큰 규모의 작업이라고 느낍니다.

드리스콜 **트위스티드를 첫 릴리즈하고 나서 어떤 것을 배웠나요?**

레프코비츠 글쎄요, 한 가지 배운 것은 객체를 디스크에 영구적으로 저장한다면, 기본적으로 평생 이 녀석을 보살펴야 한다는 것이죠.

'한 가지 배운 것은 객체를 디스크에 영구적으로 저장한다면, 기본적으로 평생 이 녀석을 보살펴야 한다는 것이죠.'

글리프 레프코비츠

저희는 바보같이 상세한 구현체로 정말 지저분한 작은 클래스들을 만들었습니다. 마치, 지루해하는 19살짜리 애들이 수많은 중대한 운영 서버 인프라를 구축하는 것과 비슷했죠. 이것이 바로 저희가 하고 있던 일이며, 이전 버전의 소프트웨어에서 만들어낸 죽은 객체와 같은 서버 파일이 수십개 존재하는 아주 이상한 상황을 만들어버리고 말았습니다.

객체 직렬화 모듈인 pickle은 객체 그래프를 시각화하거나, 내부에서 무슨 일이 벌어지고 있는지 보여주는 방법이 없었기 때문에 어떤 파일이 저장되어 있는지 알 수 없었습니다. 그래서 2009년까지 트위스티드 공식 홈페이지인 Twistedmatrix.com의 주 웹 서버는 45MB의 pickle 파일이었습니다. 저희는 이 파일이 왜 이렇게 큰지 몰랐지만, 서버를 구동하기 위해서 어쩔 수 없었습니다. 그저 트위스티드에 내장된 이벤트 루프의 핵심인 리액터Reactor를 실행하기 위해서 파이썬 번역기를 구동하면 그만이었죠. 그렇게 5~10년을 보냈었지만, 항상 좋지만은 않았어요.

드리스콜 **어떤 문제가 있었나요?**

레프코비츠 간혹 정말 나쁜 결정을 내리고는 했습니다. 왜냐하면, 사용할 만한 도구가 없었거든요.

생태계에 대한 지원이 전혀 없었기에, 모든 설정과 일반 텍

Glyph Lefkowitz

스트 파일을 굳이 보관할 필요가 없는 대안이 필요하다고 생각했습니다. 소스 버전 관리 기능과 텍스트 차이 비교 기능의 모든 혜택을 가져오고, 모든 로그 처리 도구가 저희 생태계에 안착할 수 있을 것으로 생각했지만, 그러지 않았습니다. 그래서, 전체 프로젝트 기간 중 절반에 못 미치는 5년에서 10년 동안은 기이한 것을 위한 이상한 작업을 최소화하는 데 주력했습니다.

'저희는 기이한 것을 위한 이상한 작업을 최소화하는 데 주력했습니다.'

드리스콜　　앞서 언급하였듯이, asyncio와 기타 라이브러리를 수정하고 있다고 들었습니다. 이러한 변화가 트위스티드에 미치는 영향을 어떻게 보나요?

레프코비츠　　사실 예전에 이와 관련된 글을 쓴 적이 있습니다. 그때 당시, 트위스티드를 정말 사용하고 싶지 않았던 소수의 파이썬 사용자는 이러한 라이브러리 변화가 결국 트위스티드를 죽일 것이라고 했어요, 왜냐하면 더는 트위스티드를 사용할 필요가 없어지거든요.

'트위스티드를 정말 사용하고 싶지 않았던 소수의 파이썬 사용자는 이러한 라이브러리 변화가 결국 트위스티드를 죽일 것이라고 했어요, 왜냐하면 더는 트위스티드를 사용할 필요가 없어지거든요.'

제가 그 당시 예측하기를 표준 라이브러리에는 이벤트-기반 동시성 기능이 추가될 것이고, 저는 이것이 바로 파이썬이 동시성을 구현하는 방법이라고 말했었죠. 그리고 이는 트위스티드에도 많은 관심을 불러일으킬 것이라고 생각했었어요. 이 예측은 어느정도 적중했다고 봅니다.

전체 파이썬 스택은 실제로 이벤트-주도 동시성 아이디어가 올바른 방법이라고 의견이 모이고 있습니다. 과거에는 트위스티드가 애플리케이션을 배포하기 위해 사용할 수 있는 좋은 서버 프레임워크였습니다. 다이렉트 라인 앱과 데스크톱 앱을 구현할 수 있는 훌륭한 GUI 클라이언트 프레임워크도 가지고 있었죠.

트위스티드는 여러 디자인 패턴 중 한 가지 방식으로 구현할 필요가 있었지만, 이미 작은 자체 표준 라이브러리를 가지고 있었습니다. 정말 느린 릴리즈 사이클을 가지고 있는 파이썬 표준 라이브러리의 수많은 이슈를 다뤄야 했고, 어떤 애플리케이션에도 의존할 필요가 없어야 했습니다.

| '결국, 트위스티드는 그들의 문제점을 해결하기도 전에 대체되고 말았어요.'

트위스티드가 도달한 일종의 문제점은 그 자체가 이벤트-주도 네트워킹을 위한 메신저가 되어야 한다는 것이었죠. 사람들은 트위스티드에 원하는 기능을 가지고 오기 전에, 일단 비동기 방식이 왜 좋은 아이디어인지를 다른 사람들에게 설득해야만 했습니다. 이런 상황 때문에 트위스티드에 나타난

Glyph Lefkowitz

사람들에게는 공유할만한 기대사항이나 배후 사정이 전혀 없었습니다. 결국, 트위스티드는 그들의 문제점을 해결하기도 전에 대체되고 말았어요.

트위스티드 생태계에서 진정한 혜택과 함께 확장하면서 살아남기 위해서는 async 모델 위에서 동작하도록 엄청난 양의 소스 코드 변경 작업을 해야만 합니다. 만약, 여러분이 이 소스 코드가 어떻게 동작하는지 이해하지 못하고 동작 방식이 직관적으로 보이지 않다면, 무척 당황스러울 겁니다. 여러분이 예상하는 대로 동작하지 않을 것이에요.

재미있는 사실은 파이썬 2.7에 머물러있고 앞으로 10년은 더 갇혀 있을 사람들이 요즘 트위스티드에 관심을 보인다는 것입니다.

드리스콜　　**왜 사람들이 파이썬 2.7에 갇혀있나요?**

레프코비츠　　사람들은 파이썬 표준 라이브러리가 이미 바뀌었다는 것을 알고 있습니다. 이제 모든 것이 이벤트-주도며, 비동기입니다. 그리고 그들은 대규모 기업 코드를 다루고 있으므로, asyncio를 사용할 수가 없습니다.

솔직히, 파이썬 2에서 파이썬 3로 전환하는 것은 처음부터 잘못 처리가 되었습니다. 코어 팀은 저와 같은 사용자의 경

　　　　　　　　　　　글리프 레프코비츠

고에도 불구하고, 그들이 직접 만든 창작물의 파급 규모를 이해하지 못했습니다. 변환 작업에 들어가는 노력을 몇 배나 과소평가한 것이죠.

'솔직히, 파이썬 2에서 파이썬 3로 전환하는 것은 처음부터 잘못 처리가 되었습니다.'

파이썬 2의 긴 수명은 책임 관리의 실수로 인한 결과입니다. 파이썬 개발팀은 사용자가 업그레이드하지 않는 것을 보았고, 그 이유를 파악하고 수많은 파이썬 사용자의 이슈를 해결하기 위해 적지 않은 시간을 보냈습니다. 이상적이진 않지만, 파이썬 3에서 펄 6로 갈아타는 것보다는 확실히 나은 방법이죠.

드리스콜 **파이썬 3를 어떻게 보나요?**

레프코비츠 저는 현재 매일 파이썬 3를 사용하고 있고, 사랑합니다. 많은 사람의 피와 땀, 눈물을 흘리고 난후, 파이썬 2보다 확실히 좋은 프로그래밍 언어가 되었다고 생각해요. 불일치 관련 이슈도 많이 해결했다고 봅니다.

대부분의 개선사항은 수명이 길어지면서 발생한 품질 이슈를 해결해야 하며, 파이썬에서 정말 흥미로운 것은 이 모든 것이 생태계 안에 있다는 것입니다. 저는 정말 파이파이 3.5

를 더이상 기다리지 못하겠어요. 왜냐하면, 파이썬 3로 작성한 제 코드가 20배나 느려졌기 때문입니다. 파이썬 3의 단점 중 하나죠.

제가 트위스티드 생태계를 위해 일할 때, 저는 트위스티드 인프라를 위한 작업을 했고, 모든 곳에 파이썬 2.7을 사용했습니다만, 런타임만은 파이파이를 사용했습니다. 믿을 수 없이 빠르거든요! 만약, 여러분이 서비스를 운영하고 있다면, 10배나 적은 리소스로 운영이 가능합니다.

파이파이 프로세스는 80MB의 메모리를 사용합니다. 여러분이 프로세스를 실행하면 각 번역기마다 더 많은 메모리를 사용하지만, 각 객체에 대해서는 적은 메모리를 사용합니다. 만약, 여러분이 파이썬으로 개발한 애플리케이션을 확장하고 싶다면, 파이파이가 정말 흥미로울 것입니다.

파이썬 커뮤니티에 대한 혼란스러운 점 중 하나는, 파이썬 2이든 파이썬 3이든 간에, 모든 소스 코드를 20배 빠르게 만드는 방법이 있다는 것입니다. 그런데, 이 방법이 그리 인기가 있지 않아요. 실제로 파이파이의 다운로드 상황을 살펴보면, 파이썬 3 만큼 인기가 있지는 않습니다. 그리고 파이썬 3는 실제로 인기가 급격하게 상승하고 있죠.

'파이파이를 위한 실행 가능한 파이썬 3 구현체가 부족하다는 것이 발목을 잡기 시작했습니다.'

글리프 레프코비츠

저는 파이썬 3가 이렇게 주목을 받는 상황에서 파이파이를 위한 실행 가능한 파이썬 3 구현체가 부족하다는 것이 그 발목을 잡기 시작할 것으로 보고 있습니다. 하지만, 파이썬 3가 파이파이 다운로드 횟수의 10%에 도달하기 전에도, 오랜 기간동안 빠르게 성장하고 있습니다. 그래서 올해가 데스크톱 환경에서 파이파이가 대세가 될 것이라고 예상하고 싶지만, 아직 그렇게 보이지는 않네요.

드리스콜 **파이파이가 서버 환경에서 채택이 되지 않는 이유가 무엇인가요?**

레프코비츠 아직 정확한 이유가 무엇인지 모르겠어요. 회사 차원에서는 주요 인프라의 유지보수 비용을 매년 수백만 달러를 절감할 수 있습니다.

회사에게 소스 코드를 모두 재작성하면, 매년 수백만 달러를 절감할 수 있다고 말할 수 있습니다. 거대한 보안 리스크를 떠안은 채 개발팀의 크기를 키우면서도 2년 동안 기능 개선을 하지 않는 것이 문제죠. 좋지 않은 트레이드 오프며, 저는 소스 코드를 모두 재작성하고 싶지 않은 이유를 알고 있습니다.

파이파이를 사용하는 우리는 "왜 파이파이가 미래가 아니죠? 신규 번역기에 집어넣기만 하면 되잖아요."라고 말합니다. 몇 가지 이유가 있습니다. 가령, 과학계 파이썬 커뮤니티 도구들이 아직 파이파이 위에서 실행이 되지 않습니다. 하지만, 사실 이런 것은 규칙이라기보다는 예외라고 볼 수 있으며, 심지어 넘파이NumPy 프로그램도 많은 부분이 파이파이 위에서 실행됩니다. 저는 작년에 파이파이를 광범위하게 사용하는 오픈지엘OpenGL[11] 소스 코드를 작성했고, 정말 흥미로웠습니다.

드리스콜   **파이파이의 어떤 부분을 좋아하나요?**

레프코비츠   만약 여러분이 씨파이썬CPython으로 오픈지엘 프로그램을 작성한다면, 초당 50프레임을 유지하는 것도 어려울 겁니다. 만약, 파이파이를 사용한다면, 같은 작업을 하는데 초당 300, 400 혹은 500프레임을 쉽게 유지할 수 있습니다. CPU를 더 사용하지도 않습니다.

| '파이썬이 더 많은 최신 기술을 채택하는 것을 보고 싶습니다.'

파이썬이 더 많은 최신 기술을 채택하는 것을 보고 싶지만, 어떤 이유에선지 전체적으로 뒤처져있습니다. 파이썬이 어디로 갈지 결정하는 데 있어 중요한 또 다른 사항은 사용자가 응용 프로그램을 설치하는 패키지 매니저 도구인 'pip[12] '에서 얼마나 벗어날 수 있는지입니다.

정말 기본적이긴 하지만, 크로스-플랫폼 GUI 코드를 더욱 잘 작성한 사례가 필요하다고 생각해요. 예를 들어, tkinter는 좋은 도구가 아니기 때문에 사람들이 사용하지 않고 있습니다. 그리고 애플리케이션 패키징에 관한 더 좋은 사례가 필요합니다.

모바일 이야기를 하기 전에, 저는 앱 스토어에 제가 만든 앱을 업로드하고 싶습니다. 시간이 없어서 못하고 있어요. 제 앱을 컴파일해서 다른 사람의 컴퓨터에서 돌려보고 싶지만, 현시점에서는 진행하기 무척 어렵습니다.

드리스콜   **앱을 만드는 것이 점점 쉬워지고 있나요?**

레프코비츠   파이썬 프로젝트를 스탠드얼론 네이티브 애플리케이션으로 변경해주는 도구인 파이비/브리프케이스(pybee/briefcase) 프로젝트가 무척 인상 깊고, 마침내 이 분야를 견인하는 역할을 하기 시작했습니다.

이 프로젝트는 굉장히 큰 문제점을 가진 아주 작은 프로젝트에요. 하지만 그들은 여러 이슈들을 탐색하는 실제 경험을

○

11   오픈지엘(OpenGL, Open Graphics Library) : 1992년 실리콘 그래픽스사에서 만든 2차원 및 3차원 그래픽스 표준 API 규격으로, 프로그래밍 언어 간 플랫폼 간의 교차 응용 프로그래밍을 지원하며, 단순한 기하 도형에서부터 복잡한 삼차원 장면을 생성할 수 있다.

12   pip : 파이썬 패키지 관리 도구, https://pypi.org/project/pip/

가지고 있으며, 무척 확고하고 헌신적입니다. 그 증거로 iOS 파이썬 앱을 만들 수 있는 개발 환경을 제공하는 파이써니스타Pythonista가 이 프로젝트의 코드를 사용하고 있는 것을 들 수 있습니다.

파이썬 프로그램을 만들고 통합하는 이야기는 늘 나아지고 있어요. 저는 앞으로 5년 안에, 지금 우리가 가지고 있는 몇 가지 사례보다는 파이썬으로 완전히 작성한 앱을 볼 기회가 많아질 것이라고 낙관하고 있습니다.

파이썬 코드를 한 컴퓨터에서 다른 컴퓨터로 가져올 수 있는 현실적인 방법이 도커Docker[13] 밖에 없다면, 부끄러운 일이죠. 파이썬은 맥에서 사용할 수 있어야 하고, 안드로이드에서 사용할 수 있어야 하고, 리눅스 서버에서 사용할 수 있어야 하고, 클라우드에서 사용할 수 있어야 하며, 라즈베리 파이에서도 사용할 수 있어야 합니다. 특히, 사물 인터넷Internet of Things의 출현과 함께, 더 많은 것들이 파이썬 웹 서버에서 돌아가기를 정말 원합니다.

'모든 포트에 파이썬을 사용하는 것이 우리의 미션이며, 우리는 이 미션이 정말 중요하다고 느낍니다.'

모든 포트에 파이썬을 사용하는 것이 우리의 미션이며, 우리는 이 미션이 정말 중요하다고 느낍니다. 실제로 엣지Edge 네트워크 장비로 불리는 Nginx[14], Apache[15], XM[16] 과 BIND[17] 와 같은 아주 많은 서비스가 C로 작성되었습니다.

우리는 모든 애플리케이션을 이러한 고수준 언어로 작성하였습니다. 실제로 바이트를 와이어에서 끄집어내고, 애플리케이션으로 보낸 후 구문 분석parsing을 하는 일련의 작업은 지난 20년간 간신히 유지 관리되고 있는 C 프로그램으로 수행하고 있습니다. 정말 위험한 일이죠.

그래서 파이썬으로 암호 해독술을 직접 구현하지 못하게 하는 것이 아이디어입니다. 컴퓨터 보안 시스템에 흔히 사용하는 암호 해독 프로토콜을 구현하기 위한 암호 해독 프리미티브는 C로 작성할 필요가 있지만, 그 부분은 보안 애플리케이션의 작은 부분일 뿐입니다. 실행 가능한 전체 애플리케이션 안에서 여러 암호 해독 프리미티브를 구성할 필요가 있는 곳이라면, 파이썬으로 작성할 때 고수준 암호 해독 구조를 포함할 수 있습니다(반드시 포함해야 하죠). 이 구성을 C로 작성하는 것은 위험하고, 에러가 발생할 수 있습니다.

역자 NOTE : 암호 해독술, 암호 해독 프로토콜과 암호 해독 프리미티브

암호 해독술은 암호를 해독을 위한 전반적인 기술을 뜻한다. 암호 해독 프로토콜은 암호 해독을 하기 위한 규칙이나 약속을 뜻하며, 암호 해독 프리미티브는 암호 그 자체를 표현하기 위한 데이터 정도로 보면 되겠다.

O

13 도커(Docker) : 리눅스의 응용 프로그램들을 소프트웨어 컨테이너 안에 배치시키는 일을 자동화하는 오픈 소스 프로젝트, https://www.docker.com/

14 NGINX : 리버스 프록시, 로드 발란서, 메일 프록시나 HTTP 캐쉬로도 사용하는 경량 오픈 소스 웹 서버

15 Apache : 전 세계에서 가장 널리 사용하는 아파치 소프트웨어 재단에서 관리하는 오픈 소스 HTTP 웹 서버

16 XM : 윈도우 플랫폼에서 전문적인 PHP 개발을 위한 오픈 소스 웹 서버인 WPИ-XM을 줄여서 표현한 것으로 추정됨

17 BIND : 인터넷에 DNS(Domain Name Systems) 정보를 배포할 수 있는 오픈 소스 소프트웨어

Glyph Lefkowitz

글리프는 암호 자체를 표현하는 것은 C로 작성해도 되지만, 여러 암호를 하나의 데이터 구조(예 : 파이썬 딕셔너리)로 저장할 때 C로 작성하는 것이 오히려 복잡하고 추후에 문제를 발생시킬 수 있으니, 추상화가 높은 파이썬으로 작성하는 것이 더 좋다는 것을 이야기하고 있다.

많은 사례를 보면, 암호 해독 프리미티브를 구현하기 위해 하층 계층으로 내려가지만, 정해진 시간 안에 하드웨어 하부단과 소통할 수 있는 언어로 작성해야 합니다. 그래서 이 부분은 들어오는 데이터에 완전히 종속적이어야 합니다. 또한, 엄청 빨라야 하겠죠. 그 누구도 암호 해독에 많은 부하가 걸리는 것을 원치 않기 때문입니다. 여러분은 무슨 일이 있어도, 데이터를 암호화만 하면 됩니다.

드 리 스 콜   **파이썬 언어가 계속 살아남을까요?**

레프코비츠   와, 정말 흥미로운 질문이군요! 파이썬과 비슷한 기간 동안 살아남은 많은 언어가 레거시 상태로 천천히 전환되고 있다고 생각합니다.

전반적으로 파이썬은 앞으로 나아가고 있습니다. 여전히 믿기 어려울 정도로 활발한 커뮤니티가 있고, 아직도 성장하고 있습니다. 처음 시작할 때나 지금이나 성장 속도가 느리지만, 매년 꾸준히 성장하고 있습니다. 저는 이 부분이 흥미롭습니다. 많은 언어가 처음에만 반짝 두각을 나타내다가 시들해지고 말았거든요. 루비Ruby[18] 는 한동안 엄청 유명했지만, 레일즈Rails[19] 가 인기를 잃으면서 함께 곤두박질치고 말았습니다.

파이썬은 과거에 가장 핫한 기술로 전성기를 누렸던 이전 세대 언어들보다 더 긴 수명을 가지게 될 것입니다. 그리고 차세대 기술과 함께 천천히 사라지겠죠. 파이썬은 스스로 차세대로 탈바꿈하고 있습니다. 아이러니하게도, 파이썬 3는 그중 아주 작은 부분이라고 생각합니다.

아직 실현되지 않았지만, 제가 정말 바라는 것은 브라우저에서 작동하는 파이썬입니다. 웹 브라우저에서 파이썬을 사용할 수 있게 해주는 도구인 Skulpt, Pyjs, PyPy.js와 수많은 프로젝트가 있지만 아무도 사용하고 있지 않습니다.

"저는 초보 파이썬 프로그래머이며, 프론트엔드 파이썬 앱을 개발하고 싶습니다. 무엇을 해야 하나요?"

그 대답은 필연적으로 당신이 하고 싶은 일을 실제로 할 수 있게 해주는 프로젝트가 깃Git 마스터 안에 존재하는지에 따라 달려있습니다. 그 프로젝트를 확인하고 나면, 또 다른 프로젝트를 확인하겠죠. 만약 "음, 왜 pip으로 설치가 안 되죠?"라고 묻는다면, "작업 중입니다만, 아직 끝내지 못했습니다."라는 답을 들을 것입니다.

○

18 루비(ruby) : 동적 객체 지향 스크립트 프로그래밍 언어
19 레일즈(rails) : 루비 기반 웹 애플리케이션 개발 프레임워크

Glyph Lefkowitz

> '파이썬은 pip뿐만이 아니라 다양한 백엔드 역량 기반으로 틀림없이 꾸준히 성장할 것이라고 생각합니다.'

물론, 이 질문에 대한 정답은 'pip'으로 설치가 가능하며 그리 어렵지 않다는 것이어야 하겠죠. 커뮤니티가 이런 방향으로 가기를 원합니다만, 파이썬은 'pip'뿐만이 아니라 다양한 백엔드 역량 기반으로 틀림없이 꾸준히 성장할 것으로 생각합니다.

또한, 우리는 언어나 생태계와 더불어 더 큰 다양성을 추구하고 있습니다. 이러한 점이 제가 예상치 못한 놀라운 곳에 우리를 데려다 놓지만, 파이썬은 정말 오랫동안 살아남을 것이라고 말하고 싶습니다. 현시점에서는 데이터 과학 분야에서 파이썬이 두각을 나타내고 있습니다. 바로 지금, 데이터 과학에 관심이 많은 사람들이 분명 있습니다.

드리스콜   **인공지능과 기계학습에서 파이썬을 많이 사용하고 있습니다. 이유가 무엇이라고 생각하나요?**

레프코비츠   인공지능은 현재 컴퓨터 과학 연구에서 가장 진보된 모든 분야에 영향을 미치는 포괄적인 용어죠.

우리가 이미 알고 있는 기본 그래프-순회와 관련된 것들을 인공지능이라고 간주하던 때가 있었죠. 그 당시에는 리스프

Lisp가 널리 사용되는 인공지능 언어였습니다. 왜냐하면, 추상화 정도가 다른 언어보다 높았으며, 연구자들이 빠르게 프로토타입을 만들 수 있었기 때문입니다. 일반적으로 파이썬은 이를 대부분 대체하였습니다. 추상화 수준이 비슷하며, 훌륭한 라이브러리 생태계와 여러 운영체제와 성공적으로 통합한 좋은 사례가 있기 때문입니다.

리스프 사용자들이 언짢을 수도 있으니, 이것만큼은 확실하게 집고 넘어가죠. 저는 지금 파이썬이 어떤 의미 심장한 계층으로 분류된다고 상세하게 설명하려는 것이 아닙니다. 단지, 파이썬과 리스프 모두 가비지 콜렉션, 메모리 보안, 모듈, 네임스페이스와 고수준 데이터 구조가 있는 비슷한 수준의 프로그래밍 언어라고 말하고 싶습니다.

요즘 더욱 많은 사람이 인공지능이라고 하면, 실제로는 기계학습을 의미하는 경우가 많습니다. 이렇게 조금 더 구체적으로 접근하다보면, 더욱 구체적인 해답을 찾을 수 있지 않을까요? 넘파이의 존재와 넘파이를 지탱하는 생태계는 연구-친화적인 고수준 기능을 제공함과 동시에 매우 높은 성능의 수치 처리를 가능케 합니다. 매우 강력한 수치 연산 능력이 없다면, 기계학습은 아무것도 아니죠.

'파이썬 커뮤니티는 친근한 입문 자료를 제공하는 데 초점을 맞추고 있고, 생태계는 비프로그래머들을 지원하고 있으며, 데이터 과학과 과학 컴퓨팅과 유사한 분야에서 채택률이 증가하고 있습니다.'

Glyph Lefkowitz

파이썬 커뮤니티는 친숙한 입문 자료를 제공하는 데 초점을 맞추고 있고, 생태계는 비프로그래머들을 지원하고 있으며, 데이터 과학과 과학 컴퓨팅과 유사한 분야에서 채택률이 증가하고 있습니다. 수많은 통계 분석가, 천문학자, 생물학자 및 비즈니스 분석가가 파이썬 프로그래머가 되고 있으며, 도구들을 개선하고 있습니다. 프로그래밍은 기본 사회 활동이 되었으며, 파이썬 커뮤니티는 자바스크립트를 제외한 어느 언어보다 더 잘 알려졌죠.

인공지능/기계학습 시스템이 학습 데이터로 사용하기 위한 실세계 데이터 혹은 시스템 입력으로부터 많은 양의 데이터를 가져와야 하기 때문에, 기계학습은 통합이 특히 중요한 분야입니다. 따라서 파이썬의 광범위한 라이브러리 생태계는 데이터에 접근하고 변환하기 위한 도구로 자리를 잘 잡았다고 봅니다.

드리스콜   **파이썬을 인공지능과 기계학습을 위해 더 나은 언어로 만들려면 무엇을 할 수 있을까요?**

레프코비츠   파이파이를 더 많이 사용하세요. 최근 파이썬의 데이터 과학/기계학습 생태계는 불행하게도 대부분 씨파이썬 기반입니다.

이는 새로운 도구들이 파이파이 기반으로 테스팅이 되지 않고 개발이 되었다는 것을 의미하며, 성능 병목 현상이 발생하면 핵심 로직을 C 언어(혹은 운이 좋으면 싸이썬Cython)로 재작성하는 것이 모든 주요 프로젝트에서 피할 수 없다는 것을 의미하죠.

'최근 파이썬의 데이터 과학/기계학습 생태계는 불행하게도 대부분 씨파이썬 기반입니다.'

이는 대부분 사람 문제에서 비롯되었습니다. 현재 파이썬 인공지능/기계학습 인프라를 파이파이 기반으로 실행하거나, 잘 실행하기 위해 해야 할 일들을 가로막는 기술적인 도전들은 메인테이너maintainer들이 관심을 가지고 시간과 인적 자원을 사용할 만큼 중요하지 않습니다. 하지만, 파이파이 프로젝트에 관여하지 않았지만 파이파이를 사용하여 프로젝트를 시작하는 사람의 관점에서 보면, 제대로 이해하지 못하는 소스 코드에서 잇따라 헤아릴 수 없는 실패를 겪게 되는 상황이 벌어질 것입니다.

파이썬 애플리케이션을 사용하는 여러 곳에서 실제로 일어나는 일입니다. 그리고 저는 더 많은 사람이 언어로써 파이썬이 자바나 심지어 C++와 경쟁할 수 있을 정도로 무척 빠르다는 것을 알았으면 좋겠습니다. 그리고 테스트 매트릭스를 평가할 때 이 점을 반영하여, 파이파이 기반으로 실행 속도를 측정하는 계획을 세우기 바랍니다.

'저는 더 많은 사람이 언어로써 파이썬이 자바나 심지어 C++와 경쟁할 수 있을 정도로 무척 빠르다는 것을 알았으면 좋겠습니다.'

Glyph Lefkowitz

드리스콜	**미래의 파이썬 릴리즈에 어떤 변화가 생길까요?**

레프코비츠　저의 주요 바람은 신규 프로젝트 셋업을 위한 훌륭한 기본 설정이 추가되는 것입니다.

예를 들어, 오늘날 여러분은 파이썬을 언제 설치할지 알아야 하고, pip 또한 설치할 필요가 있으며, 가상 환경을 제공하는 virtualenv 또한 생성할 필요가 있습니다. 하지만, 앞서 말한 모든 절차는 선택 사항입니다. 또한, 여러분은 프로젝트를 설명하기 위해, setup.py를 수작업으로 만들어야 하며, 빌드 패키지 포맷을 정의한 휠[20]을 만들고, 의존성을 정의하는 것 따위들을 배워야 하죠.

복잡한 설치 방법 때문에 길을 잃고 헤매는 것을 방지하기 위해서, 파이썬이 우수 사례를 통합하여, 한눈에 쉽게 알아볼 수 있게 해주면 좋겠습니다. project 버튼을 누르면 파이썬 프로젝트가 생성되고, 사용자에게 "시작하기" 문서를 보는 것과 같은 경험을 주는 것이죠. 또한, 파이썬이 더 애플리케이션처럼 보일 수 있을 겁니다. 비록 수많은 커맨드 라인을 사용해야만 해도 말이죠.

두 번째로는, 간헐적인 장애 상황에서 라이브러리 작성자가 프라이빗 구현 상세 사항을 보호할 수 있게 도와주는 도구들이 만들어지면 좋겠습니다. 가령, 라이브러리가 앞으로 정의하고자 하는 것을 탑재(import)하는 대신, 이미 탑재된 라이브러리를 사용하는 것이죠. 지금은 파이썬 라이브러리 업

글리프 레프코비츠

그레이드는 추가 위험이 존재합니다. 왜냐하면, 각각의 라이 브러리를 사용하는 개개인이 실수를 할 수 있고 버그를 생성 할 수 있기 때문입니다.

사용자가 프로젝트를 쉽게 생성하는 것을 도와주는 도구는 언어에 많은 혜택을 줍니다만, 이처럼 모듈들의 경계를 강제 하는 타입의 도구는 언어에 내장되어야 합니다. 생태계 안에 이것을 내장하는 일은 무척 어렵습니다.

드 리 스 콜	**파이썬 커뮤니티의 가장 좋은 점이 무엇이라고 생각하세요?**
레프코비츠	제가 정말 좋아하는 것은 다양성을 존중한다는 점입니다. 많은 사람이 정치적인 이유로, 다양성에 대해 찬성파와 반대파가 있다고 생각하죠. 다양성은 어찌 되었든 간에 기술적인 것과는 거리를 두고 있습니다.

제가 다양성과 사회 정의에 관심을 두게 된 계기를 공유하고 싶군요. 예전에 트위스티드 프로젝트를 둘러보고 이렇게 말 했습니다. "왜 우리는 100% 남성으로 구성되어 있지? 무슨 일이 벌어지고 있는 걸까? 이 프로젝트에 여성이 없는 이유 가 무엇이지?"

○

20 월(Weal) : 파이썬의 새로운 빌드 패키지 포맷. 빌드 시스템과 인스톨러 간에 단순한 인터페이스를 제공한 다. 공식 문서 : https://wheel.readthedocs.io/en/stable/

저는 기분이 좋지 않았어요. 가장 명백한 방법으로 세상의 인재 절반을 확실히 놓치고 있었습니다. 또한, 우리는 모두 백인이었는데 유색인종 중에도 인재가 많죠. 하지만 그들은 커뮤니티에 나타나지 않았습니다. 확실히 어느 정도 이타적인 분위기가 있었지만, 파이썬 커뮤니티 내부의 많은 사람이 그 이유가 기술 격차 이슈라고 받아들이고 있었습니다.

함께 일하고 커뮤니티에 참여할 다양한 그룹의 사람들이 없다면, 세상의 많은 사람에게 유용한 소프트웨어를 만들지 못할 것입니다. 많은 인재를 놓칠 것이고, 도전 의식을 북돋고 더욱 흥미로운 커뮤니티를 만들어줄 흥미로운 목소리들을 놓칠 것입니다.

| '함께 일하고 커뮤니티에 참여할 다양한 그룹의 사람들이 없다면, 세상의 많은 사람에게 유용한 소프트웨어를 만들지 못할 것입니다.'

그래서 앞서 이야기한 파이썬 커뮤니티가 나아가고 있는 기술적인 방향은 다양성 추구로부터 많은 도움을 받았습니다. 파이썬이 생명 과학 분야에서 인기가 있는 이유 중 하나는 나머지 기술 산업군과는 다른 인구 구성 비율을 가지고 있다는 것입니다. 다양한 사람들이 파이썬 커뮤니티를 보고 거리감을 두지 않았기 때문에 그 영역에서 파이썬을 널리 사용하고 있다고 생각해요. 위협적이거나 배타적인 환경이 아니라는 것이죠.

지금 이렇게 말하고 보니, 조금 이상하게 들릴 수도 있겠군요. 왜냐하면, 파이썬 커뮤니티가 완벽하지는 않기 때문입니다. 아직도 갈 길이 멀어요. 기술 산업 전반에 걸쳐 여성을 강조하고 있는 이유는 남성과 여성의 비율이 가장 분명한 차이를 보이기 때문입니다. 물론, 잘 드러나지 않는 그룹들도 무척 많겠죠.

소프트웨어 산업 전반에 걸쳐 여성의 비율을 살펴보면, 측정 방법에 따라 약 25-30%의 비중을 차지합니다. 그리고 오픈 소스 커뮤니티를 살펴보면 5% 정도의 여성 비율을 보입니다. 2년 전에 대략 1%이었다는 점을 보면, 많이 나아졌죠.

파이썬 커뮤니티는 이보다 상당히 좋은 편이지만, 여전히 프로젝트에 활발하게 참여하는 사람들을 살펴보면, 전반적인 여성 비율 평균은 말할 것도 없고, 업계 평균에도 미치지 못합니다.

드리스콜 **파이썬 커뮤니티가 더욱 다양해지기 위해서 어떤 노력을 해야 할까요?**

레프코비츠 여전히 갈 길이 멀지만 파이썬 커뮤니티의 대다수는 기술의 많은 부분에 영향을 미치는 실제 문제가 중요하다는 것을 인정했습니다. 다양성은 기술 주변의 문화에 영향을 미치는 실제 이슈죠.

| '다양성은 기술 주변의 문화에 영향을 미치는 실제 이슈죠.'

환상적인 기술을 제공하는 클로저Clojure [21]나 얼랭Erlang [22]과 같은 커뮤니티도 있지만, 그들은 다양성 문제를 그리 신경쓰지 않습니다. 그들의 생각과 현실 사이에서 단일 문화가 반영되는 것을 쉽게 볼 수 있습니다.

파이썬의 발자취를 잘 따라오고 있는 커뮤니티는 러스트Rust [23] 라고 봅니다. 굉장히 저수준이고 코딩이 다소 지겨울지라도, 언어 안에 훌륭한 아이디어가 있어요. 커뮤니티가 구성되는 방식에 관하여 더 포용적이고 사려깊게 한 결과, 러스트는 언어 목록의 꽤 낮은 위치에서 인기가 급상승 중입니다.

| '파이썬 커뮤니티의 포용성이 단연코 가장 좋다고 할 수 있겠네요.'

그래서 파이썬 커뮤니티의 포용성이 단연코 가장 좋다고 할 수 있겠네요. 단순히 정치적인 성향 때문에 이렇게 말하는 것이 아닙니다. 미래의 흥미로운 기술을 만들 수 있기 때문에 이렇게 언급하는 것입니다.

파이썬은 사람들에게 친근하게 다가가려고 노력해오고 있습니다. 새롭고 서로 다른 커뮤니티에 있는 많은 사람에게 열려 있습니다. 실은 미래를 예측하기 어렵네요, 이는 다음

　　　　　　　　글리프 레프코비츠

에 누가 나타나느냐에 따라 달라지기 때문입니다.

드리스콜   고맙습니다, 글리프 레프코비츠.

○
21   클로저(Clojure) : 리스프 프로그래밍 언어의 방언 언어로 범용 함수형 프로그래밍 언어
22   얼랭(Erlang) : 범용 목적으로 개발된 동시성과 분산 컴퓨팅을 위한 함수형 프로그래밍 언어
23   러스트(Rust) : "안전하고, 병렬적이며, 실용적인" 언어로 설계된 범용 프로그래밍 언어. 순수 함수형 프로그
        래밍, 액터 기반 병렬 프로그래밍, 명령형 프로그래밍, 객체 지향 프로그래밍 스타일을 지원한다.

5
더그 헬먼
Doug Hellmann

더그 헬먼은 미국 소프트웨어 개발자이자 저자다. 그는 파이썬 소프트웨어 재단 (PSF) 회원이며, 거의 2년 정도 커뮤니케이션 이사로 일했다. 더그는 편집장이 되기 전에 파이썬 매거진Python Magazine의 컬럼니스트였다. 그는 잘 알려진 "금주의 파이썬 모듈 [1]" 블로그를 만들고 관리하였으며, 블로그 내용은 "예제로 배우는 파이썬 표준 라이브러리(The Python 3 Standard Library by Example) [2]"로 출간되었다. 더그는 레드햇에서 시니어 수석 소프트웨어 엔지니어로 근무하고 있으며, 오픈스택 [3]의 커뮤니티 리딩과 장기적으로 오픈스택의 수명을 유지하기 위해 힘을 쏟고 있다.

토론 주제	오픈스택, virtualenvwrapper, v2.7/v3.x.
더그 헬먼 소셜 미디어 주소	@doughellman

○

[1] Python Module of the Week(PyMOTW-3) : https://pymotw.com/3/
[2] 번역서 링크 : http://www.acornpub.co.kr/book/python-standard-library
[3] 오픈스택(OpenStack) : 레드햇의 클라우드 컴퓨팅 플랫폼을 관리하는 Infrastructure-as-a-service 도구

마이크 드리스콜   **프로그래머가 된 이유가 무엇인가요, 더그?**

더 그 헬 먼   저는 꽤 어렸을 때 동네 학교에서 여름 방학 프로그램을 통해 컴퓨터에 관심을 가졌습니다. 프로그래밍과 컴퓨터의 동작 원리를 배우는 것이 즐거웠죠. 대학에서 컴퓨터 과학 학위를 받기도 하였습니다. 학교에서 한 작업은 제가 직업으로 프로그래밍을 즐길 수 있게 한 원동력이었습니다.

드리스콜   **왜 파이썬이죠? 파이썬이 당신에게 특별한 이유가 무엇인가요?**

헬 먼   제가 파이썬을 처음 알게 된 것은 1997년쯤이에요. 그 당시 GIS 소프트웨어 회사인 ERDAS에서 도구 관련 작업을 하면서 관리 그룹을 만들고 있었습니다.

저희는 여러 유닉스 플랫폼과 윈도우 NT와 윈도우 95에서 소스 코드 빌드 관리 도구를 만들어야 했습니다. 빌드 자동화를 하기 위한 수많은 메이크파일(Makefile)과 셸 스크립트가 있었지만, 이식성[1]이 좋지 않았어요. 파이썬을 많이 사용하면 할수록, 새로운 방법을 더 많이 찾을 수 있었습니다.

| '파이썬을 많이 사용하면 할수록, 새로운 방법을 더 많이 찾을 수 있었습니다.'

파이썬을 처음 배우고 나서, 아주 쉽게 사용할 수 있는 도구

를 만들 수 있는 새로운 언어를 찾은 것에 행복해하는 것과 동시에, 회사의 '실제 업무'에서는 사용할 수 없어서 슬펐던 것이 기억납니다.

드리스콜   **더그, 제가 정말 즐겨 읽는 파이썬 매거진의 테크니컬 에디터 였었죠. 예전부터 파이썬 매거진이 어떻게 시작됐고, 왜 서비 스가 종료되었는지 궁금했었어요.**

헬   먼   파이썬 매거진은 첫 편집장인 브라이언 존스_{Brian Jones}와 함께 시작하였습니다.

브라이언은 출판사 MTA에 아이디어를 제안하였습니다. 그들은 PHP 커뮤니티에 집중하고 있었지만, 파이썬 커뮤니티를 위한 매거진을 만드는 것에 동의하였죠.

잘 된 일이었을까요? 글쎄요, 저희는 한동안 괜찮았지만, 새로운 유료 인쇄 출판물을 출시하기에 시기가 적절하지 않았습니다. 혹시 요즘처럼 인터넷 잡지였으면 더 나았을 수도 있겠죠. 하지만 어려운 산업이었습니다.

○
1   이식성(Portability) : 서로 다른 환경에서 동일한 소프트웨어를 사용할 수 있는 사용성

드리스콜	엄청나게 성공한 '금주의 파이썬 모듈(Python Module of the Week, PyMOTW)' 시리즈를 시작하게 된 이유가 무엇인가요, 더그? 십 년 넘게 PyMOTW에 글을 작성하는 동기가 무엇인가요?
헬 먼	네, 십 년이 넘었죠. 저는 2007년에 PyMOTW 블로그 시리즈(https://pymotw.com)를 정기적으로 글을 쓰기 위해 시작하였습니다. 글 주제로 사용하기 쉬운 토픽을 찾는 것을 테마로 삼았고, 주 1회에 글을 쓰는 것이 좋다고 생각했습니다.
	커뮤니티에 대한 관심은 천천히 커졌지만, 피드백은 대부분 긍정적이었습니다. 만약, 그들이 보내준 피드백과 지원이 없었더라면, 일찌감치 블로깅을 멈추었을 것입니다.
드리스콜	책은 어떻게 쓰게 되었나요, 더그?
헬 먼	몇 년 전에 파이콘에서 프로젝트를 할 때였습니다. 마크 램 Mark Ramm이 출판사 피어슨Pearson의 편집자인 데브라 윌리엄스 컬리Debra Williams Cauley를 소개해주었습니다. 저는 블로그 포스트를 정리해서 책 속에 시리즈로 넣어보자고 제안하였습니다. 데브라는 어떻게 하면 그 템플릿으로 책 구조를 잡을 수 있을지 도와줬어요. 피어슨 전체 팀이 훌륭하게 작업을 해주었습니다.

드리스콜 **당신의 책이 파이썬 개발자들에게 큰 도움이 되고 있습니다. 새내기 파이썬 프로그래머가 기본을 배우기 위해 반드시 한번 은 해야 할 것이 무엇이라고 생각하나요?**

헬　　면 저는 스스로 해결하고자 하는 문제를 선택하여 목표로 설정 하도록 권합니다. 이 방식은 프로젝트를 한 번에 하나씩 구 현할 수 있는 작은 조각으로 나누는 방법을 배울 수 있는 틀 을 제공하며, 한 번에 하나의 기술을 배우는 데 집중할 수 있 습니다.

파이오하이오PyOhaio 2015에서, 이 방식의 예제로 제 개인 프 로젝트 중 하나를 발표하였습니다. 물론, 모든 프로젝트가 스마일리Smiley 예제 프로젝트처럼 복잡할 필요는 없습니다 : https://doughellmann.com/blog/2015/08/02/pyohio- talk-on-smiley-and-iterative-development/

모든 프로그래머는 복잡하고 재사용 가능한 프로젝트의 소 스 코드를 작성하는 만큼, 작으면서 한 번 쓰고 버리는 도구 스크립트를 작성합니다. 그리고 이 모든 것들이 새로운 것을 배우는 기회를 주죠.

'모든 프로그래머는 복잡하고 재사용 가능한 프로젝트의 소스 코드를 작성하 는 것 만큼, 작으면서 한번 쓰고 버리는 도구 스크립트를 작성합니다. 그리고 이 모든 것들이 새로운 것을 배우는 기회를 주죠.'

배우기 위한 또 다른 좋은 방법은 밋업meetup에 참석하여 다

119 ▎   Doug Hellmann

른 프로그래머와 대화를 나누는 것입니다. 아틀란타 파이썬 밋업 그룹[2]은 미팅에 참여하는 다양한 수준의 기술을 가진 사람들이 모임에 참여할 수 있도록 초급 수준의 발표와 중/고급 발표가 적절하게 배치가 되도록 노력하고 있습니다. 때로는 저녁 시간 중 가장 유익한 부분은 발표 이후 Q&A 시간이나 휴식 시간의 토론을 통해서 참석자들이 더 자세한 내용이나 설명을 요청하는 시간입니다.

드리스콜   **요즘 활동하고 있는 프로젝트가 무엇인가요, 더그?**

헬　먼　　지난 5년 동안, 오픈스택의 다양한 측면에서 일하고 있습니다. 클라우드 관리 소프트웨어 그 자체를 제외하고는 패키징을 돕기 위해 pbr 라이브러리[3]와 같은 흥미로운 도구를 제작했습니다.

드리스콜   **어떻게 오픈스택 개발자가 되었나요?**

헬　먼　　저는 웹 호스팅 업체인 드림호스트DreamHost에서 오픈스택을 사용하기 시작했습니다. 수년 전부터 아틀란타 파이썬 밋업에서 레드햇의 VP of Engineering인 조나단 라코어Jonathan LaCour를 알고 있었는데, 그 당시 그는 사람이 필요했고, 저는 이직에 관심이 있었던 때라 타이밍이 좋았습니다. 저희는 아틀란타 지역에 작은 팀이 있었고, 모두가 오픈스택 커뮤니티에 참여할 수 있도록 서로를 도왔습니다.

> '수년 전부터 아틀란타 파이썬 밋업에서 VP of Engineering인 조나단 라코어를 알고 있었는데...'

드리스콜 **밋업의 힘이 정말 그곳에서 발휘되고 있었군요! 그 당시 오픈스택을 위한 당신의 목표가 무엇이었나요?**

헬 먼 레드햇의 일원으로서, 오픈스택 커뮤니티를 건강하게 유지하기 위해 필요한 다양한 일들을 수행하는 것이었습니다.

저는 선출된 인력으로 운영되는 기술 위원회(Technical Committee)에서 일하고 있습니다. 프로젝트 가이드를 제공하고, 주요 결정을 내릴 때 수많은 기여자 간에 적당한 수준의 합의를 할 수 있도록 돕고 있습니다.

> '레드햇의 일원으로서, 오픈스택 커뮤니티를 건강하게 유지하기 위해 필요한 다양한 일들을 수행하는 것이었습니다.'

○

2 아틀란타 파이썬 밋업 그룹 : PyAtl(Atlanta Python Programmers),
   https://www.meetup.com/python-atlanta/
3 pbr 라이브러리 링크 : https://pypi.org/project/pbr/

저는 다양한 오픈스택 서비스에서 사용하는 공유 라이브러리들을 관리하는 오슬로Oslo 팀의 리더를 맡고 있기도 해요. 최대한 재사용이 가능하게 라이브러리를 빌드하려고 노력합니다만, 때로는 오픈스택 안에 다른 사람에게 그다지 유용하지 않은 코드를 공유할 필요가 있습니다.

저는 파이프라인을 확장하는 릴리즈 도구들을 만들고 있기도 합니다. 이 도구는 대부분 수작업으로 릴리즈하는 5개 프로젝트의 프로세스를 350가지 서로 다른 산출물에 릴리즈할 수 있도록 고도로 자동화된 프로세스로 변경해줍니다. 레노[4]와 같은 릴리즈 노트 관리 프로그램을 만들었으며, 도움이 필요한 다른 프로젝트에도 참여하고 있습니다.

드리스콜   **그럼 당신이 만든 도구 중 virtualenvwrapper를 만드는 데 어떤 것이 영감을 주었나요?**

헬   먼   제가 테크니컬 에디터로 일하면서 파이썬 매거진의 편집장이 되었을 때, 결국 수많은 서로 다른 virtualenv(가상환경)들을 관리할 필요가 있었습니다. 각 저자는 그들의 글에서 사용하는 도구들을 설치하기 위한 가이드를 제공했었고, 저는 모든 코드를 테스트하고 싶었어요.

쉽게 가상환경들을 관리하기 위해 몇 개의 별칭을 작성하기 시작했고, 프로젝트는 거기에서 유기적으로 성장하였습니

　　　　　　　　　　　　　　더그 헬먼

다. 저의 작업 흐름은 오픈스택에 집중하기 시작하면서 완전히 바뀌었고, virtualenvwrapper에 예전만큼 기여를 하지 못하고 있었습니다. 지금은 제이슨 메이어스Jason Myers가 리드 메인테이너를 맡고 있어서 행복합니다.

드리스콜 **그럼 virtualenvwrapper를 만드는 동안 어떤 것을 배웠는지 말씀해 주시겠어요?**

헬   먼 그럼요, 제가 virtualenvwrapper를 만들면서 배운 점을 세 가지로 말할 수 있습니다.

우선 저는 오픈소스에 기여하는 것이 어떻게 흘러가는지 배웠습니다. 더그 래토넬Doug Latornell은 유닉스 셸 중 하나인 콘셸(ksh)을 지원하는 원본 패치를 제공하였습니다. 저는 누군가 콘셸 지원에 관심을 가질지 전혀 모르고 있었기에, 배쉬(Bash) 이외의 셸은 생각하지 않았죠. 그는 그 시점에 IBM에서 개발한 운영체제인 AIX 시스템에서 virtualenvwrapper를 사용하고 있었다고 생각해요, 그리고 그의 패치가 병합된 이후, 통합과 지원을 쉽게 해주었습니다.

○
4   레노(reno) : 오픈스택 릴리즈 노트 프로그램 (https://docs.openstack.org/reno/latest/)

두 번째로는 즐거움을 유지하는 것이 중요하다는 것을 배웠어요. 예를 들면, 저는 단지 알렉스 게이노어의 트위터 메시지 때문에 아래 사이트를 만들었습니다.

https://bitbucket.org/dhellmann/virtualenvwrapper.alex

역자 NOTE : virtualenvwrapper.alex 관련 에피소드

위 링크는 2013년 4월에 생성되었으나, 현재는 접속이 되지 않는다. 생성 당시 알렉스 게이노어가 트위터에 아랫글을 올렸다.

@doughellmann Anything I could do to convince you to add wokr as an alias for workon?

정확한 내막을 파악하기는 힘들지만, 헬만이 만든 virtualenvwrapper 프로젝트의 기본 명령어를 호출하는 별칭 중에 오타가 있었던 것을 살짝 비꼬아서 올린 글로 보인다. 이러한 트위터 메시지에 헬먼은 웹 사이트를 만들어서 오타를 위한 별칭을 설치할 수 있게 해주었다. 어찌보면 조금은 기분 나쁠수 있는 단순한 트위터 메시지에 재치있게 대응을 한 사례라고 보이며, 이를 '재미'라고 생각하는 것을 엿볼 수 있다.

"virtualenvwrapper.alex는 virtualenvwrapper의 기본 명령어와 관련 있는 오타를 위한 별칭(alias)을 설치합니다. 정말입니다. 이 사이트는 알렉스 게이노어가 정중하게 요청했기 때문에 만들었습니다."

세 번째로 배운 점은 제가 제공하는 것이 항상 모든 사람을 기쁘게 할 수 없다는 점입니다. virtualenvwrapper은 원하는 확장 프로그램을 공유할 수 있는 플러그인을 제공하지만, 지금은 운영 모델이 무척 다른 pyenv, vex와 같은 유사 도구들로 전체 카테고리를 채우고 있습니다. 훌륭한 일이죠! 앞

더그 헬먼

서 말했듯이 제 작업은 virtualenvwrapper에 너무 많이 의지하지 않을 정도로 충분히 바뀌었습니다.

드리스콜 **만약, virtualenvwrapper를 처음부터 다시 시작한다면, 무엇이 달라질까요?**

헬　먼 virtualenv 대신 파이썬 3의 venv 기반으로 만들 것입니다. 그리고, 서브 커맨드를 가지고 있는 단일 메인 커맨드로 설계할 것입니다.

드리스콜 **요즘 파이썬에 관하여 가장 흥분되는 점은 무엇인가요?**

헬　먼 활기찬 커뮤니티가 항상 저를 가장 흥분시킵니다. 더 많은 사람이 파이썬을 접하거나 새로운 영역에 지원하면 할수록, 그 커뮤니티는 꾸준히 커질 것입니다.

드리스콜 **파이썬 2.7의 긴 수명을 어떻게 생각하나요?**

헬　먼 파이썬 2.7의 긴 수명은 전 버전 호환성이 없는 최신 버전으로 기능 소프트웨어를 재작성하는 것이 대부분 회사에서 우

Doug Hellmann

선순위가 높지 않다는 현실을 깨닫게 해줍니다.

저는 사람들에게 모든 신규 프로젝트는 배포 플랫폼이 허용하는 한, 최신 버전의 파이썬 3를 사용하라고 권장합니다. 또한, 현재 활발하게 유지 관리되는 라이브러리가 대부분 파이썬 3를 지원하기 때문에 기존 레거시 애플리케이션을 파이썬 3 기반으로 전환하는 것을 주의 깊게 재고해보라고 조언합니다.

드리스콜   **미래 파이썬 릴리즈에서 어떤 변화를 보고 싶나요?**

헬   먼   저는 현재 패키징과 관련된 작업에 많은 관심이 있습니다. 이 변화는 파이썬 자체에 반영되지 않겠지만, '셋업툴즈setuptools', '트와인twine', '휠wheel', 'pip' 그리고 '웨어하우스warehouse'와 같은 도구에 반영될 것입니다. 파이썬 패키지의 패키징과 배포 프로세스를 단순화하는 것은 모든 사용자를 도울 것입니다.

드리스콜   고맙습니다, 더그 헬먼.

▌ Doug Hellmann

6
마시모 디 피에로
Massimo Di Pierro

마시모 디 피에로는 이탈리아 웹 개발자이자, 데이터 과학 전문가이며, 강사이다. 15년간, 시카고 디파울DePaul 대학의 컴퓨터 학교 교수로 재직중이다. 파이썬으로 작성한 오픈소스 웹 애플리케이션 프레임워크인 웹투파이web2py의 발명가이자, 리드 개발자다. 마시모는 전 세계 오픈소스 파이썬 프로젝트의 정규 기여자이며, "파이썬으로 배우는 실전 알고리듬(Annotated Algorithms in Python)[1]"을 포함한 3권의 파이썬 책 저자이다. 파이썬 커뮤니티에서 활발하게 활동하면서 파이썬 소프트웨어 재단(PSF)의 회원으로 선출되었다.

| 토론 주제 | 웹투파이, 파이썬 책, v2.7/v3.x. |
| 마시모 디 피에로 소셜 미디어 주소 | @mdipierro |

○

1 번역서 링크 : https://freelec.co.kr/book/1782/

Massimo Di Pierro

마이크 드리스콜 **어떻게 컴퓨터 프로그래머가 되었나요?**

마시모 디 피에로 저는 물리학자입니다. 하지만, 실제로 중학교 시절부터 컴퓨터 프로그래밍을 시작했어요. 제 아버지는 IBM PC를 가지고 있었습니다. 아버지는 코볼[1] 프로그래머였고, 주로 회계 소프트웨어 작업을 하고 있었습니다.

제가 13살 때, 아버지는 코볼 강의를 듣게 해주었어요. 저는 아버지와 함께 강의에 참석했지만, 제가 그저 꼬리표처럼 따라다닌다고 생각했죠. 하지만, 저는 아버지가 말하는 내용들이 무엇인지 이해했습니다. 그러고 나서 아버지는 8비트 가정용 컴퓨터인 코모도어 64[2]를 사주었고, 저는 베이직BASIC으로 먼저 프로그래밍을 시작했고, 그 다음에 파스칼Pascal을 배웠습니다.

드리스콜 **파이썬은 어떻게 알게 되었나요?**

디 피에로 훨씬 이후 일이죠. 저는 박사 과정을 하고 있었고, 주로 포트란Fortran, C와 C++로 프로그래밍을 하고 있었습니다. 저는 격자 양자 색역학 작업을 하였고, 시스템은 대량 분산처리가 가능한 슈퍼 컴퓨터인 Cray T3E였습니다. 그때 파이썬을 배우기 시작했어요. 그 당시, 파일 처리와 태스크 관리 스크립트를 자동화하는 도구로 사용하였습니다. 2004년부터 제가 가장 좋아하는 언어가 되었습니다.

드리스콜　　　**파이썬을 가장 좋아하게 된 계기가 있나요? 아니면 그저 많이**
사용했기 때문인가요?

디 피에로　　　그 당시, 수많은 라이브러리가 사용할 수 없거나 성숙도가
떨어졌었어요.

제가 파이썬에 관해서 정말 좋아하는 것은 인트로스펙션[3]
이라고 할 수 있어요. 인수로 삽입한 함수가 무엇이었는지
물어볼 수 있었습니다. 그래서 파이썬을 사용하면, 소스 코
드 자체만으로도 어느 정도 이해할 수 있는 코드를 작성할
수 있었습니다.

'소스 코드 자체만으로도 어느 정도 이해할 수 있는 코드를 작성할 수 있었습
니다.'

수년 전에 베이직으로 유사한 소스 코드를 작성한 것을 기
억합니다만, C++와 같은 언어로는 쉽게 구현할 수 없었습니
다. 저는 자신을 스스로 재작성하는 프로그램을 만드는 아
이디어를 정말 좋아했어요. 예를 들어, 제가 파이썬으로 간
단한 함수로 데코레이트가 가능한 OCL이라고 불리는 라이

○
1　코볼(COBOL, COmmon Business-Oriented Language) : 사무용으로 설계된 컴퓨터 프로그래밍 언어.
　　절차적, 명령형 언어이고, 2002년부터는 객체 지향 언어이다.
2　코모도어 64(Commodore 64) : 코모도어 인터내셔널이 1982년 8월에 내놓은 8비트 가정용 컴퓨터.
3　타입 인트로스펙션(type introspection) : 프로그램이 런타임시 객체의 타입이나 속성을 조사할 수 있는
　　능력

브러리를 작성하면, 이는 실행시 C나 OpenCL[4]로 변환할 수 있었고, 실행속도를 더 빠르게 할 수 있었습니다(이것이 PyOpenCL[5]입니다).

드리스콜   **웹투파이**web2py**를 만들게 된 이유가 무엇인가요?**

디 피에로   웹투파이는 2007년에 시작하였습니다. 그 당시, 가장 유명한 파이썬 웹 프레임워크는 장고Django[6]와 터보기어스Turbo Gears[7] 였어요. 저는 두 가지가 필요했어요 : 모델-뷰-컨트롤러(MVC) 아키텍처[8] 기반의 웹 개발을 가르치고 싶었고, 저 스스로 웹 앱을 개발하고 싶었습니다.

저는 장고와 터보기어스를 놓고 생각하다, 한동안 장고를 사용했었습니다. 유엔UN을 위한 내용 관리 시스템[9]이나 대학의 무료 작업을 장고로 개발했어요. 그래서 장고를 꽤 잘 알고 있었지만, 장고는 장황했고, 첫 프레임워크로 가르치기에는 좀 어렵다고 생각했습니다.

예를 들면, 장고를 작동할 수 있게 준비하려면 배쉬 셸Bash shell과 시스템 관리 도구 일부와 어느 정도 친숙해야 합니다. 그 당시 제 학생 대부분은 관련 경험이 없었죠. 파이썬으로 웹 개발을 가르치고 싶었지만, 모든 도구를 하나씩 짚어주기에는 너무 많은 시간이 걸렸습니다. 저는 하나의 파일을 다운로드 받고 구동하면, 웹 인터페이스를 통해 모든 것을 할 수 있는 프레임워크가 필요했어요.

'저는 하나의 파일을 다운로드 받고 구동하면, 웹 인터페이스를 통해 모든 것을 할 수 있는 프레임워크가 필요했어요.'

터보기어스로도 작업을 해 보았습니다. 여러 측면에서 장고보다 더 좋더군요. 하지만, 터보기어스는 큰 변화를 겪고 있었습니다. 터보기어스는 여러 컴포넌트를 조립한 프레임워크인데, 수많은 컴포넌트가 유지 보수가 되고 있지 않아서 다른 도구로 대체되고 있었습니다.

터보기어스는 안정적인 API를 제공하지 못했으며, 저에게는 교습 도구로 사용하기에 적합하지 않았습니다. 그래서 제가 배운 것을 적용하면서, 더 쉽게 시작할 수 있는 프레임워크를 만들기로 하였습니다. 이 프레임워크가 이리도 유명해질지는 꿈에서도 생각하지 못했습니다.

○

4   OpenCL(Open Computing Language) : 개방형 범용 병렬 컴퓨팅 프레임워크. CPU, GPU, DSP 등의 프로세서로 이루어진 이종 플랫폼에서 실행되는 프로그램을 작성할 수 있게 해 준다.

5   PyOpenCL : GPU와 대량 분산 처리 컴퓨팅 장치에 접근할 수 있게 해주는 프로젝트. https://documen.tician.de/pyopencl/

6   장고(Django) : 파이썬으로 작성된 오픈 소스 웹 애플리케이션 프레임워크로, 모델-뷰-컨트롤러(MVC) 패턴을 따르고 있다. https://www.djangoproject.com/

7   터보기어스(TurboGears) : MVC 아키텍처를 따르며 파이썬으로 빠른 웹 애플리케이션 개발고 유지 보수를 쉽게 해주는 파이썬 웹 애플리케이션 프레임워크. http://www.turbogears.org/

8   모델-뷰-컨트롤러(Model-View-Controller, MVC) 아키텍처 : 사용자 인터페이스 개발시 흔히 사용하는 아키텍처 패턴으로 소스 코드를 모델, 뷰, 컨트롤러 3개로 구분하여 코드 의존성을 낮추고, 효율적인 코드 재사용 및 병렬 개발이 가능하게 해준다.

9   내용 관리 시스템(Content Management System, CMS) : 웹 사이트의 내용을 관리하는 시스템

Massimo Di Pierro

'그래서 제가 배운 것을 적용하면서, 더 쉽게 시작할 수 있는 프레임워크를 만들기로 하였습니다.'

드리스콜   **웹투파이를 만드는 동안 배운 가장 중요한 교훈이 무엇인가요?**

디 피에로   제가 배운 가장 중요한 교훈은 커뮤니티 구축의 중요성이죠. 저는 원격으로 많은 사람들과 일하고 있지만, 여전히 대부분 만나지 못했습니다.

제가 웹투파이를 시작할 때에는 깃Git과 같은 협업 도구가 친숙하지 않았어요. 웹투파이의 첫 버전은 소프트웨어 협업 플랫폼인 런치패드[10] 를 사용했습니다. 사람들이 도움을 주거나 제안을 하기위해 보낸 메일로만 소통을 했었던 것이 기억이 나는군요. 저는 그 부분이 준비가 되지 않았습니다.

'개인적으로 친분이 없는 사람일지라도, 원격으로 함께 협업할 수 있는 능력은 여전히 매우 중요한 기술이라고 생각합니다.'

수년 동안 어떻게 협업을 했는지 정확히 기억나지 않네요. 지금도 개인적으로 친분이 없는 사람일지라도, 원격으로 함께 협업할 수 있는 능력은 여전히 매우 중요하다고 생각합니다. 제 말은, 제가 우연히 알게 된 사람을 많이 신뢰하고 있다는 것이죠. 제가 가장 신뢰하는 사람들은 웹투파이를 통해 만난 사람들입니다.

마시모 디 피에로

드리스콜 **FaaS[11]나 장고에서 본 기능 중에 웹투파이에 넣으면 좋을 것 같은 기능이 있나요?**

디 피에로 웹투파이는 장고에게 많은 빚을 졌습니다. 다른 프레임워크와 마찬가지로 많은 아이디어가 상고로부터 나왔죠. 그렇지만, 장고가 가지고 있지 않은 많은 기능을 웹투파이에 추가했습니다. 예를 들면, 기본 설정으로 항상 회피 문자열을 사용하는 것과 같이 강화된 기본 보안 설정을 들 수 있습니다. 두 프레임워크는 매우 다른 철학을 가지고 있어요.

장고를 사용하는 프로젝트가 많은데, 각각 서로 다른 이름을 사용하고 자체 메인테이너가 있습니다. 모두 수준이 높고 무척 잘 관리되고 있어요. 웹투파이는 모든 것을 하나의 패키지 안에 넣도록 유지하고 있으며, 프레임워크 외부에 큰 생태계를 두지 않습니다.

'웹투파이는 장고에게 많은 빚을 졌습니다. 다른 프레임워크와 마찬가지로 많은 아이디어가 장고로부터 나왔죠.'

○
10 런치패드(Launchpad) : 버그 추적, 코드 호스팅 및 리뷰, 메일링 리스트 등을 제공하는 소프트웨어 협업 플랫폼. https://launchpad.net/
11 FaaS(Function as a service) : 애플리케이션 개발과 출시하기 위해 필요한 인프라를 구축하고 관리하는 복잡한 과정 없이 고객에 애플리케이션 기능들을 개발/실행/관리할 수 있는 플랫폼을 제공하는 클라우드 컴퓨팅의 한 카테고리. "서버리스(serverless)" 아키텍처를 구현하기 위한 한가지 방법이며, 마이크로서비스 애플리케이션 구축에 흔히 사용한다.

Massimo Di Pierro

웹투파이에는 다른 프레임워크에서 비롯된 많은 아이디어가 있지만, 그중 일부는 개선되었습니다. 예를 들면, 웹투파이의 폼 생성 및 처리 메커니즘이 유일하진 않았지만, 개발 당시 경쟁 제품보다 더 나았습니다.

모델-뷰-컨트롤러 설계 아키텍처는 장고로부터 채택하였고, URL 매핑 부분은 매우 닮았습니다. 루비 앤 레일즈와 같이, 해당 URL 매핑을 기본 라우팅 규칙으로 지정했습니다. 화면을 생성하는 템플릿 언어로는 누군가 새로 정의한 도메인-특화 언어[12]를 사용하지 않기로 했어요. 순수 파이썬으로 템플릿을 만들고 싶었습니다. 이는 루비 온 레일즈의 ERB 템플릿 언어[13]와 같은 모델이지만, 파이썬 언어를 쓰는 것이죠.

다른 프레임워크에서 영감을 얻어 나중에 웹투파이에 추가한 기능들도 있었죠. 예를 들면, 제가 좋아하는 플라스크 Flask[14]의 쓰레드-로컬 변수입니다. 쓰레드-로컬은 어떤 모듈에서도 현재의 요청 객체나 응답 객체, 현재 세션, 심지어는 다른 곳에서 탑재된 모듈의 코드 역시 접근이 가능했습니다. 저는 플라스크가 쓰레드-로컬을 다루는 방법을 좋아했습니다.

하여튼, 다른 프레임워크에서 가져온 아이디어가 틀림없이 많았고, 서로 배운 것이 많았습니다. 모든 사람이 이를 인정하지 않지만, 전 인정합니다.

마시모 디 피에로

'다른 프레임워크에서 가져온 아이디어가 틀림없이 많았고, 서로 배운 것이 많았습니다. 모든 사람이 이를 인정하지 않지만, 전 인정합니다.'

드리스콜 **자가 출판으로 책을 출판하신 거로 알고 있습니다. 어떻게 시작하게 되었나요?**

디 피에로 저는 교수입니다. 논문을 쓰거나 책을 써야 합니다. 저에게는 소프트웨어 문서를 작성할 때, 빠르게 수정하는 것이 무척 중요했습니다. 자가 출판이 그것을 가능하게 해주었죠.

저는 오픈소스를 믿습니다. 단지 코드를 위해서가 아니라, 일반적으로 사용하는 교육 콘텐츠를 위해서 말이죠. 저는 자비로 제 책을 자가 출판하고, 무료로 다운로드 받을 수 있게 만듭니다. 저에게는 콘텐츠를 최신으로 유지하고 빠르게 사용하게 만드는 것이 우선순위가 가장 높습니다.

게다가, 제가 책을 쓰는 이유는 사람들이 읽기를 바라기 때

○

12 도메인 특화 언어(Domain-specific language, DSL) : 특정한 도메인을 적용하는데 특화된 컴퓨터 언어이다. 순수 프로그래밍 언어와는 다르게 특별한 목적으로 만들어진 언어이기 때문에 문법 및 포맷이 무척 다양하다.

13 ERB Templating : 루비 기능 중 하나로 모든 유형의 텍스트를 편리하게 생성해준다.
http://www.stuartellis.name/articles/erb/

14 플라스크(Flask) : 파이썬 마이크로 웹 프레임워크. 장고와 함께 가장 널리 사용된다.
http://flask.pocoo.org/

Massimo Di Pierro

문에 쓰는 것이지 돈을 벌려고 쓰는 것은 아닙니다. 결국, 콘텐츠의 검증은 독자가 하는 것이지, 출판사가 하는 것이 아니죠. 그래서 자가 출판이 저에게 이상적이었습니다. 하지만, 자가 출판으로 책을 한 번 완성하고 나면, 수정을 많이 하고 싶지는 않아요. 대신, 또 다른 책을 쓰고 싶어 하죠!

드리스콜 **책을 쓸 때 극복해야 할 도전이 있었나요?**

디 피에로 음, 일단 저는 영어를 모국어로 사용하는 사람이 아닙니다. 그래서 영어를 쓸 수는 있었지만, 실수를 많이 했어요. 책을 리뷰하고 수정하는 것이 끝이 없었습니다.

> '제가 저 자신을 전문가라고 생각할지라도, 그 주제에 대해서 모든 것을 아는 것은 아니라는 거죠.'

또 다른 도전은 제 자신을 전문가라고 생각할지라도, 그 주제에 대해서 모든 것을 아는 것은 아니라는 거죠. 저는 항상 코드를 먼저 작성합니다. 코드를 살펴보고, 종이나 책으로 옮기죠. 이 방식이 코드 예제와 문서를 일관되게 합니다. 만약, 문서를 작성한 뒤 코드를 변경하면, 종종 문서와 코드가 일치하지 않는 상황이 벌어지기 때문에 제 예제가 가능한 한 최종 버전이 될 수 있게 노력합니다.

웹투파이 책을 쓸 때 많은 사람이 깃허브[15]에 풀 리퀘스트를

마시모 디 피에로

올렸던 것은 중요한 도전이었어요. 처음에는 사람들이 작은 수정을 통해 기여했는데 지금은 상당히 많은 부분에 기여하고 있습니다.

기여자들과 손발을 맞추는 것은 어려웠습니다. 왜냐하면, 그들의 깃허브 계정 이름을 알고 있었지만, 정작 그 사람들을 제대로 알지 못했기 때문입니다. 그들은 항상 저에게 코드를 보냈지만, 절대로 승인 절차를 거치기 위한 풀 리퀘스트를 보내지 않았습니다. 이 사람들이 누구인지 알아내는 방법을 찾는 것이 일이었죠.

드리스콜　　**과학자 혹은 교사 측면에서 보았을때, 파이썬이 과학계에 어떤 도움을 주고 있나요?**

디 피에로　　파이썬은 많이 성장하고 있고, 특히 과학계에서의 성장이 도드라집니다. 싸이킷-런[16], 텐서플로[17] 와 케라스[18] 와 같이 기계학습과 관련된 모든 것과 함께 성장하고 있는 것을 보고 있습니다.

○

15　웹투파이 책 깃허브 주소 : https://github.com/web2py/web2py-book
16　싸이킷-런(sklearn, scikit-learn) : 파이썬을 위한 무료 소프트웨어 기계학습 라이브러리, http://scikit-learn.org/stable/index.html
17　텐서플로(TensorFlow) : 2015년에 오픈 소스로 공개된 구글 브레인 팀의 두 번째 머신 러닝 시스템, https://www.tensorflow.org/
18　케라스(Keras) : 파이썬으로 작성된 오픈 소스 고수준 신경망/딥러닝 라이브러리, https://keras.io/

사람들이 파이썬이 무엇인지 몰랐던 15년 전에 가르치는 일을 시작했을 때를 기억합니다. 일부 동료들은 주 교육 언어를 자바에서 파이썬으로 교체하는 것을 반대하고 있었습니다. 많은 사람이 파이썬은 "단지 스크립팅 언어"이고, 특정 영역에 국한된 언어라고 여겼습니다.

'많은 사람이 파이썬은 "단지 스크립팅 언어"이고, 특정 영역에 국한된 언어라고 여겼습니다.'

오늘날, 대부분 강의실에서 과목이 신경망이든, 기계학습이든, 혹은 데이터 분석이든지 간에 모두 파이썬을 사용합니다. 그 관점으로 보면 정말 많은 것이 바뀌었습니다.

'파이썬 2와 파이썬 3간의 관계가 여전히 이슈라는 것이 주요 문제입니다.'

파이썬 2와 파이썬 3간의 관계가 여전히 이슈라는 것이 주요 문제입니다. 디파울 대학에서는 거의 모든 곳에서 파이썬 3를 사용하고 있는 반면에, 업계에서는 여전히 파이썬 2를 많은 곳에서 사용하고 있는 것이 문제가 될 때가 있습니다.

또 다른 이슈는 파이썬 3에서 사용할 수 있는 신규 비동기 로직을 사용하는 사람이 별로 없다는 것입니다. 파이썬의 신규 비동기 로직은 정말 강력하지만, 자바스크립트의 비동기 로직만큼 친숙하지 않습니다. 이벤트-주도 비동기 프로그래밍 동향을 정말 좋아하는 사람들은 파이썬보다 자바스크립트(와 Node.js)를 선호합니다.

마시모 디 피에로

'파이썬의 신규 비동기 로직은 정말 강력하지만, 자바스크립트의 비동기 로직만큼 친숙하지 않습니다.'

드리스콜 **사실 저는 파이썬 2를 지원하기 시작하는 회사들이 조금 걱정됩니다. 아나콘다나 인텔을 따르는 그룹에 어떤 일이 생길까요?**

디 피에로 글쎄요, 파이썬 3가 파이썬 2보다 더 나은 언어라는 사실에는 이견이 없지만, 파이썬 2에서 파이썬 3로 전환하는 작업은 어려운 일입니다. 완전히 자동화할 수 없으며, 코드의 대부분을 이해하고 있어야 합니다. 사람들은 현재 동작하는 것을 건들고 싶지 않을 겁니다.

'파이썬 3가 파이썬 2보다 더 나은 언어라는 사실에는 이견이 없지만, 파이썬 2에서 파이썬 3로 전환하는 작업은 어려운 일입니다.'

예를 들면, 파이썬 2의 문자열 함수는 출력 데이터를 바이트 문자열로 변환하지만, 파이썬 3에서는 유니코드[19]로 변환합니다. 이는 실제로 코드를 살펴보고 함수에 어떤 타입이 인수로 삽입되고, 어떤 출력 타입이 나오는지 이해하지 않는

○

19 유니코드(Unicode) : 전 세계의 모든 문자를 컴퓨터에서 일관되게 표현하고 다룰 수 있도록 설계된 산업 표준 문자 시스템

Massimo Di Pierro

이상, 파이썬 2를 파이썬 3로 바꾸는 것은 불가능합니다.

바이트 시퀀스가 유니코드로 표현할 수 없는 이상한 문자가 입력되지 않는 한, 순진한 변환 작업이 잘 작동할지도 모르겠습니다. 만약, 이상한 문자가 있다면, 코드가 원래 동작하는 대로 동작하는지 안 하는지 알 길이 없죠. 은행을 예로 들어보죠. 은행에는 수년에 걸쳐 개발하고 테스트한 거대한 파이썬 코드베이스[20]가 있습니다. 그들은 비용을 산정하기 어렵기 때문에, 코드베이스를 쉽게 바꿀 수 없습니다. 어떤 은행은 여전히 코볼을 사용하고 있다는 것을 생각해보세요.

파이썬 2에서 파이썬 3로 전환하는 것을 도와주는 도구도 있습니다. 저는 그 도구 전문가가 아닙니다. 그러니, 제가 미처 알지 못하지만, 제가 본 수많은 문제점을 해결해 줄 해결책이 있을지 모르겠습니다. 하지만, 저는 코드를 변환해야 할 때마다, 이 절차가 제가 원하는 만큼 간단하지 않다는 것을 알았습니다.

드리스콜 **데이터 과학 영역에서 파이썬을 채택할 때 어려움을 겪는 것을 본 적이 있나요?**

디 피에로 데이터 과학자들은 파이썬을 사랑한다고 생각해요. 주요 경쟁 상대는 통계 계산과 데이터 분석을 위한 프로그래밍 언어인 R이고, 경제학자나 통계학자에게는 더 인기가 있습니다.

하지만, R이 더 인기가 있는 이유가 R이 더 좋다기보다는 단지 더 오래되었고, 데이터 과학에 더 초점을 맞추고 있기 때문입니다.

R은 오랜 시간 동안 쓰였고, 사람들은 R로 무엇을 할 수 있을지 알고 있습니다. 언어를 알고 있는 사람들은 무언가 다른 것을 배울 필요가 없다고 생각해요. R은 특히 데이터 과학에 항상 초점을 맞추고 있습니다. 그래서, 데이터 과학계에서 더욱 친숙한 것이죠.

'파이썬은 점점 더 많이 채택되고 있으며, 결국 데이터 과학 분야에서 R보다 더 인기를 끌 것입니다.'

R과 파이썬을 언어 측면에서 많이 비교해보지는 않았습니다. 하지만, 판다스 라이브러리와는 비교해 보았습니다. 제 생각에는 판다스와 함께 사용하는 파이썬은 R보다 더 매력적인 사례를 만듭니다. 사실, 저는 현재 기계학습 수업에 R을 사용하고 있습니다. 하지만, 파이썬은 점점 더 많이 채택되고 있으며, 결국 데이터 과학 분야에서 R보다 더 인기를 끌 것입니다. 의심의 여지가 없어요.

드리스콜   고맙습니다, 마시모 디 피에로.

○

20 코드베이스(codebase) : 소프트웨어 개발 시, 코드베이스는 특정 소프트웨어 시스템, 애플리케이션 혹은 소프트웨어 콤포넌트를 빌드하기 위해 사용되는 소스 코드의 전체 집합을 의미한다.

7
알렉스 마르텔리
Alex Martelli

알렉스 마르텔리는 이탈리아 컴퓨터 엔지니어다. 그는 "파이썬 인 어 넛셸 (Python in a Nutshell) 1, 2판"의 저자이며, "파이썬 쿡북(Python Cookbook) 제1, 2판"과 "파이썬 인 어 넛셸 제3판"의 공동저자다. 알렉스는 파이썬 소프트웨어 재단(PSF)의 회원이며, 활발하게 커뮤니티 활동하는 사람들이 선출하여 상을 주는 '2002 액티베이터즈 쵸이스 어워드'와 '2006 프랑크 윌슨 메모리얼 어워드[1]'의 수상자다. 2005년부터, 구글에서 일하고 있으며, 현재 시니어 스테프 엔지니어이자, 구글 클라우드 플랫폼을 위한 커뮤니티 지원을 제공하는 팀의 테크 리드이다. 알렉스는 스택 오버플로의 활발한 기여자이며, 기술 콘퍼런스에서 연사로 자주 나선다.

토론 주제	파이썬 책, v2.7/v3.x, 구글에서의 파이썬
알렉스 마르텔리 소셜 미디어 주소	@aleaxi

---

o

[1] 프랑크 윌슨 메모리얼 어워드(Frank Willison Memorial Award): 파이썬 커뮤니티에 특출나게 기여한 사람에게 수여하는 상, https://www.python.org/community/awards/frank-willison/

마이크 드리스콜　**당신의 배경을 말씀해 주세요?**

알렉스 마르텔리　저는 제 고향인 이탈리아에서 전자 공학을 전공하였습니다. 그런 다음, 집적 회로를 설계할 수 있는 일자리를 찾기 시작했죠. 다른 종류의 시스템을 설계하는 것은 멋져 보였지만, 집적 회로는 항상 그 자리에 머물러 있었습니다.

당시 가장 흥미로운 디자인을 미국 기업이 진행하였기 때문에, 제 첫 직업은 미국에서 시작하게 되었죠. 바로, 지금도 건재한 텍사스 인스트루먼츠(Texas Instruments, TI)라는 회사에서 말이죠.

TI는 소비자 제품과 무척 흥미로운 수많은 칩으로 아주 유명했습니다. 하지만, 수많은 프로젝트를 시작하자마자 금세 그만두는 TI의 업무 스타일 때문에 한 가지 일을 진득하게 할 수 없었고, 경쟁력 역시 떨어졌습니다. 저 역시 계속해서 단기 프로젝트를 반복하는 팀에서 일했었죠.

| '저 역시 계속해서 단기 프로젝트를 반복하는 팀에서 일했었죠.'

저는 TI를 비난할 수 없었습니다. 그들은 엔지니어 삶의 혼란을 최소화하기 위해 노력하고 있었고, 저는 막내이자 이민자로, 그 어떤 곳에도 쉽게 정착할 수가 없었죠. 1년도 채 지나지 않아서, 달라스, 오스틴, 휴스턴과 러벅에서 근무했습니다. 1년도 안 되는 시간에 4개의 서로 다른 실험실에서 일했다는 것이죠!

스트레스가 좀 많았기에 TI로부터 흥미로운 제안을 받은 시점에 연락을 차단했던 IBM 연구소와 대화를 시작했습니다. 널리 알려지지는 않았지만, IBM은 비즈니스에서 가장 혁신적인 집적 회로 중 일부를 만들었습니다. 대량 생산하지 않았지만, 개념 증명을 한 연구 수준이었죠. IBM은 여전히 이 분야에서 놀라운 기술을 보유하고 있습니다.

그 당시에, IBM은 단일 원자 안에 IBM이라는 단어를 쓴 것으로 노벨상을 받았습니다. 원자를 관측하기 위해 사용한 전자 현미경을 원자를 배치하는데 사용한 것이 무척 참신했었죠. 저에게는 그것이 여전히 믿기 힘든 과학적인 사건입니다.

언젠가 IBM은 이탈리아에 연구실(특히 로마)을 만들기로 했고, 지원자를 모집했습니다. 물론, 지원했죠. 이는 저에게 흥미로운 미래를 주고, 더 맛있는 카푸치노와 파스타를 먹을 수 있는 고국으로 돌아 갈 수 있는 기회였습니다. 그래서 저는 80년대에 이탈리아로 돌아왔고, 제 경력을 그곳에서 계속 쌓아나갔습니다.

드리스콜　　　**어떻게 컴퓨터 프로그래머가 되었나요?**

마르텔리　　　제가 IBM에 있을 때죠. 이미지 처리 기계 시제품 개발을 막 끝냈을 때입니다. 그 당시에는 놀라운 것이었습니다. 전용 칩, 대형 프레임 버퍼와 그 당시 엄청나게 비쌌던 모니터를 가지고 있었어요(물론, 요즘은 그리 특별한 것이 아니죠).

'이미지 처리 기계 시제품 개발을 막 끝냈을 때입니다. 그 당시에는 놀라운 것이었습니다.'

시제품을 성공적으로 출시한 축하 행사에서 한 임원이 저에게 와서 "당신과 모든 팀에게 축하의 말을 전합니다. 하지만 불행하게도 이 시제품은 이제 오랫동안 잊혀지겠군요."라고 말했습니다. 저는 "이 시제품이 왜 잊혀져야 하나요? 우리는 IBM 연구소에서 모든 분야의 수많은 과학자가 있으며, 천문학자부터 지질학자까지 이 제품을 사용하고 싶어합니다."라고 대답했다.

"네 맞아요," 그가 말했습니다. "하지만, 여러분의 장치는 과학자들이 사용하는 포트란이나 APL과 같은 프로그래밍 언어를 지원하고 있지 않아요. 만약, 이 장치를 사용하고 싶다면, 여러분은 채널 프로그램을 작성해야 합니다." 지질학자나 천문학자들은 그런 것들을 하지 않았습니다. 필요한 모든 인터페이스와 라이브러리를 구축하려면, 실질적인 소프트웨어 프로젝트가 필요했어요.

그래서 제가 말했습니다. "글쎄요, 작은 팀으로 그 소프트웨어를 만들 수 있지 않을까요?" 그래서 그는 저를 시험해 보았습니다. "얼마나 많은 사람이 필요하다고 생각해요?"

저는 '저의' 기계가 잊혀지는 것 대신, 사용되는 것을 보고

알렉스 마르텔리

싶었습니다. 그래서 아주 작게 소리쳤죠. "글쎄요, 3명쯤?"

그는 대답했습니다. "좋아요, 인력을 지원해드리죠. 그 분들과 팀을 꾸려보세요. 6개월 안에 어떤 성과든 보여주세요."

아마도 이 방식이 IBM에서 임원이 되는 방법인가 봅니다. 정확한 기준이 없었습니다. 그래서 저는 그 자리에서 작은 팀의 관리자가 되었습니다(테크니컬 리드가 적절한 표현이겠군요). 저는 채널 프로그램을 작성하여 라이브러리에 넣은 다음, 이 매우 강력한 기계를 돌릴 수 있는 알고리듬을 해당 라이브러리에서 호출하여 기계를 작동시켜야 했고, 이를 위해 소프트웨어를 배워야만 했습니다.

드리스콜   **성공했나요?**

마르텔리   6개월 후, 간신히 타당성만 증명했지만, 계속해서 진행할 수 있었습니다. 수년이 걸린 끝에 마침내 저희는 원했던 데로 포트란과 APL을 위한 라이브러리를 전달할 수 있었습니다. 매우 중요한 일이었어요.

'마침내 저희는 원했던 데로 포트란과 APL을 위한 라이브러리를 전달할 수 있었습니다. 매우 중요한 일이었어요.'

이 아름다운 하드웨어를 의미 있게 만드는 것이었습니다. 강력한 이미지 처리와 시각화를 위해 과학자나 다른 프로그래 머에게 실제로 유용한 것이었죠. 그들은 이 중재 소프트웨어 가 없다면 그들 스스로 어셈블리 프로그래밍과 채널 프로그 래밍을 배우지는 않았을 것입니다.

저로서는 2년이 넘도록 하드웨어 설계를 전혀 하지 못한 것 이 문제였습니다. 현장에서 벌어지고 있는 일들을 따라가지 못했습니다. 특히, 집적 회로 수준의 하드웨어 설계는 당시 에 매년 혁신을 일으키는 경향이 있었습니다. 그러니, 최고 위치에 있지 않으면, 따라잡을 수가 없었죠.

드리스콜 **이것이 소프트웨어로 옮겨 간 이유인가요?**

마르텔리 글쎄요, 저는 짧은 경험에도 불구하고, 최신 기술과 툴들을 잘 다루는 대학을 갓 졸업한 사람들보다 더 뛰어나다는 것을 깨달았었어요.

또 한편으로, 가장 단순한 운영 관리 및 소프트웨어가 제가 그토록 원하던 전용 집적 회로로 멋진 시스템을 만드는 것에 큰 부가 가치가 있다는 것을 깨달았습니다.

위험한 비탈길에서 수년을 보내고나니, 저는 제대로 된 최신 하드웨어를 더는 설계할 수 없다는 것을 인정해야만 했습니 다. 점점 더 많은 소프트웨어와 관리 능력이 필요했죠. 이와

알렉스 마르텔리

비슷한 상황에 처해있는 사람들이 많다고 생각해요. 하드웨어 측면에서 시작했지만, 점차 하드웨어가 문제를 해결하지 못한다는 사실을 깨닫는 사람들 말이죠.

> '하드웨어 측면에서 시작했지만, 점차 하드웨어가 문제를 해결하지 못한다는 사실을 깨닫는 사람들이 많습니다.'

제 딸이 지금 비슷한 상황에 부딪쳤습니다. 정보통신공학 (고급 무선 시스템) 박사 학위를 수여하고 하드웨어에 매우 집중하고 싶어 했어요. 요즘, 딸의 하루 일과는 75%가 소프트웨어입니다. 왜냐하면, 필수적으로 모든 통신망은 저수준까지 내려가면 내려갈수록 소프트웨어로 이루어지기 때문이죠.

어떤 지능이나 소프트웨어 없이 스스로 동작하는 특화된 안테나를 설계하지 마세요. 요즘에는, 신호 품질에 따라 어느 시점에 어떤 안테나를 활성화해야 하는지 찾을 수 있는 휘황찬란한 안테나 배열과 지능이 있어야합니다. 그것은 제가 졸업할 때 무선이 의미했던 것을 훨씬 넘어서는 것이지만, 오늘날에 우리가 사용하고 있는 소프트웨어 통신망입니다.

드리스콜   **어떻게 파이썬에 정착하게 되었나요?**

마르텔리   아, 그건 또 다른 재미있는 이야기에요. 묘한 매력이 있는 소프트웨어 세계를 처음 접하고 몇년이 지난 후, 제 시간과 장비를 사용하여 카드 게임 중 하나인 콘트랙트 브릿지 게임을 개발하기 위한 시스템을 만들었습니다.

콘트랙트 브릿지는 해럴드 밴더빌트Harold Vanderbilt가 1920년대에 발명한 게임이죠. 제가 게임에 잠시 손을 대기 시작하기 전까지, 수학적 이론이 거의 없었습니다. 하지만, 한 가지 중요한 예외가 있었죠. 바로, 위대한 수학자인 에밀 보렐Émile Borel이 책으로까지 저술한 브릿지의 수학 이론이었습니다.

그 당시의 컴퓨터는 오락용으로 사용할 수 있을 만큼, 큰 대가를 치를 필요 없이 충분히 강하고, 힘이 넘치며, 저렴하였습니다. 그래서 저는 1930년대에 실험용으로 처음 만든 아이디어를 부활시키고, 제 PC에서 연습 삼아 구현하였습니다.

| '저는 1930년대에 실험용으로 처음 만든 아이디어를 부활시켰습니다.'

아마도 저는 소프트웨어로 전향한 전형적인 하드웨어 사람처럼 행동했을 것입니다. 왜냐하면 제 솔루션이 멋진 프로그래밍 시스템으로 정확하게 구성되지 않았기 때문입니다. 너무 많은 프로그래밍 언어가 무시무시하게 섞여 있었죠. 모듈라-3[1]에서 펄까지 그리고 비주얼 베이직[2]에서 스킴까지 얼마나 많은지 정확히 모르겠지만, 전체 시스템은 동작했어요!

알렉스 마르텔리

드리스콜	**프로그램이 얼마나 많은 게임을 성공적으로 실행했나요?**

마르텔리	이 프로그램은 실제로 게임을 백만 번하고 결과를 기록했습니다. 과거 1920년대와 1930년대 브릿지에 가장 밝았던 인물인 엘리 컬버트슨Ely Culbertson의 놀라운 직관을 확인시켜주었죠.

그래서 저는 모든 것을 연구 논문으로 쓴 후, 이 분야에서 가장 권위 있는 잡지인 더 브릿지 월드(The Bridge World)에 제출했습니다. 편집자는 열정적으로 저와 함께 논문을 다듬었습니다. 제 연구는 브릿지 월드에서 2000년 1월과 2월에 실렸습니다.

그 후, 저는 챔피언을 포함한 브릿지 플레이어들과 대화를 하기 시작했습니다. 그들은 이렇게 묻더군요. "이봐요, 당신의 이론과 방법을 제가 머리를 싸매고 있는 문제에 적용해 볼 수 없을까요?"

저는 그들의 제안을 받아들이는 것이 무척 행복했습니다. 단, 소프트웨어가 깨지기 쉬워서 쉼표를 바꿀 때마다 무언가가 망가지는 것은 제외하고요. 완전 엉망이었죠! 그래서 저는 전체 시스템을 다시 작성하기로 했습니다. 대개 이러한

○
1   모듈라-3(Modula-3) : 파이썬, 자바, C# 등 많은 프로그래밍 언어에 영향을 준 1980년대 프로그래밍 언어
2   비주얼 베이직(Visual Basic) : 마이크로소프트에서 만든 일종의 베이직 프로그래밍 언어

작업이 함정이 되는데도 불구하고 말이죠. 저는 가능한 한 하나의 언어를 사용하고 싶었지만, 정확히 어떤 언어를 선택하느냐가 진짜 문제였습니다!

드리스콜   **그래서 원하던 언어를 찾았나요?**

마르텔리   충분히 강력한 언어는 리스프뿐이었죠. 솔직히 저는 항상 스킴을 아주 편애하고 있었지만, 아마도 스킴 자체의 하드웨어 배경과 관련된 무언가를 할 필요가 있었어요.

문제는 제가 가질 수 있었던 무료 버전에는 제가 해야 할 모든 보조 태스크를 위한 라이브러리가 충분하지 않았던 것입니다. 이 프로젝트는 개인 프로젝트였고, 이미 많은 시간을 쏟아붓고 있었지만, 돈을 쓰고 싶지는 않았습니다. 한 친구가 이렇게 말했죠, "이봐, 이 새로운 언어를 한번 써보지 그래. 엄청나게 유행하고 있고, 파이썬이라고 불러."

> '한 동료가 이렇게 말했죠, "이봐, 이 새로운 언어를 한번 써보지 그래. 엄청나게 유행하고 있고, 파이썬이라고 불러."'

제가 말했죠, "허 참! 나는 최소한 12개 언어를 알고 있다고. 내가 마지막으로 해야 하는 건, 언어가 아닌 또 다른 무언가를 배우는 거라고!" 하지만 그 친구는 계속 강하게 얘기했고, 저는 이 친구를 매우 존경하고 있었기에, 결국 항복하고 시

알렉스 마르텔리

도했죠. 저는 이 새로운 언어로 풀 수 있는 작은 태스크를 설정했고, 어디까지 갈 수 있는지 살펴보았습니다.

'제가 말했죠, "허 참! 나는 최소한 12개 언어를 알고 있다고. 내가 마지막으로 해야 하는 건, 언어가 아닌 또 다른 무언가를 배우는 거라고!"'

제가 1990년대 후반에 잘 알지 못했던 것 중 하나는 새로 생긴 '웹'이었습니다. 무척 흥미로웠으며, 웹사이트를 개발하기로 했습니다. 웹 기술과 파이썬 프로그래밍 언어를 한주 만에 스스로 배웠습니다! 제가 말한 대로, 이 필드에서 무언가를 끝내고 싶다면, 어느 정도 야심이 있어야만 합니다.

저는 금요일 밤에 공부하기 시작했고, 매뉴얼을 계속 보았습니다. 어느 시점에 다다르니, 매뉴얼을 훨씬 적게 보기 시작하더군요. 왜냐하면, 파이썬이 다른 언어가 동작하는 것을 기반으로 어떻게 동작하는지를 추측하면, 90% 이상 들어맞았거든요. 파이썬은 마치 제 두뇌를 위해 설계된 것 같았고, 제 두뇌가 생각하는 대로 정확하게 동작하였습니다.

'파이썬은 마치 제 뇌를 위해 설계된 것 같았고, 제 뇌가 생각하는 대로 정확하게 동작하였습니다.'

이른 토요일 오후, 모든 것을 끝냈습니다. 동작하는 CGI와 콘트랙트 브릿지 게임 안에 여러 경우의 조건부 확률을 계산하는 웹 애플리케이션을 만들었습니다. 이제, 남은 주말을 어떻게 보내야 할까요?

Alex Martelli

제가 말했습니다. "이게 훌륭하다는 것을 알아, 하지만 이탈리아어로만 쓸 수 있잖아. 혹시라도 다른 언어를 사용하는 독자들에게 흥미로울 수 있을 거야. 나에게 익숙한 영어나 불어로도 쓸 수 있는 다국어 버전을 만들어 보자고."

저는 템플릿 시스템이 필요하다는 것을 깨달았습니다. 그래서 파이썬을 위한 템플릿 시스템을 찾아보았지만, 그다지 성공하지 못했어요. 고퍼Gofer와 다른 도구들을 사용해 보았습니다.

마침내, 직접 템플릿 시스템을 구현하기로 했어요! 저는 이 시스템 이름을 'Yet Another Python Template Utility (YAPTU)'라고 지었습니다. 일요일까지 잘 동작했어요. 그래서 무료 소프트웨어를 배포하는 곳에 이 시스템을 올렸고, 저는 실제로 동작하는 제 웹 사이트를 가지게 되었습니다.

드리스콜   **재미있는 일은 없었나요?**

마르텔리   YAPTU는 당시 캘리포니아 대학, 버클리(University of California, Berkeley)에서 컴퓨터 과학 웹 사이트를 운영하는 사람의 관심을 끌었습니다. 그는 YAPTU가 최고의 템플릿 도구라는 것을 알았습니다. 그는 이미 파이썬을 사용하기로 했고, 약간의 개선을 더한 패치 파일을 보냈습니다. 저희는 여러 가지를 토론하기 시작했고, 친구가 되었죠.

알렉스 마르텔리

'저희는 여러가지를 토론하기 시작했고, 친구가 되었죠. 이 사람이 바로 현 구글 연구 책임자인 피터 노르빅입니다.'

이 사람이 바로 현 구글 연구 책임자이자, 베스트셀러 프로그래밍 책인 "인공지능 : 현대적 접근방식(Artificial Intelligence : A Modern Approach)[3] "의 저자인 피터 노르빅Peter Norvig입니다. 그래서 파이썬은 이미 저에게 흥미로운 네트워크를 만들어주기 시작했습니다.

저는 파이썬을 업무에서도 사용해보려고 했지만 불행하게도 그리 성공하지 못했어요. 의사 결정은 전문 경영인의 손에 달렸었고, 그들은 윈도우가 미래라고 알고 있었습니다. 심지어 저희 프로그램이 주로 유닉스 워크스테이션용이었는데도 불구하고, 그 어떤 것도 살아남을 수 없었습니다. 요즘 유닉스 워크스테이션을 쉽게 살 수 없습니다. 리눅스나 윈도우가 설치된 PC가 대부분이죠. 그런 관점에서 보면, 그들의 비전은 정확했습니다.

저는 저희 프로그래밍 언어가 마이크로소프트가 지원하고 싶어 하는 것에 제약이 걸리는 것을 특히 좋아하지 않았어요. 저는 최고 경영진으로부터 공식적인 승인을 받지 못했습니다. 파이썬을 최고 경영진이 알아채지 못하는 곳에 몰래 적용할 수밖에 없었습니다. 가령, 저희가 가지고 있는 모든

○
3   인공지능 현대적 접근방식 3판 국내 번역서 링크: https://goo.gl/QH9J7t

테스팅 프레임워크와 같은 곳에 말이죠. 이는 haha.bat 파일에 작성된 셸 스크립트를 대체하는 것이었어요.

이 영역은 예전에 윈도우에서 .cmd로 처리하던 영역입니다. 모든 것이 매우 쓸모 있고 관리하기 쉬운 파이썬 스크립트로 대체되었지만, 조금 불편하기도 했죠. 저는 제 일과 시간 전부를 마이크로소프트 포트란 컴파일러로 문제를 디버깅하면서 보냈습니다. 그러고 나서 제가 이곳저곳에서 훔친 자투리 시간에만 파이썬을 사용하였습니다.

드리스콜 **조금 다른 주제이긴 한데요, 어떻게 파이썬 책의 저자가 되었나요?**

마르텔리 저는 제가 받은 것을 돌려주고 싶을 만큼, 파이썬을 사랑했습니다. 저는 귀도 반 로섬과 파이썬 커뮤니티의 모든 사람이 저에게 준 엄청난 선물을 언어 개발에 참여함으로써 다른 모든 사람에게 돌려주고 싶었습니다.

제가 무엇을 할 수 있었을까요? 음, 사람들이 질문을 하고 답을 해주는 comp.lang.python이라고 불리는 유즈넷[4] 그룹이 있었습니다. 저는 항상 기술적인 질문이 있는 사람들을 돕는데 소질이 있었습니다. 그래서, 언어를 완전히 처음 접하는데도, 그룹에 가입했죠. 제가 생산적이고 건설적으로 대답할 수 있는 질문을 발견할 때마다 답을 하였고, 분명히 많은 성공을 거뒀어요!

알렉스 마르텔리

불과 몇 달 후, 파이썬 커뮤니티의 선임자 중 한 명이 저에게 마르텔리 봇이라는 별명을 붙여줬어요. 분명히, 저는 파이썬 커뮤니티의 세 번째 "봇"이었습니다. 요점은 엄청난 양의 정확한 대답이 저를 봇으로 인정했다는 것이죠. 그나저나, 저에게 재미있는 별명을 붙여준 사람이 바로 스티브 홀덴이었고, 제 최근 책("파이썬 인 어 넛셀" 제3판)의 공동 저자라고 말할 수 있어 영광이네요.

하여튼, 이는 파이썬 커뮤니티에서 저의 평판을 높여 주는 것이었고, 여러 기술의 입문서 시리즈 중 "파이썬 인 어 넛셀"이 없다는 것을 알리기 위해 오'라일리 출판사에 연락하는 용기를 주었답니다. 저는 이렇게 말했습니다, "이봐요, 만약 더 경험이 많은 공동 저자와 함께라면, 이 책에 관해서 할 수 있는 것이 없을까요?"

그들이 답했습니다, "왜 공동저자가 필요하죠? 예제 챕터와 목차를 저희에게 보내주세요." 그렇게 책을 쓰게 되었답니다.

│ '저는 이렇게 말했습니다, "이봐요, 만약 더 경험이 많은 공동 저자와 함께라면, 이 책에 관해서 할 수 있는 것이 없을까요?"'

○

4   유즈넷(Usenet) : 유저 네트워크의 준말. 인터넷을 이루는 한가지로, 주로 텍스트 형태의 글들을 전 세계의 사용자들이 공개된 공간에서 주고 받아 토론하는 분산 네트워크

드리스콜	**어떻게 "파이썬 쿡북"을 쓰게 되었나요?**

마르텔리 "파이썬 쿡북"의 공동 집필로 가는 여정은 험난했습니다. 중간쯤에 저자가 그만두고 말았거든요. 커뮤니티의 레시피들을 엮었지만, 다소 유치할 수 있는 문제를 실질적이고 유용하게 다루기 위해서, 레시피들을 재작성하고 개조하였기 때문에 즐거운 작업이었습니다.

저는 액티브스테이트 사이트에도 많은 레시피에 기여했습니다. 언제나 즐거운 일이었죠! 액티브스테이트는 오늘날의 스택 오버플로와 같습니다. 스택 오버플로는 특정 주제에 관한 기술적 이슈에 대한 질문과 답을 잘 제공하는 곳이 되었죠. 저는 무척 활발하게 활동하였습니다 : 파이썬 태그가 붙은 포스트를 두 번째로 많이 참여했고, 첫 페이지에서 최상 0.0001%의 평판도 얻었습니다.

우연히, 스택 오버플로의 수석 데이터 과학자가 프로그래밍 언어의 인기도와 스택 오버플로에 올라오는 태그와 질문 변화 추이에 관한 연구 결과를 발표하였습니다. 가장 인기도가 가파르게 상승하는 언어가 바로 파이썬입니다.

'예측에 따르면, 파이썬은 2019년 초까지 가장 인기있는 프로그래밍 언어가 될 것이며, 가장 활동적인 개발자가 참여하는 언어가 될 것입니다.'

예측에 따르면, 파이썬은 2019년 초까지 가장 인기있는 프로그래밍 언어가 될 것이며, 가장 활동적인 개발자가 참여하는 언어가 될 것입니다. 지금은 자바와 자바스크립트 바로 아래에 있지만, 다른 언어들을 이미 앞질렀습니다. 펄Perl은 사라졌고, 루비Ruby도 사라졌으며, C#은 급격히 추락하고 있습니다. 자바와 자바스크립트만이 자리를 지키고 있지만, 파이썬이 스타로 성장하는 동안, 제자리걸음을 하고 있습니다.

'자바와 자바스크립트만이 자리를 지키고 있지만, 파이썬이 스타로 성장하는 동안, 제자리걸음을 하고 있습니다.'

많은 영역에서 파이썬의 인기는 전년 대비 27% 증가하였습니다. 올해 초에는 기독교 관점에서 현대 이슈들을 다루는 스펙트럼 매거진Spectrum Magazine에서 파이썬이 올해의 가장 인기 있는 프로그래밍 언어로 선포되었다는 흥미로운 글을 읽기도 했었죠.

그 글에는 입사 제안, 강좌, 세미나와 같이 매우 다른 것들의 주관적인 해석이 섞여 있었습니다. 하지만, 스택 오버플로의 연구 결과는 전적으로 정량적이고, 전적으로 객관적이었으며, 엄청나게 많은 데이터 기반으로 나온 것이었습니다. 둘 다 완전히 같은 결론을 냈지만, 스택오버플로가 내린 결과가 더 제대로 그리고 더 세밀하게 수치를 정량화한 것은 물론이죠.

드리스콜 **저자로서 배운 점이 있다면, 어떤 것이 있을까요?**

Alex Martelli

마르텔리 음, 첫 번째로는 어떤 언어를 정말 잘 안다고 하더라도, 아마 그 언어로 책을 몇 권 쓰기 전까지는 잘못된 생각일 수 있다 는 것이죠.

이상적으로는 그 언어를 알고 있고, 인쇄 결과가 어떻게 보 일지, 독자들이 그 책을 어떻게 소화할지를 잘 알고 있는 인 내심 많은 출판사, 편집자와 협력하여 집필하게 됩니다.

물론, 영어는 저의 세 번째 언어이기 때문에 집필 과정을 진 두지휘하기 위해서 엄청 강한 주장을 할 것으로 생각하지 않 았어요. 반면, 책을 집필하는 것이, 최소한 영어로 쓸 때만큼 은 어디에 문제가 있는지 정확하게 이해할 수 있게 해주었습 니다.

'자연어의 타고난 모호성, 힘 그리고 어려움 때문에 우리는 프로그래밍 언어 를 계속 사용할 것입니다.'

자연어가 얼마나 강력하고 풍부하면서도 어려운 도구인지 놀랍습니다. 그래서 우리가 프로그래밍 언어를 계속 사용하 게 되는 것이죠. 자연어의 타고난 모호성, 힘 그리고 어려움 때문입니다. 사물을 정밀한 절대 수치로 표현할 수 없습니다.

드리스콜 **예를 들어 주시겠어요?**

마르텔리   메일링 리스트에서 자동화와 컴퓨팅의 리스크에 관한 글을 읽은 적이 한 번 있어요. 그것은 큰 도시에서 구급차의 경로를 안내하는 사전에 정의된 시스템이었습니다. 그러니, 명확히 말 그대로 삶과 죽음에 관련된 일이었습니다.

처음에는 자연어로 작성한 제약 조건 중 하나가 긴급 전화가 왔을 때, 증상이 뇌졸중과 같은 것으로 밝혀지면 구급차가 15분(사람을 살릴 수 있는 최대 시간) 내에 도착하는 것이었습니다.

시스템이 자연어에서 올바른 프로그래밍으로 바뀌었을 때 많은 것들이 개선되었습니다. 구급차가 배정되었지만, 결코 나타나지 않는 소수의 경우를 제외하고 말이죠. 자연어가 논리 공식에는 적합하지 않다는 것이죠.

| '자연어가 논리 공식에는 적합하지 않다는 것이죠.'

도시 지역에 교통 체증이 있는 경우를 생각해 봅시다. 구급차가 사이렌을 아무리 울리고 있다 하더라도 어쩔 수 없이 멈추어 서 있어야 할 때도 있을 것입니다. 이런 상황이 벌어지면, 15분에서 0.01초만 넘어가더라도 시스템은 구급차가 15분 내로 도착해야 한다는 가정 때문에 구급차가 반드시 도착했어야만 한다고 추정합니다. 만약 구급차가 이미 도착했다면, 다른 한 대를 보내는 것 또한 소용이 없죠. 이는 논리 공식의 경로가 바뀐 것을 의미합니다.

자연어인 경우, 구급차가 15분 내로 도착해야 한다는 것은 가정이 아니라 바람입니다. 우리가 진정 의미하는 것은 15분 내로 도착해야 하는 것이 매우 중요하다는 것이고, 부디 구급차가 빨리 도착했으면 하는 것이죠. 이는 15분에서 1초라도 늦게 도착하는 것이 쓸모없다는 것을 의미하는 것이 아닙니다. 원하는 바는 아니지만, 아무것도 하지 않는 것보다 낫죠!

| **'프로그래밍 언어를 사용하면, 판단 로직이 훨씬 단순해집니다.'**

이는 자연어가 우리의 발을 내내 걸고 넘어뜨리는 아주 작은 예시 중 하나입니다. 프로그래밍 언어를 사용하면, 판단 로직이 훨씬 단순해집니다. 어떤 일이 벌어질지 말하면 되죠. 참이 아니면, 예외를 발생시키면 됩니다. 자연어에는 필연적으로 당연하게 여겨지는 배경이 너무 많습니다. 이 배경에는 모든 상식과 해당 문화에서 생활하는 사람이 되어야 한다는 의미가 포함되어 있습니다.

드리스콜   **파이썬 2.7이 죽었다고 생각하나요?**

마르텔리   "파이썬 인 어 넛셸" 3판에 문제가 있었습니다. 저는 파이썬 2.7이 아직 죽지 않았다고 판단한 것이 옳다고 생각해요.

아마도, 현재 대다수의 파이썬 프로그램은 파이썬 2.7 혹은 다른 파이썬 2대 버전으로 배포되고 있습니다. 아직, 2.7이 아닌 프로그램은 2.7로의 전환 작업에 많은 노력을 기울이고 있죠. 그러니, 파이썬 2.7은 명백히 살아 있습니다. 파이썬 소프트웨어 재단(PSF)이 2020년에 공식적인 지원을 그만두게 되면 사라질지 모르겠군요(하지만, 어떤 기업이 상용 기반으로 지원하게 될 것이라고 확신합니다). 따라서 최근 릴리즈 버전인 3.5와 3.6을 포함한 파이썬 3를 다루는 것 역시 무척 중요했고, 계획을 세운 뒤 집필을 완료하였습니다.

| '파이썬 2.7은 죽지 않았어요.'

지금 2.7을 포기하기에는 너무 이릅니다. 따라서 우리는 두 버전을 모두 다루는 책을 만들었고, 독자가 한 버전만 필요하더라도 상관없습니다. 다음 판에서는 이 문제가 사라질 것입니다. 물론, 파이썬 3만 남고, 2.7 관련 내용은 제거되겠죠.

많은 것들이 2.7 버전으로 남게 될 것입니다. 왜냐하면 아마도 너무 많은 코드 베이스가 있기 때문이죠. 예를 들어, 유튜브YouTube는 기본적으로 파이썬 시스템입니다. 수백만 줄의 최적화된 2.7 소스 코드가 있으며, 솔직히 비즈니스 관점에서 모든 시스템을 마이그레이션 하는 것을 정당화하기 어렵습니다. 10년 넘게 유튜브에 최적화된 수만 줄의 코드를 다시 작성한다고 말할 수는 없습니다.

만약 소스 코드를 재작성한 뒤 유튜브의 속도가 10% 감소했다고 해 봅시다. 전 세계 인터넷 대역폭의 상당 부분을 차

Alex Martelli

지하고 있는 유튜브의 트래픽에서 발생하는 비용을 계산할 수 있을까요? 이는 단지 구글뿐만이 아니라, 모든 사람을 대상으로 한 비용 말이죠. 10% 성능 저하로 인한 영향은 모든 사람의 삶을 심각하게 악화시킵니다. 우리는 그럴 여유가 없죠! 그러니 다른 방향으로 접근해야 할 것입니다.

드리스콜 **파이썬이 언어로서 가지고 있는 현재 문제점은 무엇일까요?**

마르텔리 만약 저에게 마법의 지팡이가 있어서 파이썬 첫 버전이 공개되기 전으로 돌아간다면, 저는 딱 한 가지 바꾸고 싶습니다. 바로 대소문자를 구별하지 않게 하는 것(case insensitive)이죠.

'수많은 최고의 언어들이 대소문자를 구별하지 않습니다. 저에게 만큼은 최고의 개선점이 되지 않을까 싶습니다.'

C 프로그래밍 언어가 등장한 이래로, 사람들이 대소문자를 구별하지 못하게 하는 것은 이상하다고 생각하는 것을 알고 있습니다. 하지만, 포트란부터 파스칼, 아다[5] 까지 수많은 최고의 언어들이 대소문자를 구별하지 않습니다. 저에게만큼은 최고의 개선점이 되지 않을까 싶습니다.

여러분이 서양 문화에서 많이 눈치채지 못했을 수도 있겠지만, 소문자와 대문자의 개념은 완전히 인공적입니다. 대소문자는 문화와 글쓰기를 개발할 때 인공적으로 만들어졌습니다.

저는 매킨토시 파일 시스템을 사랑합니다. 왜냐하면 여러분이 대문자 'F-O-O(FOO)'로 파일을 만들면, 대문자로 저장하지만, 소문자 'foo'로 검색해도 해당 파일을 여전히 찾게 해주기 때문입니다. 이것이 사람인 우리가 정말 원하는 바이죠.

| '음성 입력은 갑자기 입력 방식 중 가장 중요한 방법이 되었습니다.'

음성 인식 시스템을 생각해 봅시다. 음성 입력은 입력 방식 중 가장 중요한 방법이 되었습니다. 왜냐하면, 작은 키보드를 사용하는 것보다 말하는 것이 스마트폰을 훨씬 쉽게 쓸 수 있게 만들기 때문이죠.

이 상황에서 대소문자를 구별하는 것은 살인적인 일이며, 대소문자가 완전히 인공적이라는 것을 보여줍니다! 대문자 혹은 소문자를 정하는 것은 자연스러운 발음만으로는 할 수 없죠.

저는 파이썬에서 대소문자를 구별하지 않는 아주 작은 소망

○

5   아다(Ada) : 파스칼과 여러 언어에서 확장된 구조적/정적/명령형/객체 지향적인 멀티 패러다임을 지원하는 고수준 컴퓨터 프로그래밍 언어

이 있습니다. 파이썬과 경쟁하는 모든 언어 역시 대소문자를 구별하는 것이 사실입니다. 그래서 저는 오늘날 모든 대중적인 언어가 공통으로 가지고 있는 결함이라고 생각합니다.

파이썬이 다른 언어들과 다른 점은, 그리고 다른 언어와 같은 방식으로 하면 더 나은 언어가 될지도 모르는 점은, 파이썬 키워드입니다. 가장 흔히 사용하는 키워드는 함수를 정의할 때 사용하는 def입니다. 문제는 이것이 키워드도 아니고, 단어도 아니라는 것이죠. 어떤 것도 의미하지 않아요! 어떤 언어가 제대로 하고 있는지 아시나요? 자바스크립트입니다.

드리스콜   **자바스크립트는 어떻게 다르죠?**

마르텔리   같은 키워드는 function입니다. 저는 파이썬이 왜 function으로 시작하지 않았는지 이해할 수 없어요. 정말 명확하죠! function이 타이핑하기에는 4자가 더 많긴 하지만, 충분히 가치가 있습니다. 어느 편집기라도 자동 완성 기능이 여러분을 도와줄 것이에요, 그렇죠?

기술적으로 def foo와 function foo는 완전히 똑같다고 말할 수 있습니다. 하지만, 저는 아주 미세한 사용성과 이해성 결함에 집중하고 있습니다.

알렉스 마르텔리

'파이썬은 아마도 역사상 가장 사용하기 쉽고, 가장 이해하기 쉬운 프로그래밍 언어일 것입니다.'

파이썬은 아마도 역사상 가장 사용하기 쉽고, 가장 이해하기 쉬운 프로그래밍 언어일 것입니다. 그렇기에 이런 작은 불편한 부분들을 더 찾기 힘들 것입니다.

파이썬은 단 한 종류의 범위를 가지고 있으며, 항상 상한선이 제외되기 때문에, 더욱 일관성 있고 훨씬 명확합니다. def와 같이 제멋대로인 단어를 사용하는 부분은 function과 같이 가독성이 높은 단어를 사용하도록 쉽게 설계할 수 있는 언어입니다.

만약, 사람들이 function이 너무 긴 단어이기에 싫어한다면, 저는 'fun'을 허락할 겁니다. 농담이에요. 결국, 파이썬이 텔레비전 코미디 시리즈의 제목인 몬티 파이썬(Monty Python)[6] 에서 유래되었듯이, function의 줄임말로 'fun'을 사용할 수도 있고 그저 파이썬이 즐겁기(fun) 때문에 선택할 수도 있습니다. 여전히 def보다 더 낫습니다.

○
6   몬티 파이썬(Monty Python) : 영향력 있는 몬티 파이썬의 비행 서커스를 창출한 영국의 희극 그룹. 이 서커스는 1969년 10월 5일에 BBC를 통해 중계된 영국 텔레비전 희극 스케치 쇼였다.

Alex Martelli

드리스콜	**파이썬의 최고 강점은 무엇이라고 생각하나요?**

마르텔리　저는 결함에 대처하는 부분이라고 생각해요. 파이썬의 강점은 명확성과 일관성에 있으며, 단 하나의 자연스럽고 명확한 방법을 제공하겠다는 언어의 염원이 담긴 목표라고 할 수 있습니다.

물론 그 목표에 도달하지는 못했어요. 예를 하나 들어보죠. 덧셈은 각 항목을 교환할 수 있으니, a + b와 b + a는 덧셈을 표현하는 두 가지 방법이며, 파이썬은 이것을 바꿀 수 없습니다. 하지만, 이는 사람들이 원하는 것이며, 다른 사람의 소스 코드를 처음 볼 때 가독성을 훨씬 좋게 만듭니다.

훌륭한 파이써니스타Pythonista[7]이거나 심지어 초보자라 하더라도, 그들이 생각하기에 명확한 방법을 선택할 것입니다. 왜냐하면, 그것이 더 명확해 보이니까요. 만약 그들이 선택을 잘못하였고 누군가 무엇이 더 명확한 것인지 보여준다면, 설득하기도 쉬울 것입니다. 사물을 표현하는 확실한 방법을 제공하려는 이러한 열정적인 시도는, 언어를 아주 명확하고, 유용하며, 쓸모 있게 만드는 데 보탬이 됩니다.

'사물을 표현하는 확실한 방법을 제공하려는 이러한 열정적인 시도는, 언어를 아주 명확하고, 유용하며, 쓸모 있게 만드는 데 보탬이 됩니다.'

파이썬이 우리가 생각할 수 있는 거의 모든 애플리케이션 틈새로 확장되었다는 것은 이 명확성과 개념상 단순성에서 비

　알렉스 마르텔리

롯된 것이라고 믿습니다. 정말 시작하기 쉽게 만들거든요.

앞으로도 모든 사람의 두뇌가 제 두뇌와 같이 파이썬을 위해 완벽하게 준비되어 있지는 않을 것입니다. 모든 숙련된 프로그래머가 일주일 만에 스스로 파이썬을 배울 것이라고 말하는 것은 아니지만, 가능하다는 것이죠. 러스트Rust [8] 와 같은 다른 언어의 많은 부분을 좋아하는데도 불구하고, 어느 사람도 일주일 안에 러스트를 파이썬처럼 배울 수 있다고 상상도 못하겠습니다.

| 드리스콜 | **파이썬이 미래에 어디로 갈 것이라고 보나요?** |

마르텔리　　　모든 곳이요! 잘 아시다시피, 최근 몇 년간 위대한 과학적 업적 중 하나는 중력파의 발견입니다.

파이콘 이탈리아 콘퍼런스에서 몇가지 기조 연설이 있었습니다. 파이썬 코드는 데이터를 수집하는 모든 장치를 제어하는 공통 언어로 사용되어, 결국 두 개의 블랙홀이 서로 부딪혀 파동을 일으킨다는 것을 보여주었습니다.

○

7　파이써니스타(Pythonista) : 파이썬 커뮤니티에서 파이썬을 사용하는 사람을 일컫는 말
8　러스트(Rust) : 매우 빠르며, 세그폴트를 방지하고, 스레드 안전성을 보장하는 시스템 프로그래밍 언어, https://www.rust-lang.org/ko-KR/

덧붙여 말하면, 제가 정확히 기억한다면, 몇 초 동안 그 하나의 충돌에 의해 보내진 파동은 나머지 우주 전체가 함께 보내는 것보다 더 많은 에너지를 생산했습니다. 이것은 상당히 경이로운 발견이며, 파이썬이 데이터 처리를 담당했습니다. 즉, 측정값의 정제, 분석 및 상관관계 작업이 제대로 이루어지는지 감독하였고, 믿을 수 없을 만큼 강력하고 짧은 지속 시간의 이벤트로 해석하였습니다. 그 충돌은 수십억 년 전에 일어났고, 바로 지금 이곳에 오고 있는 파동입니다. 이것이 하나의 사례입니다.

물론, 과학은 이러한 발견 때문에 매력적입니다. 점점 더 많은 대형 인터넷 회사와 함께 이야기를 하다 보면, 여전히 그들은 핵심 애플리케이션을 위하여 다른 프로그래밍 언어를 사용하고 싶어 합니다. 하지만 다른 회사를 인수하는 이유만으로도 파이썬을 수용해야만 합니다.

첨단 기술 분야에서는 많은 투자가 진행되고 있습니다. 그러한 회사들은 대개 파이썬을 사용하고 있습니다. 왜냐하면 그것이 성공하게 만드는 요인 중 일부이기 때문입니다. 더 적은 언어를 사용하는 사람들보다 2배 또는 3배 더 생산적입니다.

드리스콜   **더 많은 회사가 파이썬을 쓰기 시작할까요?**

마르텔리   그렇습니다. 모든 대기업은 파이썬을 운영 시스템에서 사용
            할 수 있도록 준비할 필요가 있습니다. 텐서플로TensorFlow가
            출시됨에 따라, 파이썬은 기계학습 및 인공지능의 최전선에
            확실히 서게 될 것입니다.

            비록 내부가 매우 최적화된 C++ 및 어셈블리 언어이더라도,
            응용 프로그램 수준에서 비즈니스 로직은 파이썬일 것입니
            다. 다시 만들기 위해 에너지를 소비하는 것은 이치에 맞지
            않기 때문입니다. 그래서 텐서플로는 근본적으로 파이썬입
            니다.

            '텐서플로가 출시됨에 따라, 파이썬은 기계학습 및 인공지능의 최전선에 확
            실히 서게 될 것입니다.'

            저는 파이썬을 절대로 사용하지 않을 사각지대가 있을 것이
            라고 상상할 수 없습니다. 하지만, 예외를 논해 봅시다. 바로,
            임베디드 시스템embedded system입니다. 파이썬의 전통적인 구
            현 방식은 믿을 수 없을 만큼 여분의 메모리를 남겨놓지 않
            습니다. 임베디드 시스템에서는 이것이 필요하죠. 반면에,
            순정 파이썬이 아닌 파생 언어(dialect)는 문제를 일으킬 수
            도 있습니다.

            구체적으로 말하면, 사물 인터넷 세계에서 장치에 내장할 수
            있는 임베디드 언어로 파생된 파이썬의 파생 언어는 마이

Alex Martelli

크로파이썬MicroPython으로 알려져 있습니다. 제가 듣기로는 BBC는 학생들에게 마이크로파이썬을 실행할 수 있는 백만 개의 장치를 배포하는 중이거나, 이미 배포했다고 합니다.

드리스콜　　**마이크로파이썬도 파이썬인가요?**

마르텔리　　전체를 파이썬으로 볼 수는 없습니다. 왜냐하면, 메모리 사용량을 제한하기 위한 제약 사항이 포함되어 있기 때문입니다.

2달러짜리 장치에 메모리를 동적으로 할당할 수 없습니다. 이 장치는 보통 64K 혹은 고정 메모리를 가지고 있습니다. 하지만 여전히 이러한 동적 할당의 제약에도 많은 프로그래밍을 할 수 있습니다.

과거에 일부 응용 프로그램에서 파이썬을 사용하지 못하게 한 기이한 경우가 있었지만, 공격을 받고 있습니다. 래리 해스팅스Larry Hastings가 Global Interpreter Lock(GIL) [9]을 제거하려고 애쓰고 있다는 것을 알고 있습니다. 사람들이 어떻게 생각하든지 간에 GIL은 90%의 애플리케이션과 관련이 없습니다. 하지만, 더 많은 칩 제조사의 코어를 사용할 필요가 있는 나머지 10%의 애플리케이션에는 끔찍한 녀석이죠.

만약, 32개 혹은 64개의 코어를 모두 사용하기 위한 최적화된 알고리듬이 있다면, GIL을 제거하면 그 작은 틈새에 큰 변화가 생깁니다. 점차 한계는 사라질 것입니다.

　　　　　　　　　　　　　　　　알렉스 마르텔리

역자 NOTE : GLOBAL INTERPRETER LOCK(GIL)

파이썬의 약점을 논할 때 항상 등장하는 GIL은 씨파이썬의 메모리 관리가 쓰레드 안전성을 보장하지 않기 때문에, 쓰레드를 동시에 실행할 수 없게 제어하는 락을 의미한다. 이 방식은 파이썬 프로그램은 단일 프로세서 안에서 여러 작업을 동시에 실행할 수 없다는 것을 의미하며, 성능 최적화를 저해하는 대표적인 요인으로 손 꼽는다. 하지만, GIL이 파이썬을 단순화하는데 기여한 공도 무척 크며, 쉽게 제거할 수 있는 대상은 아니다.

'운영체제의 중심에는 파이썬이 요즘보다 더 많이 보일 것으로 생각하지 않습니다.'

운영체제의 중심에는 파이썬이 요즘보다 더 많이 보일 것으로 생각하지 않습니다. 동적 할당이 괜찮은 곳에서는 파이썬을 찾아볼 수 있겠지만, 그 부분은 커널의 작은 부분일 뿐입니다. 실행 속도에 민감하지 않은 장치 드라이버들에는 사용할 수도 있겠군요. 하지만, 대부분 파이썬은 사용자 공간에서 실행이 되지, 커널 공간에서 실행되지는 않습니다.

드리스콜   **이유가 뭐죠?**

마르텔리   커널은 저수준 언어가 필요할 것이며, 결국 C보다 더 좋은

○

9   GIL(Global Interpreter Lock) : 씨파이썬의 메모리 관리가 쓰레드 안전성(threadsafe)을 보장하지 않기 때문에 파이썬 바이트 코드를 다중 쓰레드 환경에서 동시에 실행하지 않게 방지하는 기능. https://wiki.python.org/moin/GlobalInterpreterLock

Alex Martelli

것을 절실하게 필요로 하기 시작할 것입니다. 그래서 제가 러스트를 보고 있죠.

저는 러스트로 작성한 실험적이며 단순한 운영체제 커널을 정말 보고 싶습니다. 하여튼, 가능성이 있어요. 파이썬은 메모리 할당 때문에 불가능합니다. 마이크로파이썬 역시 속임수가 잘 먹혀들지 않습니다. 왜냐하면, 동적인 특성(dynamism) 때문입니다. 페이징[10]을 제어하는 것이 정말 어렵습니다. 하지만 정말 어려운 코어 수준을 제외하고는, 아무런 제한이 없습니다. 하늘에 중력파가 많기 때문에 하늘에 제한이 있다고 말할 수 없죠, 우리는 이미 그 사실을 알고 있습니다.

'하늘에 중력파가 많기 때문에 하늘에 제한이 있다고 말할 수 없죠, 우리는 이미 그 사실을 알고 있습니다.'

한 가지 생각해볼 만한 것은 여전히 파이썬으로 모바일 개발을 하는 방법이 있다는 것입니다. 키비[11]라는 멋진 것을 들어보았지만, 직접 경험해보지 못했군요.

정말 안타깝습니다, 귀도 반 로섬이 안드로이드를 이끌고 있던 앤디 루빈Andy Rubin과 구글에서 일할 때, 자바/안드로이드를 넘어서 훨씬 쉽게 사용할 수 있는 애플리케이션-레벨의 프로그래밍 언어가 필요하다고 그를 설득하고 있다는 이야기를 들었거든요. 앤디는 더 많은 언어를 사용하면 프로그래머들이 힘들 것이라는 이유로 귀도 반 로섬의 아이디어를 받

알렉스 마르텔리

아들이지 않았어요. 그건 사실이 아니죠! 불행하게도, 앤디는 프로젝트의 단일 책임자였고, 귀도 반 로섬이 할 수 있는 일이 더는 없었습니다. 하지만, 어떻게든 그를 설득했다면, 세상이 달라졌을 것입니다.

드리스콜   **구글에서 일하는 것은 어떤가요?**

마르텔리   저는 13년 전 구글에서 인터뷰를 할 때 원하던 것을 모두 찾았습니다. 아마 더 많을지도 몰라요!

물론, 저에게는 장기간이면서 무척 다양했던 경력의 정점을 찍는 일이었죠. 그래서 제 기대는 대학을 갓 졸업하여 초롱초롱 빛나는 눈을 가진 사람의 그것과 같지 않았습니다. 그들은 회사에서 실제로 일어나는 상황을 지켜보면서 다듬어지기 마련입니다. 그럼에도 불구하고, 그들의 수준은 무척 뛰어났으며, 그 이유가 회사 때문인지 확신하기 어려웠어요. 사람에 관한 것이기 때문입니다. 자, 생각해 봅시다. 회사는 사람들로 구성되어 있어요. 사람들이 굉장히 놀랍게 행동하는 것이 그들이 속한 장소를 매우 놀라운 곳으로 만듭니다.

○
10   페이징(paging) : 컴퓨터가 메인 메모리에서 사용하기 위해 2차 기억 장치로부터 데이터를 저장하고 검색하는 메모리 관리 기법
11   키비(Kivy) : 모바일 앱과 멀티터치 애플리케이션 소프트웨어를 개발하기 위한 오픈 소스 파이썬 라이브러리, https://kivy.org/

결국, 비밀은 놀라운 사람들이 무척 많다는 것이죠! 이렇게 멋진 사람들의 비율을 유지하는 것은 구글의 임직원 수가 70명일 때가 7만 명일 때보다 더 쉬울 것입니다. 70명의 위대한 사람을 찾기가 쉽다는 것을 말하는 것은 아니지만, 7만 명을 찾는 것이 훨씬 어렵죠! 100%까지는 아니겠지만, 거의 100%가 모두 놀라운 사람입니다.

| '결국, 비밀은 놀라운 사람들이 무척 많다는 것이죠!'

놀라운 사람들이란 그저 똑똑하기만 한 사람을 의미하는 것은 아닙니다. 확신하건대, 똑똑한 사람을 찾는 것이 올바른 사람을 찾는 것보다 훨씬 쉽습니다. 올바른 사람이란, 최종-사용자, 동료와 파트너를 인간적인 측면에서 돌보는 사람을 말합니다. 물론, 모든 것을 알고 있는 똑똑함도 중요합니다만, 똑똑한 얼간이가 둔한 얼간이보다 더 큰 피해를 일으킬 수 있습니다, 그렇죠? 따라서, 가장 먼저 원하는 사람은 그가 속한 팀과 공급자와 사용자 모두를 위해서 마음을 다하는 사람입니다.

드리스콜   **그런 사람을 찾는 마법이 있나요?**

마르텔리   그럴 리가요! 시중에 출판된 책을 모두 읽어도, 그런 마법은 찾을 수 없을 것입니다. 왜냐하면, 올바른 사람인 척 하면서 면접에 응하면 실제로 올바른 사람인지 아닌지 구별하기 힘들 수도 있습니다. 그래서 사람을 잘 못 뽑을 수도 있습니다.

'당신이 한 일이 잠재적으로 증폭될 수 있으며, 완전히 균형을 무너뜨리는 영향을 끼칠 수도 있습니다.'

큰 회사에서 일을 하면, 여러분 앞에 놓여진 어렵고 해결하기 힘든 기술적 문제와 도전들이 있기 마련이죠. 하지만, 바로 그 문제와 도전들이 직장에서 가장 큰 만족을 가져다 줄 수 있습니다. 여러분이 해결한 문제가 잠재적으로 수많은 사람의 삶에 영향을 끼칠 수 있습니다.

한 가지 예를 들어보죠. 저는 스택 오버플로에서 활동적이라고 말씀드렸습니다. 이는 현재 제 업무인 구글 클라우드 플랫폼의 기술 지원의 일부이기도 합니다. 그리고 스택 오버플로에도 좋은 일이죠. 스택 오버플로는 제가 5천만 명의 사람을 돕고 있다고 말합니다. 지금, 그들이 어떻게 계산했는지 모르겠지만, 사실이기를 바래요! 저는 제가 다른 사람에게 받은 만큼 돌려주겠다는 제 목표를 달성하고 있는지도 모르겠어요.

제 책으로는 그 정도의 위력을 발휘하지 못했습니다. 운이 좋다면 권당 여러 독자들을 포함하여, 대략 백만명 정도는 제 책이 도움이 되었을 수 있겠죠. 단지, 5천만 명에는 도달하지 못합니다. 이것이 바로 구글에 있으면 성취할 수 있는 것이죠.

Alex Martelli

드리스콜	**단점도 있을까요?**

마르텔리	물론이죠, 조심해야 합니다. 실수는 엄청난 파급 효과를 가져올 수 있습니다! 작은 실수로 어떤 시스템을 1시간 동안 다운시켰다고 해 봅시다. 저런! 여러분은 최소한 5천만 명에게 불편함을 끼친 것입니다. 하지만, 저는 이런 과장된 시나리오를 좋아합니다.

> '문제를 겪고 있는 누군가를 도와주면서 무언가를 가르치는 것은 스스로 그 이슈에 관하여 배울 수 있는 최고의 방법입니다.'

문제를 겪고 있는 누군가를 도와주면서 무언가를 가르치는 것은 스스로 그 이슈에 관하여 배울 수 있는 최고의 방법입니다. 그 이슈를 멀리서 바라보다가, 가까이 가고, 참여하고, 관여해보세요. 해당 주제를 훨씬 잘 이해할 수 있는 경험을 얻을 수 있습니다.

드리스콜	**구글에서는 파이썬을 어떻게 사용하고 있나요?**

마르텔리	네, 정말 긴 이야기죠. 구글이 생기기 전으로 돌아가봅시다. 스티븐 레비Steven Levy가 쓴 "In the Plex[12]"를 강하게 추천드립니다. 그는 이 책을 쓰기 위해 전례 없이 구글과 구글 임직원과 접촉할 수 있었습니다.

알렉스 마르텔리

그 책에서 한 가지 배운 것이 있어요. 구글이 생기기 전, 구글 창시자 중 한 명인 래리 페이지Larry Page는 스탠포드 대학 기숙사에서 데이터 처리와 실험을 하기 위해 웹을 자신의 로컬 컴퓨터에 복제하는 스파이더(웹 클롤러)를 만들고 있었습니다. 그는 신규 언어(자바 1.0 베타)를 사용하고 싶었지만, 잘 되지 않았어요. 그래서 래리는 기숙사로 돌아가 룸메이트에게 물었습니다. "이봐, 나 좀 도와줄 수 있어? 이 프로그램을 실행시킬 수가 없어!"

룸메이트가 살펴보더니 이렇게 말했죠, "음, 당연히 안되지! 쓰레기 자바잖아! 이리와봐! 진짜 프로그래밍 언어를 써보자고!"

그 때 래리는 파이썬을 알게되었고, 나중에 100줄짜리 파이썬 프로그램을 만들었고, 스파이더 첫 버전이 탄생하였습니다. 그리고 웹의 복제본은 기숙사 방안의 컴퓨터에서 발견할 수 있었죠. 따라서, 어떤 측면에서는 최초의 스파이더를 작성하는 데 파이썬의 도움이 없었다면, 구글은 태어나지 못했을 겁니다!

> '최초의 스파이더를 작성하는 데 파이썬의 도움이 없었다면, 구글은 태어나지 못했을 겁니다!'

○

12 국내 번역서 : "In the Plex 0과 1로 세상을 바꾸는 구글 그 모든 이야기(에이콘출판)", https://goo.gl/CCtcFg

Alex Martelli

스파이더는 백만 번은 재작성되는 무척 중요한 프로그램이며, 여러분이 상상하듯이 현재 C++로 작성하는 것이 가장 최적화된 방법일 것입니다. 수년간 확인하지 않았지만, 이 초창기 역사는 여전히 유효합니다. 파이썬과 구글의 다음 큰 목표는 기저에 깔린 모든 인프라 태스크를 통합하는 언어였죠.

드리스콜 **그 당시 역할이 무엇이었나요?**

마르텔리 방금 말씀드린 인프라 태스크를 하나의 언어로 통합하는 프로젝트에 독보적인 테크 리더로 참여했죠. 배쉬Bash, 펄Perl과 같이 강력하지만 읽기 힘든 언어들 대신, 파이썬으로 모두 재구성하는 것이었어요.

그것이 제 첫 직업이었습니다. 제 팀과 저는 배쉬 혹은 펄로 작성한 매우 유용한 유틸리티를 작성한 신뢰성 엔지니어(reliability engineer), 시스템 관리자와 같은 사람들과 필수적으로 함께 일해야만 했습니다. 저희는 정확하게 기존 소스 코드가 동작하는 방식을 이해하고, 재작성한 다음, 파이썬으로 재생산하였습니다. 가독성이 수백 배 좋아졌어요.

그 다음으로 큰 히트를 친 것은 스트리밍 비디오 시장에 진출한 구글의 시도였습니다. 구글 비디오라고 불리는 프로젝트를 들어봤나요? 이는 구글이 모든 비디오를 보여주고, 검색을 할 수 있게 해주었습니다. 그 당시에는 상당한 투자가 있었습니다. 수백 명의 실력있는 엔지니어와 엄청나게 많은 하드웨어 자원이 투입되었죠.

구글 비디오는 작은 스타트업에게 경쟁에서 계속 지고 있었습니다. 이 작은 스타트업이 고객이 아주 좋아하는 새로운 기능을 성공적으로 발표할 때마다, 구글 엔지니어는 비슷한 기능을 제공하기 위해 보통 한두 달간 고군분투를 하곤 했습니다. 반대로, 구글이 무언가 새롭고 혁신적인 것을 출시하면, 이 작은 스타트업은 일주일 만에 같은 기능을 출시했었어요!

드리스콜 **그 스타트업이 어떻게 그렇게 빨랐는지 이유를 찾았나요?**

마르텔리 결국, 우리는 이 작은 스타트업을 인수하였고, 20명의 개발자가 수백 명의 훌륭한 개발자를 어떻게 계속 이길 수 있었는지 알게 되었습니다. 매우 단순했죠! 그 20명은 파이썬을 사용하고 있었습니다. 우리는 C++를 쓰고 있었죠. 그게 지금의 유튜브입니다.

'20명의 개발자가 수백 명의 훌륭한 개발자를 어떻게 계속 이길 수 있었는지 알게 되었습니다. 매우 단순했죠! 그 20명은 파이썬을 사용하고 있었습니다.'

물론, 유튜브 전체를 개발하고 수익을 창출하기까지 많은 시

Alex Martelli

간이 필요했습니다. 유튜브가 사용하는 자원이 엄청났거든요! 유튜브의 인기는 점차 높아졌고, 파이썬의 위대한 성공 이야기 중 하나가 되었습니다.

사용자가 직접 사용하는 코드(user-facing code)의 영역은 다양합니다. 종종 파이썬은 프론트엔드에서 사용되죠. 가령, 구글 앱 엔진(구글의 클라우드 첫 진출 제품이자, 여전히 매우 혁신적인 제품)은 파이썬이 첫 번째 지원 언어입니다. 몇 년간 파이썬이 사용할 수 있는 유일한 언어였어요. 그러고 나서 자바가 추가되었고, 다른 언어도 추가되고 있습니다. 하지만, 파이썬은 앱 엔진에서 고객에게 가장 인기있는 언어로 남아있습니다.

구글 플랫폼에는 고객이 프로그램에 사용할 수 있는 언어를 제한하는 기술적인 이유가 있습니다. 파이썬은 일반적으로 첫 번째 혹은 두 번째 언어입니다. 텐서플로가 좋은 예시 중 하나죠. 앞서 말씀드렸지만, 텐서플로는 오랫동안 깃허브에서 가장 많이 다운로드되는 프로젝트입니다.

앱 엔진이 존재하기 위해 사용하는 수많은 내부 도구가 있습니다. 앱 엔진의 내부 버전에 배포할 수 있는 애플리케이션의 프로그래밍 언어는 파이썬을 1순위로 고려하며, 설치 및 설정 작업 대부분 역시 일반적으로 파이썬을 활용합니다. 그래서 실제로 제가 구글에 합류한 지난 12년 반동안 기존 시스템을 고치기위해 C++를 조금 사용하였지만, 대부분 필연적으로 파이썬을 사용했습니다.

알렉스 마르텔리

드리스콜	**추가로 토론하고 싶은 주제가 있을까요?**
마르텔리	교육에서 파이썬의 역할에 대해 토론해보고 싶군요. 10년 전 쯤, 귀도 반 로섬이 파이썬을 교육의 핵심 역할에 투입하기 위해, 지원한 프로젝트가 있었습니다. 결국 마무리하지는 못했어요. 무언가 위대한 것이 나오긴 했지만, 교육의 핵심 역할을 하는 일은 결코 일어나지 않았습니다.

오늘날, 파이썬은 대학 입문 과정에서 사용하는 최고의 프로그래밍 언어입니다. 자바와 다른 언어들도 꽤 많이 따라 잡았지만, 고등학교에서는 그렇지 않습니다. 컴퓨터의 중요성이 날로 커지면서 대부분의 고등학생들에게는 기본 수준의 이해만이 필요합니다. 그들은 여러 언어를 끔찍하게 섞어서 사용하고 있어요.

파이썬이 이 역할을 더 매력적으로 하기 위해서 무엇을 할 수 있을까요? 저는 온라인 과정을 통해 브라우저를 활용하는 것이 좋다고 생각합니다. 이 기능을 제공하는 몇몇 사이트가 있지만, 확산 및 통일하기 어렵습니다.

파이썬 소프트웨어 재단(PSF)이 이 부분에 힘을 써주기 바랍니다. 왜냐고요? 음, 왜냐하면 크롬북은 오늘날 교육에서 사용하는 주요 기기입니다. 지금까지 다른 모든 종류의 기기보다 더 많은 크롬북이 학교에 판매되고 있습니다. 왜 그렇죠? 저렴하며, 충분히 강력하고, 안전한데다가 관리자 관점에서 무척 다루기 쉽기 때문입니다.

Alex Martelli

> '파이썬에 변화는 필요 없지만, 인프라는 관리자 통제하에 학교에서 필요한 고가용성 기능을 갖추기 위해 노력합니다.'

교육 과정을 진행하기 위해 특정 운영체제를 설치하는 것보다 좋은 브라우저 상에서 크롬북을 활용하는 것이 훨씬 쉽습니다.

파이썬에 변화는 필요 없지만, 인프라는 관리자 통제하에 학교에서 필요한 고가용성 기능을 갖추기 위해 노력합니다. 이는 수백만 명의 학생들의 삶에 진정한 변화를 가져올 것입니다. 이것이 제가 파이썬으로 어떤 멋진 프로젝트를 할 수 있을까 궁금해하는 사람들을 위한 저의 바람입니다.

역자 NOTE : 고가용성(HIGH AVAILABILITY)

물리적인 서버 환경(서버, 네트워크, 디스크 등)에 장애가 발생하더라도, 오랜 기간 서비스를 문제 없이 제공하는 성질을 고가용성이라고 부른다. 대부분 24시간 서비스로 제공해야하는 중요 시스템은 모두 고가용성을 갖추고 있으나, 교육쪽은 그렇지 않은 경우가 많기 때문에 위와 같은 바람을 가지고 있는 것으로 보인다.

드리스콜   고맙습니다, 알렉스 마르텔리.

알렉스 마르텔리

Alex Martelli

8
마크-안드레 렘버그
Marc-André Lemburg

마크-안드레 렘버그는 독일 개발자이며 기업가다. 그는 파이썬 교육과 컨설팅 서비스를 제공하는 eGenix의 CEO이자 창립자다. 마크-안드레는 파이썬 코어 개발자이며, 유명한 파이썬 확장 프로그램들을 만들기도 하였다. 파이썬 소프트웨어 재단(PSF)의 창립 멤버이며, 이사직을 두 번 역임했다. 마크-안드레는 파이썬 미팅 드셸드로프Python Meeting Düsseldorf의 공동 창립자이자, 유로파이썬 협회EuroPython Society(EPS).의 회장이기도 하다. 전세계 파이썬 콘퍼런스에서 발표하고 있다.

토론 주제	mx 패키지, 파이썬 소프트웨어 재단 (PSF), v2.7/v3.x.
마크-안드레 렘버그 소셜 미디어 주소	@malemburg

| 마이크 드리스콜 | **왜 프로그래머가 되었나요?** |

| 마크-안드레 렘버그 | 제 아버지는 IBM에서 일하셨어요. 그래서 컴퓨터 프로그래밍을 일찍부터 접할 수 있었습니다. 저는 기술과 무언가를 동작하게 만드는 것을 좋아했지만, 그 당시(1970년대 후반) 컴퓨터는 제 또래 아이들이 사용하기에는 꽤 어려웠습니다. 제가 가지고 놀던 "프로그램"은 종이에 적어 내린 것이었고, 실제로 어떻게 "동작"하는지 상상하는 것이었습니다. |

저는 11살에 프로그래밍을 배웠습니다. 아버지가 싱클레어 ZX81[1]를 구매한 뒤였죠. 일단, 베이직BASIC을 배운 뒤, ZX81은 다소 느린 기계였기 때문에 Z80 어셈블러를 배웠습니다. 어셈블러는 정말 재미있었죠. Z80 매뉴얼을 기반으로, 비트 단위로 명령코드(opcode)를 문자 그대로 조합하여 프로그램을 작성해야 했습니다. 그런 다음, 명령코드를 16진수로 변환하여 ZX81 16진수 편집기에 손으로 옮겨 넣었어요. 루틴을 실행하기 위해서 말이죠.

'저는 세세한 것에 주의를 기울이는 것만큼, 성능을 향상시키는 법도 배웠습니다.'

그 노력은 가치가 있었어요, 왜냐하면, ZX81 베이직보다 훨씬 빠르게 루틴이 실행되었거든요. 저는 세세한 것에 주의를 기울이는 것만큼, 성능을 향상시키는 법도 배웠습니다. 어셈블러의 버그는 대개 프로그램을 실행하고 모든 것을 다시 로딩한 후, ZX81을 재실행하는 것을 의미했습니다. 카세트 테

마크-안드레 렘버그

이프 드라이브 인터페이스[2]인 경우, 이 작업은 꽤 오래 걸렸어요.

2년 후, 아버지가 IBM PC1을 샀고, 저는 MS 베이직[3], 터보 파스칼[4]과 터보 C[5]를 배웠습니다. 학창 시절에도 컴퓨터 작업을 계속했고, 대학에 가서는 제 첫 회사를 설립했죠.

드리스콜　　**어떻게 파이썬을 시작하게 되었나요?**

렘 버 그　　1994년 호비스Hobbes라고 불렸던 OS/2[6] 프리웨어 CD를 살펴볼 때, 파이썬을 처음 발견하게 되었습니다. 파이썬은 프로그래밍 언어 중 하나로 있었고, 버전 1.1에 포함되었었죠.

○

1　싱클레어 ZX81 : 싱클레어 리서치 (Sinclair Research)에서 제작하여, 스코틀랜드의 Timex Corporation에서 제작한 가정용 컴퓨터. ZX80의 후속작이다.

2　인터페이스(interface) : 컴퓨터 시스템끼리 정보를 교환하는 공유 경계이다. 이러한 교환은 소프트웨어, 컴퓨터 하드웨어, 주변기기, 사람 간에 이루어질 수 있으며, 서로 복합적으로 이루어질 수도 있다. 카세트 테이프는 데이터를 영구 보존하기 위한 용도로 활용되는 인터페이스 중 하나이며, 터치스크린이나 마우스, 마이크로폰과 같은 장치들도 인터페이스로 분류할 수 있다.

3　MS 베이직(MS BASIC) : 마이크로소프트의 창립 제품이자 첫 베이직, 고수준 프로그래밍 언어이다.

4　터보 파스칼(Turbo Pascal) : 파스칼(후기 버전에는 오브젝트 파스칼)를 사용하는 컴파일러와 통합 개발 환경을 포함한 개발 체계. 주로 MS-DOS에서 작동하며 볼랜드가 필립 칸의 지휘 아래에서 개발했다.

5　터보 C(Turbo C) : C 프로그래밍 언어를 위한 볼랜드 통합 개발 환경과 컴파일. 1987년에 처음 선을 보였으며 통합 개발 환경, 작은 크기, 극히 빠른 컴파일 속도, 상세한 설명서, 낮은 가격 등으로 주목을 받았다.

6　OS/2 : 마이크로소프트와 IBM이 초기에 제작한 컴퓨터 운영체제. 나중에 IBM 단독으로 개발했고, 2006년 12월 31일에 공식적인 지원이 종료되었다.

　　　　　　　　　Marc-André Lemburg

오후 내내 귀도 반 로섬의 튜토리얼을 읽었고, 제가 그동안 찾아온 프로그래밍 언어를 찾았다는 확신을 하게 되었습니다. 파이썬은 모든 중요한 자료 구조를 가지고 있었고, 쉽게 사용할 수 있게 구현되어 있었으며, 명확한 문법과 함께 메모리 관리를 명시적으로 할 필요도 없었고, 블록을 정의하기 위해 괄호를 사용할 필요도 없었습니다.

그 당시, 저는 대부분 C코드를 작성하고 있었고, 정기적으로 시스템 언어의 모든 어려움을 다뤄야만 했습니다. 메모리 할당, 포인터 연산, 오버플로[7], 세그폴트[8], 긴 세션을 가진 디버거, 느린 편집-컴파일-실행-디버그 사이클과 같은 것을 포함한 문제들이었어요.

| '파이썬은 모든 것을 가지고 있었고, 저를 무척 행복하게 해주었습니다.'

파이썬은 모든 것을 가지고 있었고, 저를 무척 행복하게 해주었습니다. 인터렉티브한 실험을 위한 번역기, 훌륭한 가이드 문서, 꽤 완벽한 표준 라이브러리와 기존 C 코드를 호출하기 위해 필요한 모든 것을 갖춘 정말 훌륭한 C API를 포함하고 있었습니다. 번역기가 언어 자체 내부 구현을 위해서도 자료구조를 사용하고 있다는 것이 무척 흥미로웠죠.

드리스콜   **어떻게 기업가가 되었고 본인의 회사를 창립하였는지 설명해 주시겠어요?**

마크-안드레 렘버그

렘 버 그 저는 17살에 IT 일을 시작했습니다. 1993년, 제가 대학에 있을 때, IKDS라는 제 첫 회사를 설립했고, 온라인 비즈니스 시장에 진출하려는 현지 기업을 돕는 프리랜서로 일했습니다.

1997년에 대학을 마쳤을 때, 여러 웹 사이트 엔진을 개발한 경험을 신규 웹 애플리케이션 서버를 만드는 프로젝트에 사용했죠. 제 목표는 온라인 웹 시스템 개발을 쉽고 효율적으로 만드는 시스템을 개발하는 것이었습니다. 그 시스템은 객체 지향 기술과 관계형 데이터베이스 그리고 단순하고 우아한 파이썬을 활용하였습니다.

3년간 힘든 작업을 한 뒤, 상용 엔터프라이즈 제품을 위해 필요한 모든 것을 갖춘 첫 번째 릴리즈를 마무리하였습니다. 그러고 나서 2000년 초반에 제품을 판매하기 위해 유한 회사를 설립했어요. 애플리케이션 서버의 개발을 위해 오픈 소스 세계로 진입하게 되었습니다.

| '애플리케이션 서버의 개발로 인해 오픈 소스 세계로 진입하게 되었습니다.'

제가 만든 소프트웨어를 전반적으로 테스트할 수 있는 여력이 부족했기 때문에 애플리케이션 서버의 기본 모듈을 오

○

7 오버플로(overflow) : 보통 프로그램 내부의 스택, 버퍼, 힙 메모리 등이 정해진 경계를 넘어설 때 발생하는 오류

8 세그폴트(segfault) : 세그멘테이션 결함(Segmentation fault)의 줄임말로 프로그램이 허용되지 않은 메모리 영역에 접근을 시도하거나, 허용되지 않은 방법으로 메모리 영역에 접근을 시도할 경우 발생하는 오류

푼소스에 만들기로 했어요. 이렇게 해서 mx 확장 프로그램 Extension이 알려지게 되었습니다. 상용적인 측면에서 보면, 애플리케이션은 그리 성공하지 못했습니다. 저는 시장이 아직 그러한 제품의 장점을 이해하지 못하고 있다는 것을 발견했습니다.

그러고 나서 저는 다른 회사의 컨설팅과 운영 프로젝트에 더 집중했습니다. 흥미로웠던 프로젝트 중 하나는 오롯이 파이썬으로 작성된 금융 거래 시스템이었어요. 이런 프로젝트들 때문에 요즘 무척 바쁘게 지내고 있으며, 불행하게도 씨파이썬 개발에 더는 기여할 시간이 없어졌습니다.

드리스콜 **본인 회사에서 배포하고 관리하는 mx 확장 프로그램에 대해 좀 더 설명해주시겠어요?**

렘버그 저는 1997년에 웹 애플리케이션 서버를 개발하는 동안 mx 확장 프로그램을 만들기 시작했습니다. 그 당시, 파이썬은 일반적인 용도로 쓸만한 데이터베이스 모듈이 부족한 것을 발견했습니다.

오래된 윈도우-기반 ODBC [9] 인터페이스가 있었지만, 윈도우와 유닉스 플랫폼 상의 데이터베이스를 위한, 실행 가능하고 효율적인 인터페이스를 제공하는 수준에 미치지 못했습니다. 저는 이 요구사항을 충족하기 위해 mxODBC를 만들

마크-안드레 렘버그

기 시작했어요. ODBC 드라이버를 위해 빠르고 이식이 가능한 인터페이스를 만들어서, 애플리케이션 서버가 모든 인기있는 데이터베이스에 접속할 수 있게 하고 싶었습니다.

mxODBC 작업을 하는 동안, 제대로 된 date/time 제어 모듈이 부족한 것을 알게 되었습니다. mxDateTime은 이를 보완하기 위해 탄생했고, 파이썬 2.3에서 자체 datetime 모듈이 표준 라이브러리에 포함되기 전까지, 수년간 파이썬 세계에서 표준이 되었습니다.

| 'mxDateTime이 탄생했고 …… 수년간 파이썬 세계에서 표준이 되었습니다.'

애플리케이션 서버의 템플릿 작성을 하기 위해서 빠른 파싱이 필요했고, mxTextTools와 기타 여러 mx 패키지들이 탄생했습니다. 여러 사람이 이 도구들을 파싱 엔진 구현을 위해 사용하였습니다. 가령, 바이오파이썬(게놈 데이터 파싱)이나, 사용자-정의 문법을 구현하는 파싱을 가능케 하는데 말이죠.

mxTextTools의 태깅 엔진은 튜링 상태 기계[10]와 비슷하게 작동합니다. 파이썬 튜플을 사용하여 조립할 수 있도록 프리

○

9   ODBC(Open DataBase Connectivity) : 마이크로소프트가 만든 데이터베이스에 접근하기 위한 소프트웨어의 표준 규격. 본래 1990년대 초 마이크로소프트가 개발하였고, 유닉스 및 메인프레임 분야에서 SQL 액세스 그룹이 표준화한 호출 수준 인터페이스(CLI)를 위한 기초가 되었다.

10 튜링 상태 기계 : 수학적 모형의 일종으로, 특수한 테이프를 기반으로 작동하는 기계이다. https://ko.wikipedia.org/wiki/튜링_기계

미티브를 매우 빠르게 파싱하는 기능을 제공하기 때문입니다. 여러 유틸리티 함수는 검색 결과를 사용하여 검색 및 치환을 구현하는 데 유용합니다. mxTextTools는 8비트 텍스트 및 이진 데이터를 위해 작성되었습니다. 몇 년 후, 고객이 이를 유니코드로 확장하기 위해 저를 고용했죠.

상대적으로 덜 알려진 mxStack과 mxQueue는 애플리케이션 서버의 빠른 자료 구조 역할을 했습니다. mxTools 패키지는 제가 애플리케이션 서버를 위해 작성한 빠른 내장 모듈의 모음입니다. mxTools의 여러 아이디어는 결국 코어 파이썬에 추가되었습니다.

드리스콜 **어떻게 파이썬 코어 개발자가 되었나요?**

렘 버 그 mx 확장 프로그램을 작성하기 시작할 때, 파이썬 C API와 내부 모듈을 많이 다뤄야 했어요. 저는 씨파이썬 이전 버전의 패치 작업에 동참했고, 이후 1997년에 코어 개발자가 되었습니다.

아마도 많은 사람이 제가 씨파이썬의 유니코드 통합 작업에 기여한 것으로 알고 있을 것입니다. 1999년, 귀도 반 로섬은 프레드릭 런드Fredrik Lundh와 저에게 연락했고, 유니코드를 파이썬에 넣어달라고 부탁했습니다. 이 작업은 HP의 파이썬 컨소시엄(파이썬 소프트웨어 재단의 이전 이름)의 지원으로 시작되었습니다.

마크-안드레 렘버그

'귀도 반 로섬은 프레드릭 런드와 저에게 연락했고, 유니코드를 파이썬에 넣어달라고 부탁했습니다.'

프레드릭은 신규 정규 표현식 엔진을 만들었습니다. 저는 파이썬이 네이티브 유니코드를 지원하는 코드를 추가했죠. 저는 파이썬에 코덱 서브 시스템도 설계하여 추가하였습니다. 초기 릴리즈는 2000년, 파이썬 1.6/2.0입니다. 저는 씨파이썬 2.0의 이 부분을 10년 이상 유지 보수하는 일을 도왔습니다.

드리스콜 **파이썬을 만드는데 기여한 부분이 또 있나요?**

렘 버 그 저는 소스 코드 인코딩 시스템의 플랫폼 모듈과 로케일 모듈 일부분에 기여했습니다. 또한, 씨파이썬의 향상된 기능을 측정할 수 있는 파이벤치 스윗pybench suite과 파이썬을 더 빠르게 실행하거나 더 편하게 사용할 수 있게 만드는 여러 패치와 아이디어를 담당했습니다.

드리스콜 **파이썬 코어 개발자로서 어떤 도전이 있었나요?**

렘 버 그 초기에는 프로세스가 오늘날보다 훨씬 덜 공식적이었기 때문에, 코어 개발자가 되는 것이 재미있었습니다. 유일한 도

Marc-André Lemburg

전은 유니코드를 대상으로 한 토론이 자주 끝이 나질 않았고, 때로는 엄청난 전쟁을 초래한다는 것입니다.

> '유니코드를 대상으로 한 토론이 자주 끝이 나질 않았고, 때로는 엄청난 전쟁을 초래한다는 것입니다.'

이러한 토론을 하게 된 이유가 유니코드가 텍스트 작업을 할 때 핵심이기 때문이었는지, 혹은 그저 자존심이 강한 사람들이 많이 참여했기 때문이었는지 잘 모르겠습니다. 저는 대부분 이러한 토론들을 심각하게 받아들이지 않았고, 좋은 유머로 받아들였습니다.

그 이후, 여러 세대의 코어 개발자들이 등장한 것을 보았습니다. 신규 개발자들을 하나의 팀으로 통합하는 작업은 대개 쉽지 않은 일이었고, 많은 토론을 해야 했습니다. 저희는 파이썬 개발이 어떻게 이뤄지는지 설명하고, 새로운 에너지가 올바른 방향으로 갈 수 있도록 노력해야만 했죠.

드리스콜 **파이썬은 인공지능과 기계학습에서 사용하는 대표 언어 중 하나입니다. 그 이유가 무엇이라고 생각하나요?**

렘 버 그 파이썬은 컴퓨터 과학 교육을 많이 받지 않은 과학자들이 매우 이해하기 쉬운 언어입니다. 파이썬은 연구를 하는 데 필요한 외부 라이브러리를 사용할 때 다뤄야 할 많은 복잡한

마크-안드레 렘버그

것들을 제거하였습니다.

뉴메릭Numeric(현재의 넘파이NumPy) 개발을 시작한 이후, 아이파이썬 노트북IPython Notebook(현재 쥬피터Jupyter 노트북), 매트플랏립matplotlib 그리고 수많은 도구의 추가로 인해 파이썬은 더욱 직관적이며, 과학자들이 오롯이 문제를 해결하는데 집중할 수 있도록 도와주며, 이 해결책을 도출하는 데 필요한 기술적인 부분들은 크게 신경 쓰지 않도록 해줍니다.

'파이썬은 과학자들이 오롯이 문제를 해결하는데 집중할 수 있도록 도와주며, 이 해결책을 도출하는 데 필요한 기술적인 부분들은 크게 신경 쓰지 않도록 해줍니다.'

다른 영역과 마찬가지로, 파이썬은 기술을 쉽게 결합하는 이상적인 통합 언어입니다. 파이썬은 사용자가 구현 세부 사항에 시간을 소비하는 것 대신, 실제 문제에 집중할 수 있도록 합니다. 파이썬은 외부 라이브러리와의 낮은 수준의 통합을 원하는 개발자들에게 이상적인 접착(glue) 플랫폼으로 빛을 발합니다. 파이썬 자체가 훌륭한데다가, 완벽한 C API로 무척 쉽게 접근할 수 있기 때문에 가능한 일이죠.

드리스콜　　**파이썬이 인공지능과 기계학습을 위해 어떻게 개선되었나요?**

렘 버 그　　파이썬은 이미 인공지능과 기계학습을 위한 최고의 선택이라고 생각합니다. 활발한 커뮤니티가 더 나은 언어를 만드는데 이바지하고 있으니, 파이썬은 이 분야에서 오랫동안 밝은미래를 누리게 될 것입니다.

드리스콜   **파이썬 소프트웨어 재단(PSF)이 어떻게 설립되었는지 설명해주시겠어요?**

렘 버 그   PSF 이전에 매년 적은 돈을 지급해야 하는 파이썬 소프트웨어 활동 그룹Python Software Activity group(PSA)이 있었습니다. 또한,회사들을 위해 파이썬 개발을 지원하고 매년 많은 돈을 지급해야하는 파이썬 컨소시엄Python Consortium도 있었죠. 두 단체모두 파이썬을 위한 지원이 그리 충분하지 않았습니다.

파이썬의 저작권은 여러 다른 회사에 분산되어 있습니다(파이썬 라이선스 스택 참조[1]). 조프 코퍼레이션Zope Corporation과액티브파이썬ActivePython, 이 두 회사가 파이썬에 막대한 투자를 하였고, 새로운 비영리 조직으로 모든 이슈를 해결할 수있는 프로젝트를 시작했습니다.

이 조직이 PSF가 되었고, IPC9(the commercialInternational Python Conference 9)에서 설립되었습니다. 그 당시 16명의 파이썬 코어 개발자가 있었고, 두 회사가창립 멤버로 참여했죠. 귀도 반 로섬을 포함한 코어 개발자는 기여자 계약서에 서명함으로써 PSF에 대한 기여를 허가했으며, 이후 모든 릴리즈는 PSF의 이름으로 행해졌습니다.

처음에는 PSF가 파이썬 배포판에서 저작권을 유지하는 법적 기관 역할을 했습니다. 나중에 PSF는 CNRI (Corporation for National Research Initiatives)의 파이썬 문자 상표에 대한 상표권도 이관받았습니다.

2003년, PSF는 워싱턴에서 열린 첫 번째 파이콘 US 콘퍼런스를 후원했어요. 이 방식으로 PSF의 수익 흐름을 알리게 되었고, 파이썬 커뮤니티를 돕는 새로운 가능성을 열었습니다.

> '이 방식으로 PSF의 수익 흐름을 알리게 되었고, 파이썬 커뮤니티를 돕는 새로운 가능성을 열었습니다.'

파이콘 US가 성장하고 상업적인 스폰서가 점점 더 많아지면서, 수익 역시 증가하였습니다. 그 결과로 수년간 PSF를 더욱 탄탄한 조직으로 바꿀 수 있었습니다. 저는 수년간 PSF 위원회에서 이 성장을 도왔습니다.

드리스콜   **첫 유로파이썬**EuroPython**을 조직하는 데 도움을 주었다고 들었습니다. 그 이야기를 들어 볼까요?**

○
11   https://docs.python.org/3/license.html

Marc-André Lemburg

2001년, 유럽 파이썬 그룹, 조프[12] 사용자들과 여러 회사는 오래전부터 유럽에서 파이썬 콘퍼런스를 개최하자던 소망에 관한 토론을 시작하였습니다.

파이썬 워크숍과 IPC(International Python Conference) 콘퍼런스는 모두 미국에서 열렸습니다. 그 당시 유럽에는 파이썬을 위한 행사가 별로 없었어요. 저는 그 토론 참여자 중 하나였고, 그들은 토론을 끝낼 생각이 없어 보였습니다. 행사가 가까워지자, 저는 실제로 유로파이썬 콘퍼런스를 있게 한 집행 위원회에 참가하였습니다. 이렇게 유로파이썬 2002를 개최하였습니다.

| '그 당시 유럽에는 파이썬을 위한 행사가 별로 없었어요.'

전체 행사가 자원 봉사자들로 운영이 되었습니다. 그 당시 미국에서 열린 상업적인 파이썬 콘퍼런스와는 달랐어요. 저희는 예산이 매우 적었습니다. 따라서, 유로파이썬은 미국에서 자원 봉사자가 운영한 최초의 파이콘 US보다 앞섰어요.

유로파이썬 2002는 벨기에 남부의 도시인 샤를루아에서 개최되었습니다. 유럽 파이썬 콘퍼런스를 운영하는 것은 무척 즐거운 일이었습니다. 유로파이썬은 귀도 반 로섬의 참석과 함께 꽤 성공적이었습니다. 오늘날, 매년 국가별로 많은 파이썬 행사가 열립니다만, 유로파이썬은 다른 국가 파이썬 행사와 경쟁하고 싶지 않습니다. 유로파이썬은 그만의 방식으로 운영되고 있습니다.

마크-안드레 렘버그

드리스콜	**유로파이썬이 오랫동안 어떻게 변해왔나요?**

렘 버 그	초기에 유로파이썬은 많이 성장했고, 2014년에 참석자가 천명을 넘어서게 되었습니다. 콘퍼런스는 여전히 자원 봉사 자들에 의해 운영되고 있으나, 더는 부업으로 운영되지 않습니다.

유로파이썬을 준비하는 유로피안 협회EuroPython Society는 매년 콘퍼런스를 위해 해야 할 일이 무척 많습니다. 저는 잠시 의장을 맡았고, 수년간 위원회에 속해 있습니다. 매년, 저희는 더 전문적인 구성으로 이벤트를 키우고 있습니다. 콘퍼런스를 위해 끝내야 할 모든 것들의 꼭대기 자리에 머무는 것은 여전히 큰 도전이죠. 위원회 멤버들은 보통 하나의 행사를 개최하기 위해 200에서 400시간 사이의 시간을 할애하고 있습니다.

드리스콜	**요즘 파이썬에 관하여 가장 흥분되는 점은 무엇인가요?**

렘 버 그	네이티브 비동기 I/O 지원이 무척 기대되는군요. 새로운 키워드가 추가됨에 따라, 결국 파이썬에서 비동기 지원을 사용

○

12 조프(Zope) : 파이썬으로 작성한 오픈소스 웹 애플리케이션 서버, https://zope.readthedocs.io/en/ latest/

할 수 있을 것이며, 근래 기계에서 가용한 전체 CPU 자원을 사용하는 데 큰 도움을 줄 것입니다.

> '네이티브 비동기 I/O 지원이 무척 기대되는군요.'

여담이지만, 저는 파이썬 타입 어노테이션이 오늘날 파이썬에서 가장 흥미진진한 기능이라는 것을 알았습니다. 이는 파이썬 프로그램의 우아함을 상당히 들어내는 것입니다. 타입 어노테이션이 필수 기능이 아니라고 할지라도, 많은 기업이 기업 정책에 의해 강제로 사용할 것입니다. 결국 이 어노테이션을 사용하여 점점 더 많은 파이썬 소스 코드를 작성하게 될 것이고, 파이썬을 현대의 다른 정적 타입의 스크립팅 언어처럼 보이게 할 것입니다.

드리스콜 **파이썬 2.7은 어떻게 생각하나요? 모두 최종 버전으로 전환해야 할까요?**

렘 버 그 네, 반드시 그래야죠. 하지만, 파이썬 2.7에서 3.x 버전으로 업그레이드하는 작업량도 고려해야합니다. 제 회사인 eGenix를 포함하여 많은 회사가 파이썬 2.x 기반으로 작성한 거대한 코드 베이스가 있습니다. 상업적인 측면에서 보았을 때, 파이썬 3.x로 업그레이드하는 것이 항상 이치에 맞지 않습니다. 그래서 2020년까지는 두 세계로 나뉘어서 존재할 것입니다.

마크-안드레 렘버그

'상업적인 측면에서 보았을 때, 파이썬 3.x로 업그레이드하는 것이 항상 이치에 맞지 않습니다. 그래서 2020년까지는 두 세계로 나뉘어서 존재할 것입니다.'

파이썬 2.7은 파이썬의 LTS(Long-term support) 버전이기 때문에 강점이 있습니다. 기업 사용자는 일반적으로 장기간 지원 버전을 좋아합니다. 다음 버전으로 업그레이드하는 노력을 줄일 수 있기 때문입니다.

저는 파이썬이 기업에서도 성공을 거두기 위해서는 LTS 3.x 버전도 필요하다고 생각합니다. 일단 우리가 이 버전에 안착하게 되면, 파이썬 2.7 업그레이드 역시 더욱 쉽고 안전하게 할 수 있을 것이며, 그 이후로도 기업에서 수년간 투자를 할 것이기 때문입니다.

드리스콜 **미래의 파이썬 릴리즈에서 어떤 변화를 보고 싶나요?**

렘 버 그 파이썬은 오늘날 기계에서 제공하는 모든 코어와 CPU를 더 쉽게 사용할 수 있어야 합니다. 비동기 I/O는 단일 코어의 사용을 더 쉽게 해주지만, 다중-코어 배포에는 정답이 아니죠.

Global Interpreter Lock(GIL)을 제거하고 더 세밀한 접근 제한(locking) 메커니즘으로 대체하는 것도 하나의 시도이지만, 이 세계에서 멀고도 험한 길을 가야 할 것입니다. 수

Marc-André Lemburg

많은 C 확장 프로그램의 복잡성과 파손 가능성에 대해 과소 평가하지 않도록 주의해야 합니다. 파이썬의 성공을 끌어내는 필수 요소이기 때문에, 이들을 멀리하면 파이썬이 뒤죽박죽됩니다. 결과적으로, GIL을 잘 제어하고 유지하면서 기존 확장에 대해 원활한 업그레이드 방법을 제공해야합니다.

제 견해로는, 새 키워드를 추가하여 병렬로 코드를 자동으로 실행하는 것처럼, 프로세스간 의사소통을 보다 효율적이고 사용하기 쉽도록 만드는 것과 같은 다른 시도들도 조사해야 합니다.

드리스콜   고맙습니다. 마크-안드레 렘버그.

Marc-André Lemburg

9
배리 워서
Barry Warsaw

배리 워서는 미국 소프트웨어 엔니어이자 링크드인Linkedin의 파이썬 파운데이션 Python Foundation팀의 일원이다. 배리는 캐노니컬[1]에서 10년간 일했고, 우분투와 데비안 위의 파이썬 생태계를 책임지는 개발자가 되었다. 그는 파이썬으로 작성된 유명한 오픈소스 메일링 리스트 관리 소프트웨어인 GNU 메일맨Mailman의 프로젝트 리더였다. 배리는 예전에 자이썬Jython[2]의 리드 메인테이너, 파이썬 릴리즈 관리자와 파이썬랩스 PythonLabs의 멤버이기도 했다. 현재는 코어 개발자이며, 여러 성공적인 파이썬 개선 제안(PEP)의 저자이고 수많은 파이썬 라이브러리의 관리를 하고 있는 메인테이너이다.

토론 주제	파이썬랩스, 파이썬의 미래, v2.7/v3.x.
배리 워서 소셜 미디어 주소	@pumpichank

○

1   캐노니컬(Canonical) : 우분투 개발자인 마크 셔틀워스가 우분투의 보급을 위해 세운 회사,
    https://www.canonical.com/
2   자이썬(Jython) : 100% 자바로 구현된 파이썬 구현체, https://wiki.python.org/jython/

마이크 드리스콜	**어떻게 프로그래머가 되었나요?**

배 리 워 서 저는 꽤 어렸을 때 프로그래밍을 시작했습니다. 그 당시 컴퓨터는 사실 전자식 타자기인 텔레타입Teletype 기계였고, 학교와 주요 학구 안의 메인프레임과 연결되어 있었죠.

저는 정말 즐겁게 베이직을 배웠습니다. 그해 여름, 다른 학교 아이들이 똑같은 텔레타입으로 교육위원회의 메인프레임에 침투했었어요. 그래서 그 다음 해에 텔레타입을 학교에서 없앴고, 6502기반 PC를 보급하였습니다. 선생님들은 이 PC를 어떻게 사용하는지 몰랐기 때문에 제가 선생님들을 가르쳤죠.

지도 상담사는 제가 한 일에 주의를 기울였습니다. 그들은 메릴랜드 게이더스버그에 위치한 연방 연구 시설인 국립표준국National Bureau of Standards(NBS)이라고 불리는 곳에서 여름 인턴십을 할 수 있게 해주었습니다. 국립표준국에서 저는 프로그램을 공유하고 다른 사람들과 협업하는 법을 배웠습니다.

드리스콜	**고교 시절 내내 국립표준국에서 일했나요?**

워 서 네, 저는 고교 시절과 대학 시절 내내 국립표준국에서 인턴으로 지냈습니다. 그리고서 현재 국립표준기술연구소National Institute of Standards and Technology(NIST)로 불리는 곳에서 정규직으로

채용이 되었고, 1990년까지 그곳에서 일했습니다.

국립표준기술연구소에서 보낸 인턴십과 정규직 경험은 경이로움 그 자체였어요. 왜냐하면 저는 실제 산업이 무엇인지 혹은 전문 프로그래머가 되는 것이 무엇인지 제대로 알지 못했기 때문입니다.

> '저는 실제 산업이 무엇인지 혹은 전문 프로그래머가 되는 것이 무엇인지 제대로 알지 못했기 때문입니다.'

저는 당시 로봇 공학 팀과 일했고, 로봇 공학 관련 일을 많이 하지는 못했지만, 공장 자동화를 위한 산업용 로봇의 그래픽 사용자 인터페이스 작업을 했습니다. 정말 끝내줬어요. 그러고 나서 시스템 관리자가 되었습니다. 몇 년 동안 많은 Sun-3 [1] 장비를 다뤘고, SunOS, 유닉스, C 프로그래밍, 이맥스 Emacs [2] 와 같은 모든 종류의 기술을 배웠습니다. 저는 컴퓨터 과학 학부생이었고 그걸로도 괜찮았지만, 국립표준기술연구소에서 진짜 프로그래밍을 배웠죠. 대학 수업으로는 제가 결국 하게 될 일을 정확하게 준비할 수 없다는 것을 깨달았습니다.

> '국립표준기술연구소에서 진짜 프로그래밍을 배웠죠.'

○

1   Sun-3 : 1985년에 썬 마이크로시스템즈에서 출시한 유닉스 컴퓨터 워크스테이션 및 서버 시리즈
2   이맥스(Emacs) : 프로그래머들이 주로 사용하는 텍스트 기반 고성능 문서 편집기

예를 들면, 현재 인턴들과 대화를 하다보면, 적어도 학부생까지는 대학에서 깃Git과 같은 버전 제어 시스템Version Control System을 사용하지 않는다고 합니다. 정말 어이없는 일이죠. 저는 대학 환경과 프로그래머로 일하는 실제 환경이 얼마나 차이가 큰지 믿을 수가 없습니다. 학생들이 대학을 졸업하고 그들이 배운 것과 완전히 다르다는 것을 아는 것은 큰 충격이죠.

드리스콜 **파이썬이 신규 프로그래머에게 실제 프로그래밍으로 향하는 길을 제공한다고 생각하나요?**

워　서　네, 그렇습니다. 요즘 파이썬을 사용하는 아이들과 대화를 해보면, 이 아이들이 빈번하게 깃허브GitHub에서 프로젝트를 내려 받는 것을 알 수 있습니다. 때로는 파이썬 콘퍼런스에 참석하고 스프린트에 머물기도 하죠.

아이들은 그 방식으로 굉장히 많은 현대 소프트웨어 엔지니어링 모범 사례를 배웁니다. 여러분도 실제로 볼 수 있어요. 그들은 스스로 참여하고, 어떻게 풀 리퀘스트를 보내는지 알고 있으며, 어떻게 좋은 버그를 보고하는지 이해하고 있습니다. 저는 모든 어린 사람들에게 잘 알려진 소스 공유 시스템인 깃허브, 깃랩GitLab 혹은 심지어 빗버켓Bitbucket에서 관심있는 프로젝트를 찾아보고 참여해보라고 말합니다.

　　　　　　　　　　　　배리 워서

물론, 파이썬은 파이썬 자체를 위한 놀라운 커뮤니티입니다. 다양한 그룹의 사람들에게 무척 친절하죠. 파이썬 커뮤니티 안에서는 모두가 친근하고, 누구든지 받아들이며, 그들을 가르치고 멘토링을 합니다. 그래서 저는 제대로 배워보고 싶은 학생들에게 파이썬 커뮤니티에 와서 참여하라고 말합니다. 그들이 매우 많은 것을 배울 수 있기 때문입니다.

드리스콜   **결국 어떻게 파이썬을 하게 되었나요?**

워 서   1994년에 로저 매세Roger Masse를 만났어요. 그의 여자친구(현 부인)는 제 아내와 무척 친했었고, 저녁을 함께 먹곤 하였습니다. 로저와 저는 정말 잘 통하는 괴짜들이었죠.

로저는 버지니아에 있는 미국 정부의 정보네트워크산업 진흥기관인 미국국립연구소Corporation for National Research Initiatives (CNRI)에서 막 일을 시작했습니다(미국국립연구소는 네티워크 통신 프로토콜로 기본인 TCP/IP의 두 아버지인 밥 칸Bob Kahn과 빈트 서프Vint Cerf가 시작했습니다). 그래서 저 역시 1994년 늦여름에 미국국립연구소에서 일하기 시작했죠.

저는 노우봇knowbots이라고 불리는 프로젝트에서 일하고 있었습니다. 노우봇들은 그들 스스로 뭉친 후 다른 호스트로 옮겨가는 작은 소프트웨어 에이전트였습니다. 노우봇은 다른 호스트에서 작업을 수행한 다음, 인터넷을 돌아다니면서 사용자가 찾는 정보를 찾아주었죠. 로그와 저는 NeXT 장비[3]에서 오브젝티브-C[4]로 프로젝트를 시작했습니다.

얼마 지나지 않아서, 국립표준기술연구소에 여전히 남아 있던 친구들이 어떤 네덜란드 사람이 자기가 개발한 언어로 작은 워크숍을 하러 온다는 것이었습니다. 친구들은 관심이 있는지 물었고, 조사를 조금 했죠. 물론, 그는 귀도 반 로섬이었고, 언어는 파이썬이었습니다. 그래서 "물론이지, 가고 싶어."라고 말했습니다.

'어떤 네덜란드 사람이 자기가 개발한 언어로 작은 워크숍을 하러 온다는 것이었습니다. 친구들은 관심이 있는지 물었고, 조사를 조금 했죠. 물론, 그는 귀도 반 로섬이었고, 언어는 파이썬이었습니다.'

저희는 귀도 반 로섬의 아이디어에 관하여 귀도 반 로섬과 대화를 나누고 싶었습니다. 왜냐하면, 파이썬이 이 오브젝티브-C 프로젝트에 정말 잘 맞을 것 같았거든요. 저희는 직접 오브젝티브-C를 파이썬 스크립트로 대체할 수 있을 것이라고 생각했습니다.

워크숍은 1994년 11월이었어요. 참석자는 20명뿐이었고, 저희는 파이썬과 귀도 반 로섬을 정말 좋아하게 되었습니다. 그는 매우 열린 자세를 가지고 있었고, 멋졌으며, 워크숍은 정말 환상적이었습니다. 귀도 반 로섬과 저는 이맥스 팬이었기에, 파이썬에서 docstrings이 구문적으로 어떻게 작동하는지 또는 적어도 구문적으로 이맥스 리스프Lisp의

배리 워서

docstrings과 같은 방식으로 작동하는지에 대해 이야기했습니다.

워크숍을 마친후, 저희는 미국국립연구소로 돌아갔고, 파이썬을 잘 적용하기 위한 아이디어를 마구 쏟아 냈습니다. 동료 중 한 명이 말했습니다. "이봐, 왜 귀도 반 로섬을 채용하지 않는거지?" 저희는 귀도 반 로섬이 미국에 오고 싶거나, 이 오브젝티브-C 파이썬 프로젝트 혹은 노우봇 프로젝트에 관심이 있는지 몰랐습니다. 하지만, 그는 관심을 가지고 있었고, 1995년 4월에 귀도 반 로섬은 미국국립연구소에서 일을 시작하게 됩니다.

저희는 수많은 인프라를 네덜란드에서 버지니아로 옮겼습니다. 그 당시 CVS[5] 리포지토리를 썼던 걸로 기억해요. 그래서 CVS 리포지토리를 가져와서 파이썬을 위한 많은 시스템 관리 작업을 수행하였으며, 파이썬 개발에도 참여했습니다.

'파이썬 1.2는 처음으로 미국국립연구소 외부로 릴리즈된 버전으로 기억합니다. 그래서 파이썬 1.2는 오늘날 파이썬의 시초라고 볼 수 있습니다.'

○

3 NeXT 장비 : 1985년, 애플 컴퓨터에서 해고통지를 받은 스티브 잡스가 미국 캘리포니아주 레드우드 시티에서 설립한 컴퓨터 회사에서 개발하여 판매한 워크스테이션, https://ko.wikipedia.org/wiki/NeXT

4 오브젝티브-C(Objective-C) : C 프로그래밍 언어에 스몰토크 스타일의 메시지 구문을 추가한 객체 지향 언어, NeXT machine 운영체제의 주 언어였다. 현재, 애플 매킨토시 운영체제인 OS X와 아이폰 운영체제 iOS에서 사용되고 있다.

5 CVS(Concurrent Versions System) : 소스 코드 버전 관리 시스템 중 하나, https://ko.wikipedia.org/wiki/CVS

Barry Warsaw

그 당시 저는 C를 꽤 잘 알고 있었기에, 저희는 파이썬 내부와 표준 라이브러리 관련 C 작업을 많이 했었습니다. 파이썬 1.2는 처음으로 미국국립연구소 외부로 릴리즈된 버전으로 기억합니다. 그래서 파이썬 1.2는 오늘날 파이썬의 시초라고 볼 수 있습니다. 심지어 파이썬 3조차도 그 당시의 파이썬과 같은 느낌을 가지고 있어요. 여러분은 인지하고 있지만 저는 알지 못하는 훌륭한 신규 기능들이 무척 많습니다.

파이썬에는 클래스가 있었지만, 키워드 인수가 없었다는 것을 기억합니다. 저희는 Tcl/Tk[6]의 그래픽화 관련 일을 많이 했습니다. 함수 호출부는 우스꽝스러웠는데, 인수를 생략할 수 없어 대부분의 인수에 None을 넣어 호출해야 했습니다. 이 부분이 바로 키워드 인수를 만든 동기가 되었습니다. 하여튼, 미국국립연구소는 훌륭했고, 귀도 반 로섬과 진행한 파이썬 작업은 환상적이었습니다. 귀도 반 로섬이 떠나기 전까지 이런 일들을 했어요.

역자 NOTE : 키워드 인수

키워드 인수는 함수 선언시 인수의 기본값을 미리 설정하여, 필요 없다면 해당 인수를 함수 호출시 대입하지 않아도 되는 것. 만약, None으로 기본값을 설정하고, 이 값을 변경할 필요가 없다면, 굳이 함수 호출시 값을 넣을 필요가 없다.

드리스콜　　　**파이썬랩스의 일원이었다고 스티브 홀덴에게 들었습니다. 창립자 중 한명이었나요?**

　　　　　　　　　　　　　　　　　　　배리 워서

워　서　네, 2000년에 많은 인력이 파이썬과 함께 운명을 개척하기 위해 미국국립연구소를 떠났습니다. 저희 다섯명이었어요. 팀 피터스, 제레미 힐튼, 프레드 드레이크, 저와 귀도 반 로섬이었죠. 로저는 미국국립연구소에 남았습니다. 이 그룹을 저희는 파이썬랩스라고 불렀습니다만, 내부적으로만 사용했던 농담같은 거였어요. 공식적인 것은 아니었습니다.

'2000년에 많은 인력이 파이썬과 함께 운명을 개척하기 위해 미국국립연구소를 떠났습니다.'

저희는 비오픈BeOpen에 합류하였지만, 몇 개월 버티지 못하고 떠났습니다. 그 후 모두 조프 코퍼레이션으로 옮겼습니다. 물론, 저희는 미국국립연구소와 팀 피터스에서부터 시작된 작은 클럽을 가진 것 같이 느꼈어요. 그것이 바로 진짜 파이썬랩스입니다. pythonlab.com에 방문하면, 제 질문에 유머있게 답을 한 팀의 답변을 찾을 수 있을 거에요.

드리스콜　**파이썬랩스 인원간에 명확한 역할이 나눠져 있었나요?**

워　서　그렇진 않았어요, 비록 귀도 반 로섬이 파이썬 언어에 한 작

○

6　Tcl/Tk (Tool Command Language/Tk) : tcl은 매우 강력하지만 쉽게 배울수 있는 동적 프로그래밍 언어 중 하나로 범용적으로 사용가능하며, Tk는 파이썬의 사실상 표준 GUI 인터페이스이다. http://www.tcl.tk/

　Barry Warsaw

업과 파이썬으로 진행한 프로젝트를 리드했지만 명확하게
역할이 나눠져 있지는 않았습니다.

조프 코퍼레이션의 초창기에 했던 상세한 일들이 대부분 기
억나지 않네요. 물론, 각자가 해야할 태스크가 있긴 했지만,
그 후에 모여서 파이썬 언어를 함께 개발했어요.

**'저희는 스스로 찾은 흥미로운 내부 핵심 로직, 신규 기능, 버그 수정 혹은 인
프라와 같은 작업을 했습니다.'**

저희는 스스로 찾은 흥미로운 내부 핵심 로직, 신규 기능, 버
그 수정 혹은 인프라와 같은 작업을 했습니다. 파이썬 커뮤
니티가 그 당시 굉장히 작았기 때문에, 이런 작업들을 수행
할 사람이 저희 밖에 없었습니다. 그래서, 반드시 저희 손으
로 끝내야만 했었죠.

드리스콜 **그때 당시에 파이썬랩스 인력들이 파이썬 언어를 위해 도전하
고 있던 구체적인 목표가 있었나요?**

워　　서 정확히 언제인지 기억하기 힘들지만, 누군가가 오래된 유물
과 같은 소스 코드들을 분석했고, 기능이 무엇인지 알아냈었
죠. 큰 업데이트가 있었던 것을 분명하게 기억합니다.

미국국립연구소에서 로저와 함께 가장 먼저한 일은 이름 대

부분을 다시 짓는 것이었습니다. 그 당시 파이썬 C 소스 코드는 현재 C API가 가지고 있는 깔끔한 네임스페이스[7]를 가지고 있지 않았습니다. 그저 글로벌 네임스페이스 안에 모든 객체의 이름이 들어가 있었습니다.

문제는 사람들이 파이썬에 무언가를 넣으려고 하면, 이름이 자체 심볼들과 충돌이 나기 때문에 실패한다는 것이었죠. 그래서 저희는 전체 내부 C API의 이름을 전반적으로 변경하고 재정비하여, 누구든지 외부 C 애플리케이션을 파이썬에 내장할 수 있게 하였습니다. 이것이 제가 가장 먼저 했던 작업으로 기억합니다.

그 당시 새로운 스타일의 클래스에 관한 작업이 많았습니다. 현재 파이썬 3의 클래스와 같은 종류죠. 타입 시스템이 새로운 인프라에 어떻게 동작해야 하는지를 논하는 토론이 굉장히 많았습니다.

최초의 워크숍에서 기억나는 것은 돈 뷰드리Don Beaudry라는 사람과 관련된 일입니다. 그는 메타클래스를 미친듯이 해킹하고 있었어요. 물론, 짐 펄튼Jim Fulton 역시 메타클래스 같은 것에 관심이 무척 많았어요. 짐은 조프 코퍼레이션의 CTO였습니다.

○

7 네임스페이스(namespace) : 개체를 구분할 수 있는 범위를 나타내는 말로 일반적으로 하나의 네임스페이스에서는 하나의 이름이 단 하나의 개체만을 가리킨다.

'저희는 파이썬 2.2에서 메타클래스를 정말 제대로 만들고 싶었고, 전통 클래스의 의미에 담긴 문제점들을 고쳤습니다.'

최초의 파이썬 워크숍에서 메타클래스를 제대로 이해하고 있지 못했어요. 그것이 제 머리에서 떠나지 않더군요. 하여튼, 저희는 파이썬 2.2에서 메타클래스를 정말 제대로 만들고 싶었고, 전통 클래스의 의미에 담긴 문제점들을 고쳤습니다.

저는 새로운 클래스의 동작 방식을 논의하던 수많은 토론들을 기억합니다. 가령, 타입으로부터 상속을 가능케 하거나, 신규 인스턴스처럼 신규 타입을 정의할 수 있게 하자는 토론 말입니다. 정말 많은 기능들이 있었지만, 저희는 흥미롭다고 생각하는 모든 것에 몰두하였습니다.

드리스콜   **파이썬의 최초 이메일 라이브러리 작업에 관하여 다시 언급하고 싶군요. 어떻게 시작하게 되었는지 기억하나요?**

워 서   그럼요, 저희가 초기에 했던 일 중 하나가 파이썬 메일링 리스트를 미국국립연구소로 옮기는 일이었습니다. 해당 리스트는 당시에 귀도 반 로섬이 미국으로 오기 전까지 일했던 네덜란드 기관인 CWI[8]에서 운영되고 있었어요.

파이썬 메일링 리스트는 그 당시 가장 인기 있었던 메일링 리스트 소프트웨어인 매조르도모Majordomo에서 돌고 있었고, 모두 펄Perl로 작성되어져 있었습니다. 옮기려고 할때, 개선하고 싶은 것이 무척 많았어요. 그나저나, 켄 맨헤이머Ken Manheimer가 사실 이때 많은 것을 얻었습니다. 왜냐하면, 그는 오픈소스 메일 토론 및 전자 뉴스레터 관리도구인 메일맨 Mailman 초기에 핵심 역할을 한 사람이었기 때문이죠.

그래서 저희는 매조르도모 설치본을 미국국립연구소로 옮겼지만, 원하는 것을 반영하기가 너무 불편했습니다. 왜냐하면, 저희는 펄로 개발하는 것을 즐기지 않았거든요. 우리는 파이써니스타Pythonista니까요, 그렇죠?

> '저희는 펄로 개발하는 것을 즐기지 않았거든요. 우리는 파이써니스타니까요, 그렇죠?'

버지니아 대학에 다니고 있던 존 비에가John Viega라는 친구가 있었어요. 존은 그 당시 신생 록 밴드인 데이브 메튜즈 밴드 Dave Matthews Band에 친구들이 있었어요. 존은 파이썬으로 작은 메일링 리스트 관리 도구를 만들어서, 밴드 팬들과 연락하고 공지 사항들을 보내고 싶어 했습니다. 그는 메일링 리스트 관리 도구를 만들었고, 저희는 그 낌새를 알아챘죠.

저희는 이 도구로 파이썬 메일링 리스트 작업을 할 수 있을 것이라고 생각했습니다. 왜냐하면, 파이썬 기반 메일링 리스트 관리 도구가 있으면 더 좋았을 테니까요. 그래서 저희는

○

8   CWI(Centrum Wiskunde & Informatica) : 네덜란드의 수학 및 컴퓨터 과학을 위한 국가 연구 기관

메일링 리스트 관리 도구의 복사본을 가져왔지만, 존이 디스크를 잃어 버렸고, 결국 메일맨에서 기존 복사본을 가져올 수 있었습니다. 운 좋게도, 켄이 복구한 복사본이 있었고, 파이썬 커뮤니티를 위한 메일링 리스트 지원 작업을 시작할 수 있었습니다.

저희는 메일링 리스트 관리도구를 메일맨이라고 부르기로 결정했어요. 그리고선 GNU 프로젝트에 넣고 GPL 라이선스를 얹었죠. 저는 개인적으로 메일맨에 깊이 관여하였습니다. 무척 흥미로운 작업이었고, 사람들이 소통할 수 있도록 하는 것이 정말 좋았습니다.

| '사람들이 소통할 수 있도록 하는 것이 정말 좋았습니다.'

초창기 메일맨 소프트웨어에 관하여 정말 좋았던 것은 매조르도모가 가지지 못했던 웹 인터페이스를 가지고 있었다는 것이죠. 그것이 메일맨의 결정적인 요소였다고 생각해요.

제가 깨달았던 것 중 하나는 그 당시 제대로 RFC^{Request for Comments} 표준을 따르는 이메일-파싱 소프트웨어가 없었다는 것입니다. 정말 없었어요. 표준 라이브러리에 rfc822[9] 모듈이 있었지만, 성숙도가 낮았고, 신규 이메일 표준은 이메일 메시지의 포맷을 위해 제정되고 있었습니다.

rfc822가 기대한 만큼 좋지 않다는 것이 명백해졌습니다. 그래서 저는 전자 우편을 위한 인터넷 표준 포맷인 MIME 구조를 지원하는 기능을 더한 파생모듈인 mimelib을 만들었습니다. 메시지를 구성하고, 서로 다른 MIME 유형과 이미지를 가지고 있었죠. 저희는 이메일 메시지를 설명하는 모델을 정의했습니다. 특히 MIME 메시지를요.

저희는 이메일 메시지 트리를 프로그램에 따라서 만들수 있게 하고 싶었습니다. 파서가 있었기에 수많은 파이썬 2 바이트 문자열을 넣을 수 있었어요. 사용자가 이 파서를 가지고 있으면, 이메일 메시지를 나타내는 트리를 가지게 되는 것이었습니다. 그리고 나서 원하는 대로 처리하여 제너레이터로 넘깁니다. 제너레이터는 이 트리를 MIME 바운더리와 같은 것들을 함께 붙여서 이메일 메시지의 바이트로 다시 돌려 놓습니다.

저희는 RFC 표준을 최대한 따르려고 노력했습니다. 제 생각에는 꽤 성공했다고 봅니다만, 표준 자체가 워낙 복잡했습니다. 지금도 결함과 버그를 발견하고 있습니다. 어쨌든, mimielib은 물건이었고, 저는 mimelib을 별도의 서드-파티 패키지로 릴리즈하였습니다. 그 후, 메일맨에서 mimelib을 사용하기 시작했죠. 서드-파티 패키지로 분리한 것은 많은 혜택을 주었죠. 메일맨과 별도로 개발을 진행할 수 있었고, 그저 의존 관계에 넣으면 그만이었으니까요.

○

9   rfc822 : 이메일로 주고 받는 메시지의 국제 표준 포맷. https://www.ietf.org/rfc/rfc822.txt

Barry Warsaw

언제인지 기억이 잘 나지 않지만, 어느 파이썬 릴리즈에서 mimelib이 무척 안정화가 되었고, API가 꽤 훌륭하다고 느꼈습니다. 그래서 저희는 mimelib을 표준 라이브러리에 집어 넣었고, 이름을 이메일 패키지로 바꿨어요. MIME만을 위한 패키지가 아니었기 때문에, 더 좋은 이름이었죠.

| '저희는 mimelib을 표준 라이브러리에 집어 넣었고, 이름을 이메일 패키지로 바꿨어요.'

이것이 바로 이메일 패키지의 이야기입니다. 이메일 패키지는 과거 파이썬 표준 라이브러리에 있었던 rfc822 모듈을 처리하기 위한 메일맨의 작업에서 유래된 mimelib으로부터 탄생한 것이죠. 사실, 저는 "파이콘 할아버지의 파이썬 세션"이라고 불리는 패널 세션을 해야만 한다고 농담을 하곤 합니다! 저희 모두 파이썬과 오랜 세월을 함께 했어요. 저희는 이렇게 얘기해야만 합니다. "얘들아! 이리와서 모닥불 주위에 앉아 보렴. 할아버지가 오래전 파이썬 이야기를 들려줄께."

드리스콜 **메일맨 이야기를 했습니다. 그 프로젝트를 리딩하면서 얻은 교훈이 있을까요?**

워   서 제가 정말 최고의 프로젝트 리더였다고 할 수 있을지 모르겠군요! 저는 흥미로운 것들이 무척 많았고, 프로젝트에 적당한 시간을 할애하는 것에 어려움을 느꼈습니다.

다행히 메일맨 프로젝트의 코어 개발자들은 환상적인 개발자들이었고, 정말 놀라운 사람들이었으며, 무척 친절했습니다. 제가 생각하는 파이콘의 하이라이트는 코어 개발자들과 허물없이 함께 시간을 보내고, 기술 작업을 수행하며, 현재도 이와 같은 관계를 유지하는 것입니다.

'제가 생각하는 파이콘의 하이라이트는 코어 개발자들과 허물없이 시간을 함께 보내고, 기술 작업을 수행하며, 현재도 이와 같은 관계를 유지하는 것입니다.'

메일맨은 현재도 존재하며, 여전히 살아있는 프로젝트입니다. 프로젝트 리더는 열린 마음으로 코어 개발자를 믿어야 하고, 프로젝트의 일부분에 조금이라도 기여할 준비가 되어 있어야 합니다. 훌륭한 웹 디자이너는 기술을 정말 잘 이해하며, 보기도 좋고 즐겁게 사용할 수 있는 훌륭한 인터페이스를 디자인할 수 있습니다. 웹 디자이너에게 본인의 임무를 맡기고 나면, 저는 흥미롭고 열정을 불러 일으키는 것에 집중할 수 있으니 얼마나 좋습니까.

저희 코어 개발자 중 한명은 "Google Summer of Code"에서 왔습니다. 그는 조금 전에 도커 이미지와 인터페이스 레이어 일부와 관련된 많은 양의 작업을 마쳤습니다. 정말 함께 일해보고 싶고, 무척 똑똑하고 친절한 개발자들을 곁에 둘 수 있다는 것은 정말 놀라운 일이죠.

Barry Warsaw

우리는 파이썬 커뮤니티와 같은 시각으로 바라보는 개발자들이 필요합니다. 파이썬 커뮤니티는 따뜻하고 친절합니다, 새로 들어온 사람들을 위한 멘토링에 항상 초점을 맞추고 있죠. 또 하나의 교훈은 하고자 하는 일에 대해 열린 마음을 가지고, 시간과 전문지식을 공유해야 한다는 것입니다. 왜냐하면 그 노력이 열 배로 돌아오기 때문입니다.

'또 하나의 교훈은 하고자 하는 일에 대해 열린 마음을 가지고, 시간과 전문지식을 공유해야 한다는 것입니다.'

드리스콜 **메일맨 프로젝트를 수행하면서 예상치 못했던 난관이 있었나요?**

워 서 오, 그럼요. 요즘에는 그리 많이 느끼지 못 하지만, 메일맨이 무료로 공개되었기 때문에 어떤 사람들이 메일맨을 사용하는지 잘 알지 못합니다.

저희는 메일맨을 어떤 방향으로든 제어할 수 없으며, 사람들에게 메일맨으로 어떤 것을 할 수 있고, 어떤 것은 할 수 없다고 말하지 않습니다. 대부분 사람은 바이킹 클럽이나 기술 토론 리스트와 같이 좋은 곳에 메일맨을 사용하고 있죠. 하지만, 어떤 사람들은 메일맨을 스팸과 같이 비도덕적인 목적으로 사용하기도 합니다. 비도덕적인 개발자가 보낸 스팸을 받은 사람들로부터, 가슴 아픈 협박성 메일을 받는 것은 저희가 극복해야 할 어려운 과제입니다.

제가 배운 한 가지 교훈은 사람들이 좌절감을 느꼈을 때 연락을 해온다는 것입니다. 그들은 누군가로부터 스팸을 받기 때문에 고통을 느끼고 있는 것이죠. 그들은 누가 스팸을 보내는지 모르며, 그들 때문에 불안해져서 갈팡질팡합니다.

지금은 메일맨을 스팸이나 그 어떤 불법적인 용도로 사용할 수 없다는 공지사항을 눈에 잘 띄게 보여줍니다. 저희는 사람들이 메일맨을 사전에 동의를 얻는 방식으로 사용하라고 권장합니다. 하지만, 통제할 수는 없어요.

| **'메일맨의 다른 쪽에도 사람이 있다는 것을 알려주면 도움이 되더군요.'**

저희는 어떠한 관리자 접근 권한도 가지고 있지 않지만, 사람들은 불만이 있을 때마다 저희에게 연락을 합니다. 메일맨의 다른 쪽에도 사람이 있다는 것을 알려주면 도움이 되더군요. 언젠가는, 상대방의 연락처나 호스팅 공급자를 찾는 일을 조금 도와줄수도 있을 것입니다. 큰 좌절감을 맛 본 사람이라면, 대개 고맙다고 할 것입니다.

초창기에는 이런 것들이 정말 도전적이었어요. 사람들은 제 개인메일로 무척 끔찍한 메일들을 보냈고, 저는 큰 좌절감을 맛 보았습니다. 인터넷에는 온갖 종류의 사람들이 있잖아요, 그렇죠?

Barry Warsaw

드리스콜 **제 블로그(PyDev of the Week)에서 캐노니컬**Canonical**에서 근무했다고 언급하셨었는데요. 리눅스 배포 회사에서 일하는 것은 어떠셨나요?**

워   서   네, 정말 굉장했죠. 저는 지난 4월까지 그곳에서 일했지만, 10년을 근무하였습니다. 정말 즐거웠고, 괜찮은 자리에 있었어요. 왜냐하면, 우분투와 데비안을 위한 파이썬 커뮤니티를 실제로 도울 수 있다고 느꼈기 때문입니다.

캐노니컬에서 일하는 것은 우분투나 데비안과 같은 리눅스 배포판을 사용하는 사람들과, 리눅스 플랫폼 위에서 파이썬을 사용하는 사람들을 돕는 훌륭한 연계점이었습니다. 저는 파이썬 코어 개발자였고, 문제 발생시 데비안이나 우분투에 수정 사항이 필요한지 판단할 수 있었으며, 파이썬의 다음 버전에 반영할지, 아니면 어떤 라이브러리에 포함해야 할지 판단할 수 있었습니다.

'저는 파이썬 코어 개발자였고, 문제 발생시 데비안이나 우분투에 수정 사항이 필요한지 판단할 수 있었으며, 파이썬의 다음 버전에 반영할지, 아니면 어떤 라이브러리에 포함해야 할지 판단할 수 있었습니다.'

그래서 광범위한 파이썬 프로젝트에 무척 가깝게 일할 수 있는 기회를 얻을 수 있었죠. 파이썬 언어를 직접 수정할 수 있었고, 리눅스 배포판에 개선이 필요하다고 생각한 영역에도 작업을 할 수 있었습니다. 그래서 정말 재미있었어요. 훌륭한 경험이었고, 이러한 기회를 가질 수 있었다는 것이 정말 기쁩니다.

드리스콜	**캐노니컬에서 정확히 어떤 업무를 하셨나요? 설명해주실 수 있나요?**

워　서　　네, 저는 리눅스 배포판의 커널을 감싸고 있는 플러밍 레이어plumbing layer[10] 를 정리하는 작업을 하는 작은 크기의 신생 팀 일원이었습니다.

상상해보세요, 커널에는 가장 밑바닥 부분이 있습니다, 그렇죠? 저희는 커널 팀이 따로 있었기 때문에 커널 작업은 전혀 하지 않았습니다. 하지만, 부트 프로세스, 컴파일러, 툴체인과 아카이브를 빌딩하는 패키지와 같은 것들은 손을 데야 합니다. 그래서 아카이브에 모든 것을 담을 때, 그 아카이브가 안정적이고 탄탄하기를 바랄 겁니다. 이는 커널 상에 여러가지 것들을 무작위로 섞는 작업이지만, 데스크톱 환경에서 동작이 되어야 합니다.

초창기팀이 책임지고 있는 것 중 하나가 언어 번역기였습니다. 파이썬은 운영체제 자체와 프로세스 생성을 위해 사용하는 스크립트로 충분히 유명하죠. 그래서, 우분투를 비롯한 많은 리눅스 배포판에 꽤 중요한 언어입니다.

○

10　플러밍 레이어(plumbing layer) : 이 레이어는 명확하게 정의되어 있지 않지만, 부트스트랩이나 초기화 시스템, udev, D-Bus와 같은 커뮤니케이션 메커니즘, 그리고 관련 유틸리티를 포함. https://lwn.net/Articles/495516/

저는 우분투 상에 파이썬 생태계를 건강하게 유지하는 책임을 가지고 있었습니다. 이 책임에는 전환 작업도 포함되어 있었는데, 가령 모든 사람들을 파이썬 3로 갈아타게 만드는 것이죠. 파이썬의 신규 버전이 나오면, 번역기에 직접 작업을 하지 않고, 포함되어 있는 모든 패키지부터 작업을 하였습니다.

파이썬 3.5를 우분투의 기본 파이썬 버전으로 만들기 위해서 해야할 일이 무척 많습니다. 굉장히 긴 프로세스죠. 수많은 패키지들이 빌드가 되지 않거나, 파이썬 신규 버전에 버그가 있어 고쳐야 하며, 수정 대상을 우선순위화 해야하는 것들이 있습니다. 그래서 제가 우분투에서 주로 했던 작업은 파이썬 생태계에 관련된 것들이었습니다.

다시 말씀드리지만, 저는 도구를 찾고 있었고, 우분투 개발자들이 파이썬 도구를 사용하는 데 있어서 불편한 점이 무엇인지 인지하고 있었습니다. 저는 어떻게하면 그 부분을 개선할 수 있을지 그리고 어디를 개선해야 하는지 찾으려고 노력했어요. 예를 들어, 만약 우분투에 pip와 setuptools를 사용하는 데 충돌이 나면, 수정 사항은 pip와 setuptools에 반영되는 것이죠. 사람들이 우분투를 사용하면서 겪는 고통을 인지하는 것이 제 의무였습니다.

'저는 도구를 찾고 있었고, 우분투 개발자들이 파이썬 도구를 사용하는 데 있어서 불편한 점이 무엇인지 인지하고 있었습니다. 저는 어떻게 하면 그 부분을 개선할 수 있을지 그리고 어디를 개선해야 하는지 찾으려고 노력했어요.'

추가로, 저는 우분투에서 파이썬을 사용하는 사람들에게 많은 컨설팅을 해주었습니다. 사람들이 파이썬 질문을 하면, 저는 그들과 함께 작업을 했고, 질문에 답을 하였으며 코드 리뷰를 하였습니다.

커뮤니티의 많은 사람들과도 함께 작업을 했습니다. 우분투 커뮤니티 사람들이 파이썬이 어떻게 동작하는지 묻거나, 문제를 갖고 있으면, 대화를 나누고 함께 작업을 하는 사람 중 하나였어요. 많은 것들이 커뮤니티 주도로 이루어졌지만, 배포판을 정말 성공적으로 만들고 싶다면, 시간과 노력을 반드시 투자해야한다고 생각합니다. 리눅스 배포판을 소유한 모든 회사는 해당 커뮤니티에 자원을 투입하고 있어요. 그렇지 않으면, 실패하기 때문입니다.

'많은 것들이 커뮤니티 주도로 이루어졌지만, 배포판을 정말 성공적으로 만들고 싶다면, 시간과 노력을 반드시 투자해야한다고 생각합니다.'

드리스콜 **조금 다른 주제로 넘어가겠습니다. 파이썬이 인공지능이나 기계학습에 그토록 좋은 언어인 이유가 무엇이라고 생각하나요?**

워 서 　파이썬은 환상적인 접착 언어입니다. 전문 프로그래머나 연구원, 프로그래밍이 직업이 아닌 사람 모두가 무척 쉽게 배울 수 있고, 쉽게 사용할 수 있습니다.

이 두 가지 관점이 파이썬을 기계학습과 같은 도메인을 위한 훌륭한 언어로 만든다고 생각해요. 우리는 파이썬을 빈번하게 바뀌는 실험용 프로그램에 유연하게 사용할 수 있는 동시에, 규모가 큰 시스템을 견고하게 만드는데에도 사용할 수 있습니다. 이 역시 파이썬이 데이터 과학 영역에서 왜 무척 인기가 있는지 이해할 수 있는 요소라고 생각해요. 데이터 과학 영역에서는 프로그래밍이 가장 중요한 작업은 아니지만, 연구를 수행하기 위해서 없어서는 안될 존재입니다.

드리스콜 　**인공지능과 기계학습 분야에서 파이썬이 더 나은 언어가 되려면 무엇을 해야할까요?**

워 서 　파이썬의 변화가 필요한지는 잘 모르겠습니다만, 파이썬 생태계가 인공지능/기계학습 라이브러리의 가독성을 높이고, 다른 파이썬 애플리케이션, 프레임워크와 라이브러리들과 조금 더 쉽게 통합할 수 있도록 개선하는 노력이 필요합니다.

드리스콜	**그렇군요. 호기심에 여쭤봅니다. 지금은 어떤 일을 하고 있나요?**
워 서	몇 주 전부터 링크드인에서 일을 시작했습니다. 정말 즐겁게 일하고 있어요. 훌륭한 회사고, 파이썬을 많이 사용하고 있습니다. 그래서 여전히 파이썬 작업을 하고 있습니다. 저는 링크드인 내부의 파이썬 작업을 하고 있으며, 팀을 무척 좋아합니다. 링크드인은 커다란 미션을 가지고 있고, 저는 회사가 하고자 하는 일에 무척 기대가 큽니다. 그 미션은 경제적 기회를 가지고 사람들을 연결하는 것이며, 링크드인이 제가 링크드인에서 하고 있는 일과 관련된 직업을 찾는데 도움을 준다니, 참 웃기죠. 링크드인은 이외에도 무척 많은 일들을 하고 있습니다. 저는 사람들이 원하는 전문 경력을 쌓을 수 있는 일을 찾는데 도움을 주고 있으며, 그 일에 집중할 수 있어서 정말 좋습니다.
드리스콜	**파이썬의 깊은 지식을 가지고 있으니 여쭤보고 싶군요. 앞으로 파이썬이 언어로서 어떤 방향으로 갈까요?**
워 서	정말 흥미로운 질문이군요. 파이썬이 어디로 갈지 예측하는 것은 무척 어렵다고 생각합니다. 저는 파이썬과 23년간 함

Barry Warsaw

께 했으며, 1994년에 컴퓨팅 세계가 현재처럼 변하게 될지 전혀 예측할 수 없었습니다.

> '저는 파이썬과 23년간 함께 했으며, 1994년에 컴퓨팅 세계가 현재처럼 변하게 될지 전혀 예측할 수 없었습니다.'

저는 핸드폰, IoT(Internet of things, 사물 인터넷) 장치와 최근 클라우드와 컨테이너 기반의 컴퓨팅이 보여주는 전체를 보고 있습니다. 그저 주변을 살펴보는 것만으로도 놀랍고, 모두 눈으로 확인할 수 있죠. 그래서 지금부터 5년이나, 10년, 15년후 파이썬이 어떻게 발전할지 예측하는 실질적인 방법은 없다고 봅니다.

파이썬의 미래는 여전히 매우 밝다고 장담합니다만, 저는 파이썬, 특히 C로 작성한 파이썬 구현체인 씨파이썬은 도전 과제가 많습니다. 모든 언어가 그 정도 오래 살아남으면, 도전들이 있게 마련이죠. 파이썬은 90년대의 문제들을 해결하기 위해 발명되었으며, 컴퓨팅 세계는 오늘날 다른 모습을 가지고 있고, 여전히 앞으로 다른 모습으로 발전할 것입니다.

> '파이썬은 90년대의 문제들을 해결하기 위해 발명되었으며, 컴퓨팅 세계는 오늘날 다른 모습을 가지고 있고, 여전히 앞으로 다른 모습으로 발전할 것입니다.'

제 생각에는 파이썬이 가지고 있는 도전 과제에는 성능이나 멀티-코어 혹은 멀티-쓰레딩 애플리케이션이 포함된다고 생각해요. 명확하게 그 영역에 작업을 하고 있는 사람들이 있으며, 파이파이PyPy, 자이썬Jython이나 아이언파이썬IronPython[11]과 같이 다른 파이썬 구현체도 존재합니다.

다양한 구현체가 가지고 있는 도전 과제들을 뒤로하고, 파이썬 언어는 사람과 함께 확장되고 있다는 것입니다. 저는 그점이 가장 강력한 점이라고 생각해요. 예를 들어, 여러분은 문제를 해결하기 위해, 누군가가 만들어 놓은 스크립트를 쉽게 찾을 수도 있습니다. 파이썬은 이 부분에 있어 훌륭하죠.

│ '파이썬 언어는 사람과 함께 확장되고 있다는 것입니다.'

파이썬은 10명 혹은 15명 정도되는 사람들이 참여하고 있는 작은 오픈소스 프로젝트에서 사용할 수 있습니다. 또한, 상당히 큰 규모의 프로젝트에 일하는 수백명의 사람들에게나, 혹은 거대한 소프트웨어 프로젝트에서 일하는 수천명의 사람들에게 확장될 수도 있죠.

파이썬 언어가 가지고 있는 또 다른 놀라운 강점은 신규 개발자가 쉽게 다가가서 배우고, 매우 빠르게 생산성이 높은 소스 코드를 작성할 수 있다는 것입니다. 그들은 프로젝트를 위한 신규 파이썬 소스 코드를 내려 받아서, 무척 쉽고 빠르

○

11   아이언파이썬(IronPython) : 마이크로소프트에서 개발하고 닷넷 프레임워크와 통합된 파이썬 구현체,
       http://ironpython.net/

게 빠져들고 배울 수 있습니다. 파이썬이 사람 규모에 따라 확장되는 것에 여러가지 도전이 있겠지만, 저는 서서히 해결되고 있다고 느낍니다. 타입 어노테이션Type Annotation을 예로 들어볼까요?

주니어와 시니어 개발자가 함께 투입된 큰 규모의 프로젝트에는 주니어 개발자에게 기존 라이브러리 혹은 애플리케이션의 사용 방법을 가르치기 위해 많은 노력이 필요합니다. 왜냐하면, 그들 대부분은 타입을 명시적으로 선언하는 C나 자바와 같은 정적-타입 언어에 익숙한 경우가 많기 때문입니다.

그래서 대규모 파이썬 코드베이스를 만드는 많은 조직이 타입 어노테이션을 사용하고 있으며, 애플리케이션의 성능에 그리 도움이 되지 않을 수도 있습니다만, 신규 개발자의 초기 적응 훈련onboarding을 돕고 있습니다. 저는 이것이 파이썬이 사람의 규모로 계속 확장하도록 돕는데 큰 도움이 된다고 생각합니다.

역자 NOTE : 타입 어노테이션

기본적으로 타입을 명시하지 않는 동적 타입 언어인 파이썬이 3.5버전에 타입 어노테이션 기능이 타입 힌트라는 이름으로 추가되어 함수 선언시 인자값과 반환값의 타입을 명시할 수 있는 기능이 추가 되어, 동적 타입 언어가 가지는 약점을 보완하고 있다. 해당 기능 구현은 PEP 484(https://www.python.org/dev/peps/pep-0484/)의 명세를 따르고 있다.

배리 워서

'우리가 온전히 극복할 수 있는 기술적 제약사항을 몇 가지 해결한다면, 우리는 파이썬의 성공과 성장을 위한 다음 20년을 준비한 것이라고 생각해요.'

언어의 확장 능력과 파이썬 커뮤니티의 따뜻한 분위기가 23년 이상 파이썬을 사용해온 저에게 여전히 매력적인 두 가지 이유라고 봅니다. 그리고 미래에도 계속해서 매력적일 것입니다. 우리가 온전히 극복할 수 있는 기술적 제약사항을 몇 가지 해결한다면, 우리는 파이썬의 성공과 성장을 위한 다음 20년을 준비한 것이라고 생각해요.

드리스콜   **파이썬의 신규 기능이나, 기대되는 것이 있나요?**

워　　서   네, 제 친구이자 코어 개발자인 에릭 스미스Eric Smith가 훌륭한 기능들을 가지고 왔습니다. 이 기능들이 없었다면, 파이썬을 어떻게 지금까지 사용했는지 모를 정도죠.

파이썬 3.6의 신규 기능 하나는 f-strings[12], 포맷 문자열 format strings입니다. 저는 몇 개의 프로젝트에서 오로지 f-strings만을 사용했습니다. 왜냐하면, 파이썬 3.6 기능이었

○

12   f-strings : Literal String Interpolation을 지원하는 신규 문자열 포맷. https://www.python.org/dev/peps/pep-0498/

지만, 저는 f-strings를 사랑하거든요. contextlib [13] 도 사랑합니다.

'항상 매 릴리즈 때마다 말하지만, 파이썬 3.7은 정말로 최고의 버전이 될 것입니다.'

저는 파이썬 3.7이 무척 기대됩니다. 항상 매 릴리즈 때마다 말하지만, 파이썬 3.7은 정말로 최고의 버전이 될 것입니다. 훌륭한 신규 라이브러리, asyncio의 개선된 지원 그리고 더 나은 성능을 만날 수 있습니다. 파이썬 개발은 여느때와 같이 생기가 넘칠 것이며, 워크플로 개선점들(예를 들면, 깃Git을 깃허브로 전환)은 더 많은 사람에게 파이썬 개발에 참여할 수 있는 기회를 줄 것입니다.

저는 상상할 수 없는 아이디어로 실험을 하는 사람들을 사랑합니다. 예를 들면, 씨파이썬에서 GIL(Global Intepreter Lock [14])을 제거하는 프로젝트인 길렉토미gilectomy [15] 와 같은 것 말이죠(이런 프로젝트는 실패하더라도 미래 개발의 거름이 됩니다). 씨파이썬 구현체는 쉽게 이해할 수 있으며, 내부를 자유롭게 돌아다니면서 수정할 수 있습니다. 또한, 실험과 변화에 익숙한 플랫폼으로 진화하기 위하여, 오늘도 긴 길을 걸어가고 있답니다.

긴 시간동안, 귀도 반 로섬은 꾸준히 파이썬을 관리하고 있으며, 비전을 제시하고, 일관성을 유지하는 오랜 개발자들이 있습니다. 그래서 파이썬이 20여년 이전보다 매우 다르게 보이지만, 여전히 잘 설계되었고, 한결 같으며, 쉽게 배울수 있는 동시에 확장성이 높은 언어라고 느껴집니다.

드리스콜 **파이썬 2.7의 긴 수명을 어떻게 생각하세요?**

워   서 우리는 모두 파이썬 3를 사용해야 한다는 것을 알고 있고, 파이썬 2의 수명은 제한돼 있습니다. 저는 우분투 안에서 사람들이 파이썬 3를 사용하게 만드는 임무를 수행했었죠. 이와 비슷하게, 링크드인에서는 현재 모든 프로젝트가 파이썬 3 기반이라는 것이 매우 고무적입니다. 파이썬 3는 파이썬 2보다 훨씬 매력적입니다.

> '우리는 모두 **파이썬 3**를 사용해야 한다는 것을 알고 있고, 파이썬 2의 수명은 제한돼 있습니다.'

우리는 파이썬 3의 모든 기능을 인식하지 못합니다. 제 생각에 정말 멋진 기능은 async I/O 라이브러리입니다. 저는 많은 곳에 이 라이브러리를 사용하고 있으며, 파이썬 3.4에서

○
13 contextlib : https://docs.python.org/3/library/contextlib.html
14 길(GIL, Global Interpreter Lock) : 여러개의 쓰레드가 있을때, 쓰레드간의 동기화를 위해 사용되는 기술 중 하나. GIL은 전역에 lock을 두고 이 lock을 점유해야만 코드를 실행할 수 있도록 제한한다. 따라서, 동시에 하나 이상의 쓰레드가 실행되지 않는다.
15 길렉토미 깃허브 리포지토리 : https://github.com/larryhastings/gilectomy

Barry Warsaw

시작된 무척 매력적인 신규 기능이라고 생각합니다. I/O-기반 애플리케이션을 위한 신규 async 키워드가 추가된 파이썬 3.5에서도, asyncio는 그저 놀라울 뿐입니다.

사용하기 시작하면, 다시는 파이썬 2로 돌아갈 수 없는 수많은 기능들이 있습니다. 저는 파이썬 3를 정말 좋아하며, 제 모든 개인 오픈 소스 프로젝트는 오로지 파이썬 3만을 사용하고 있습니다. 파이썬 2.7로 돌아가는 것은 무척 성가신 일입니다. 왜냐하면, 일부 라이브러리를 파이썬 2에서 사용할 수 있지만, 여러분이 의존하고 있는 멋진 라이브러리들이 존재하지 않기 때문입니다.

저는 파이썬 3를 완전히 포용할 때가 이미 지났다고 굳게 믿습니다. 앞으로 저는 파이썬 3를 지원하지 않는 소스 코드는 한 줄도 작성하지 않을 것입니다. 비록, 기존 파이썬 2 코드를 계속 지원해야하는 비즈니스 이유가 있더라도 말이죠.

파이썬 3를 지원하지 않는 소수의 라이브러리들이 있더라도, 파이썬 3로 전환하는 것은 그렇게 어렵지 않습니다, 왜냐하면, 그 라이브러리들이 이미 폐기되었기 때문입니다. 이 작업은 자원과 조심스러운 계획이 필요합니다만, 기술 부채를 주기적으로 다루는 조직이라면, 계획을 세워서 파이썬 3로 전환해야 합니다.

이는 파이썬 2.7의 긴 수명은 훌륭했다는 것을 말합니다. 이는 두가지 중요한 이득을 제공했죠. 첫 번째는 장기간 기술 지원이 가능한 릴리즈로, 매우 안정적인 파이썬 버전을 제공하였다는 것입니다. 그래서 사람들은 파이썬을 18개월(신규 버전이 출시되는 전형적인 개발 시간)마다 업그레이드할 필요가 전혀 없었죠.

'파이썬 2.7의 긴 수명은 파이썬 3를 준비하지 못했던 파이썬 생태계의 나머지가 파이썬 3를 따라갈 수 있도록 해주었습니다.'

파이썬 2.7의 긴 수명은 파이썬 3를 준비하지 못했던 파이썬 생태계의 나머지가 파이썬 3를 따라갈 수 있도록 해주었습니다. 그래서 파이썬 3 지원을 강렬하게 원하는 사람들의 날카롭게 서 있는 신경을 누그러뜨리고, 다른 사람들이 쉽게 따라올 수 있도록 해주었습니다. 이제 아주 좋은 도구, 경험, 그리고 성공적으로 파이썬 3로 전환할 수 있도록 도와 줄 전문 인력들이 있다고 생각합니다.

저는 파이썬 3.5 릴리즈에서 정점을 찍었다고 생각해요. 숫자가 말하는 것과 상관 없이, 파이썬 3를 선택하기 위해 토론을 해야하는 시점은 지났다고 봅니다. 특히, 신규 코드라면 말이죠. 파이썬 2.7의 수명은 2020년 중반에 끝날 것입니다. 저에게는 충분히 빠르지 않지만, 올바른 일이죠! 어느 순간, 파이썬 3를 발전시키는 것이 더욱 재미있어집니다. 이 부분이 파이썬 개발자의 모든 에너지와 열정을 볼 수 있는 곳이죠.

　　　　　　　　　　　　　　　　Barry Warsaw

드리스콜 **미래 파이썬 릴리즈에서 보고 싶은 변화는 무엇인가요?**

워 서 저는 최근에 C 확장 모듈을 개발하는 방법의 중요한 변화에 관하여 고민하고 있습니다. 고-수준 언어로써 그리고 확장 모듈을 생성하는 도구로써, 싸이썬과 같은 것을 채택하여 이 부분을 더 이상 고민하지 않았으면 합니다. 이렇게 하면, C API 안에 개선점을 위한 기초 작업을 한 것이며, 모든 기존 확장 모듈로부터 분리할 수 있습니다.

GIL이나 전통적인 가비지 콜렉터를 채택하는 것과 같이, C API를 변경하는 내부 변화를 위한 실험을 할 수도 있겠죠. 예를 들어 길렉토미를 살펴보면(이것이 바로 GIL을 제거하기 위한 브랜치입니다), 기존 C API와 가능한 호환성을 유지해야하기 때문에 무척 복잡합니다. 만약, 써드-파티 모듈과의 호환성을 소스 레벨에서 유지하면서 GIL을 제거할 수 있다면, 내부적으로 개선 작업을 하는데 더 큰 자유를 얻게 됩니다.

드리스콜 고맙습니다, 배리 워서.

10
제시카 맥켈러
Jessica McKellar

제시카 맥켈러는 미국 소프트웨어 엔지니어이자 기업가이다. 여러 오픈소스 프로젝트의 메인테이너이자 "트위스티드 네트워크 프로그래밍 에센셜[Twisted Network Programming Essentials]"의 공동 집필자이다. 제시카는 파이썬 소프트웨어 재단[PSF]의 전 이사였으며, 보스턴 파이썬 유저 그룹의 전 주최자이다. 그녀는 파이썬 커뮤니티를 위해 열정적으로 활동하고 있으며, 파이콘 노스 아메리카[PyCon North America]를 위해 다양한 봉사를 하고 있다.

제시카는 소프트웨어에 의해 운영되는 회계 장부 부기 회사인 파일럿[1]의 창립자이자 CTO다. 이전에는 실시간 협업 스타트업이자 드롭박스[2]에 인수된 줄립[3]의 창립자이자 VP of Engineering이었다.

토론 주제	**파이썬과 행동주의,** **파이썬 소프트웨어 재단, 트위스티드**
제시카 맥켈러 소셜 미디어 주소	**@jessicamckella**

○

1 파일럿(pilot) 홈페이지 : https://pilot.com/
2 드롭박스(dropbox) : 파일 동기화와 클라우드 컴퓨팅을 이용한 웹 기반의 파일 공유 서비스, https://www.dropbox.com/
3 줄립(Julip) : 슬랙과 이메일 쓰레딩을 합친 모델을 가진 채팅 서비스, https://zulip.com/hello/

마이크 드리스콜   **당신의 배경에 대해서 조금 들려주시겠어요?**

제시카 맥켈러   저는 현재 샌프란시스코에서 살고 있는 기업가이자, 소프트
웨어 엔지니어이며, 오픈소스 개발자입니다.

저는 파이썬 커뮤니티에서 활동하는 것을 무척 자랑스럽게
생각해요. 파이썬 콘퍼런스 발표를 위해 여행을 하느라 휴
가를 가지 않는다고 농담처럼 말하죠. 전 세계의 파이썬 커
뮤니티에게 발표를 하고, 그들에게 배울 수 있는 기회를 줍
니다.

> '저는 파이썬 커뮤니티에서 활동하는 것을 무척 자랑스럽게 생각해요.'

파이썬 커뮤니티에 봉사한 노력으로 오'라일리 오픈소스 어
워드 2013에서 수상을 해서 기쁩니다. 제가 운 좋게도 친구
라고 부를 수 있는 재능있는 사람들과 보낸 오랜 기간의 노
력을 인정 받는 것이죠.

저는 현재 엔터프라이즈 소프트웨어 회사의 설립자이자
CTO입니다. 이 회사에서 처음부터 파이썬 3를 사용하고 혜
택을 누리게 되어서 기뻐요. 이전에는 줄립의 설립자이자 엔
지니어링 총 책임자였습니다.

그 전에는 MIT에서 유명한 컴퓨터 괴짜였고, 재부팅이 필요
없는 리눅스 커널 업데이트 서비스를 만들고 있던 케이스플
라이스Ksplice에 친구따라 합류했었죠. 그 회사는 오라클에 인

수되었습니다. 이러한 다양한 경험들로 제가 포브스에서 20개 산업 영역에서 괄목할만한 업적을 남긴 30세 이하의 젊은 600명을 선정한 '30 Under 30 2017'의 엔터프라이즈 소프트웨어 영역에 선정될 수 있었습니다.[1]

드리스콜 **왜 프로그래머가 되었나요?**

맥 켈 러 저는 항상 컴퓨터를 좋아했어요. 제가 가장 아끼는 가족 사진에서, 한 손에 병을 들고, 다른 한손에는 마우스를 잡은채 애플 컴퓨터(Macintosh IIci) 앞에 서있는 저를 볼 수 있답니다. 하지만 제가 대학에 가기 전까지는 프로그래밍을 배울 생각이 전혀 없었습니다.

사실, 제 첫 전공은 화학이었어요. 화학 수업에는 컴퓨터 과학과에서 온 친구들이 많았습니다. 그들을 가만히 살펴보니, 세상의 광범위한 문제를 해결하는 기술을 배우는 것 같았어요. 저도 그 기술을 갖고 싶었죠.

저는 2학년 때 몇개의 컴퓨터 과학 수업을 들었고, 곧바로 빠져들었으며, 제 화학과 조언자에게 말도 없이 소프트웨어 회사의 인턴십 프로그램에 참여하였습니다(이 전략을 추천

○
1   Forbes 30 Under 30 in 2017 : https://www.forbes.com/30-under-30-2017/

Jessica McKellar

하지는 않습니다). 남은 학기에 컴퓨터 과학 학위를 이수하려고 벼락치기 공부를 했습니다.

프로그래밍을 배우는 것은 엄청난 경험이죠. 시스템을 내부까지 내 손바닥 보듯이 다룰 수 있게 되며, 문제를 구조적으로 쪼개서 해결하는 방법을 배우게 됩니다. 버그를 제거하는 디버거와 문제 해결사의 자신감을 얻게 됩니다.

'프로그래밍을 배우는 것은 엄청난 경험이죠. 버그를 제거하는 디버거와 문제 해결사의 자신감을 얻게 됩니다.'

무료 오픈소스 소프트웨어 프로젝트에 기여하는 것 또한 놀라운 경험입니다. 언어나 라이브러리 혹은 생태계를 더 좋게 만들 수 있는 것을 발견하면, 모든 사람에게 혜택을 주기 위해서, 다른 기여자들과 함께 그 기능을 추가해야 겠다는 사고방식을 가지게 됩니다.

'무료 오픈소스 소프트웨어 프로젝트에 기여하는 것 또한 놀라운 경험입니다.'

세상의 문제를 정의하고, 작은 단위로 나눈 뒤, 다른 사람들과 해결책을 마련하는 도구를 가지고 있다고 믿는 것은 강력한 사고방식이죠. 이는 행동주의 사람의 사고방식입니다. 프로그래밍은 제 자신과 커뮤니티를 향한 책임감에 깊은 영향을 주었습니다. 이는 제 삶에서 프로그래밍을 가르치는 것부터 형법 개정에 이르기까지 여러 시도를 할 수 있다는 동기를 부여합니다.

제시카 맥켈러

| '프로그래밍은 제 자신과 커뮤니티를 향한 책임감에 깊은 영향을 주었습니다.'

그래서 저는 프로그래머들이 가지고 있는 문제-해결 도구 상자를 원했기 때문에 프로그래밍을 배웠다고 할 수 있지만, 가장 지속적인 영향은 저를 행동주의자로 만들었다는 것이죠. 저는 지금까지 다른 사람들이 프로그래밍을 배울 수 있는 기회를 만들기 위해 많은 에너지를 쏟아 부었습니다. 왜냐하면, 이 지구상에 프로그래밍이 장려하는 행동주의 사고방식을 가진 사람들을 가능한 한 많이 필요로 하기 때문입니다.

| '이 지구상에 프로그래밍이 장려하는 행동주의 사고방식을 가진 사람들을 가능한 한 많이 필요로 하기 때문입니다.'

드리스콜　　**왜 파이썬이죠?**

맥 켈 러　　MIT의 많은 컴퓨터 과학 수업이 파이썬을 언어로 사용하기 때문입니다. 제가 학생일 때, 대학이 리스프에서 파이썬으로 넘어가는 큰 변화가 있었습니다.

저는 지금까지 제가 얻은 모든 직업과 제가 시작한 모든 회사에서 파이썬을 사용하고 있습니다. 항상 모든 작업에 적합한 도구를 선택해야 하는데, 파이썬은 광범위한 유틸리티와 매우 성숙한 생태계를 가지고 있기에, 운좋게도 높은 확률로 적합한 도구가 된답니다.

| 드리스콜 | **첫 번째 스타트업은 어떻게 시작하게 되었나요, 제시카?** |

| 맥 켈 러 | 제 첫 스타트업은 CEO인 제프 아놀드Jeff Arnold의 석사 학위 논문으로부터 시작된 케이스플라이스입니다.

케이스플라이스 팀은 오픈소스 협업 경험을 많이 가지고 있었고, 이 경험은 리눅스 커널 커뮤니티와 의사 소통하는 것을 도왔죠. 저희가 오픈소스로부터 얻은 경험과 지식은 고도로 분산된 팀이 되었을 때 어떻게 소프트웨어 개발을 해야하는지 기준을 잡아 주었습니다. |

| 드리스콜 | **어떻게 파이썬 소프트웨어 재단 이사가 되었는지 말씀해 주시겠어요?** |

| 맥 켈 러 | 제 파이썬 커뮤니티 경험은 저희 집 근처에서 시작되었어요. 저는 보스턴 파이썬 유저 그룹에서 다양성 지원 계획의 일부로 신규 프로그래머들을 위한 입문 워크숍을 개최하였습니다. 그리고 나서 보스턴 파이썬의 주최자가 되었죠. |

| '제 파이썬 커뮤니티 경험은 저희 집 근처에서 시작되었어요.'

제가 파이썬 소프트웨어 재단의 교육위원회(Outreach and Education Committee)의 초대 멤버로 초대받았을 때 워크숍은 조금 더 글로벌화가 되고 있었습니다. 교육위원회에

서는 전 세계에 파이썬 커뮤니티를 위해 커뮤니티를 만들고 교육 계획을 집행하는 비용을 지원하였죠.

그 당시, 파이썬 소프트웨어 재단 이사인 제세 놀러Jesse Noller 가 커뮤니티 구축를 위해 조금 더 넓은 플랫폼에 도전해보라 고 독려한 것을 고맙게 생각합니다. 그는 저를 이사회의 이 사로 추천하였습니다. 저는 2012년에 선출되어 3년간 봉사 를 하였습니다.

드리스콜   **그때 이사 위치에서 집중했던 것은 무엇인가요?**

맥 켈 러   저는 글로벌 커뮤니티 개발에 집중하였습니다. 재정적인 지 원과 유저 그룹, 콘퍼런스와 원조 계획을 위한 수많은 조직 적 인프라를 제공하였습니다.

드리스콜   **트위시티드Twisted의 핵심 메인테이너로 지내면서 얻은 교훈이 있나요?**

맥 켈 러   제 인생 첫 오픈소스 기여가 트위스티드였습니다. 트위스티 드는 파이썬으로 구현한 이벤트-주도 네트워킹 엔진이죠!

저는 그때의 경험을 똑똑히 기억해요. 인턴십을 수행할 때

Jessica McKellar

트위스티드를 프로젝트에서 사용하고 있었고, 조금 더 명확해질 필요가 있는 공식 레퍼런스 문서를 참고하고 있었습니다. 제가 말했죠, "그래, 이것이 내가 오픈소스 프로젝트에 기여할 수 있는 기회야. 해보자."

저는 아마도 기여contribution 가이드라인을 처음부터 끝까지 세 번정도 읽었을 겁니다. 혹시라도 제가 실수를 해서 누군가 저를 다그칠까봐 불안했어요. 저는 인터넷 채팅 채널에서 초조하게 서성거리며, 이슈 트래커에 신규 이슈를 생성한 뒤, 기존 문서의 수정 사항(diff)을 첨부하였습니다. 문서를 생성하고 또 재생성하면서 모든 것이 완벽해보인다고 스스로를 설득했죠. 신경을 곤두세우고 제출 버튼을 클릭하기 전까지, 일분동안 마우스를 버튼 위에 올려 놓았었죠.

결국, 트위스티드의 창시자인 글리프 레프코비츠[2] 와 참을성 있게 저와 리뷰 프로세스를 차근 차근 진행하게 되었습니다 (그리고 그는 10년이 지난 지금도 여전히 친구이며, 동료입니다). 그는 제 수정사항을 받아드렸고, 계속 참여할 것을 독려하였습니다. 제가 오픈소스 프로젝트에 기여한 첫 경험은 정말 좋았어요.

'제가 오픈소스 프로젝트에 기여한 첫 경험은 정말 좋았어요.'

결국 이는 트위스티드와 저를 위해 좋은 투자가 되었습니다. 저는 더 많은 패치에 기여하였고, 핵심 메인테이너가 되었으며, 해당 라이브러리에 관한 책도 썼죠.

제시카 맥켈러

트위스티드로부터 얻은 잊을 수 없는 오픈소스 교훈은 신규 기여자를 환영하는 문화를 만드는 것이 중요하다는 것입니다. 많은 사람과 회사가 의지하는 대규모 오픈소스 프로젝트를 꾸준히 유지하려면, 다양한 기여자의 마음을 사로잡고 그들이 지속적으로 참여해야만 하기 때문입니다.

> '트위스티드로부터 얻은 잊을 수 없는 오픈소스 교훈은 신규 기여자를 환영하는 문화를 만드는 것이 중요하다는 것입니다.'

드리스콜   **당신이 설립한 파일럿에 관하여 조금 더 말씀해주시겠어요?**

맥 켈 러   파일럿은 회계 장부 부기 회사입니다(http://pilot.com). 기존 부기 서비스와는 달리 저희는 소프트웨어를 사용하여 복잡한 작업을 자동화하고, 소수의 전문가들로 구성된 팀이 나머지를 처리하도록 하고 있습니다. 이 서비스는 더 정확한 (여러분의 일과 걱정을 덜어주는) 장부를 만들어내고, 더 저렴합니다. 파이썬 3로 이 회사를 설립하게 되어 기쁩니다!

드리스콜   고맙습니다. 제시카 맥켈러.

○

2   4장 인터뷰 대상자

Jessica McKellar

11
테렉 지아데
Tarek Ziadé

테렉 지아데는 프랑스 파이썬 개발자이자 저자다. 과거에 넉세오[1]의 R&D 개발자였고, 모질라 소프트웨어 엔지니어였다. 오늘날 테렉은 모질라의 스태프 애플리케이션 엔지니어이며, 개발자를 위한 도구들을 만들고 있다. 그는 여러 파이썬 책을 영어와 프랑스어로 집필하였으며, 저서에는 "전문가 파이썬 프로그래밍(Expert Python Programming[2])"과 "파이썬 마이크로서비스 개발(Python Microservices Development[3])" 등이 있다. 테렉은 애프파이[Afpy][4]와 프랑스 파이썬 유저 그룹의 설립자이며, 파이콘과 유로파이썬에서 발표를 해왔다. 그는 정기적으로 오픈소스 파이썬 프로젝트에 기여하고 있다.

토론 주제	인공지능, v2.7/v3.x, 애프파이
테렉 지아데 소셜 미디어 주소	https://github.com/tarekziade

○

1 넉세오(Nuxeo) : 오픈소스 콘텐츠 관리 시스템 플랫폼인 넉세오 플랫폼을 제공하는 회사

2 pdf 버전 책 다운로드 링크 : http://oez.es/Expert%20Python%20Programming.pdf

3 아마존 책 링크 : https://www.amazon.com/Python-Microservices-Development-deploy-microservices-ebook/dp/B01N7N7BU9

4 애프파이(Afpy) : Association Francophone Python, 파이썬 프랑스 사용자 그룹

마이크 드리스콜   **왜 프로그래머가 되었나요?**

테 렉 지 아 데   지나고나서 보니, 제가 프로그래머가 된 이유는 두 가지입니다. 저만의 작은 세계에서 신이 되고 싶었고, 프로그래머인 어머니께 받은 깊은 영감 때문입니다.

여섯살 때, 저는 어머니와 함께 박람회에 갔어요. 펜을 쥐고 있는 거북이 한 마리와 거대한 종이 시트가 바닥에 깔려 있었죠. 거북이의 움직이는 방향과 펜을 종이위에 내려 놓는 순간을 카드와 함께 프로그램할 수 있었습니다. 저는 그 거북이한테 사로잡히고 말았어요. 거북이가 할 다음 동작을 제가 스스로 결정할 수 있는 것이 무척 좋았습니다.

몇 년 후, 어머니가 컴퓨터(톰슨 TO8D[1])를 가져다 주었고, 저는 베이직과 어셈블리로 프로그래밍을 할 수 있었어요. 저는 놀라운 것들을 만들었습니다. 어머니가 조금만 도와주면 로봇을 조종할 수 있었어요.

드리스콜   **어머니와 함께 로봇을 가지고 무엇을 했나요?**

지 아 데   음, 저희가 산 컴퓨터는 프로그래밍이 가능한 시리얼 포트와 병렬 포트를 연결할 수 있게 확장할 수 있는 모델로, 그 당시에 무척 드문 컴퓨터였습니다.

포트를 직접 제어할 수 있었기 때문에 저희는 (카트리지와 함께) 베이직 혹은 어셈블리 안의 스탭 엔진을 조정했어요. 그닥 훌륭하지는 않았지만, 아이였던 제가 거북이가 저를 놀라게 했던 일들을 집에서 비슷하게 할 수 있었습니다.

어머니는 세 가지 색으로 출력할 수 있는 작은 바늘형 프린터가 달린 멋진 올리베띠[2] 노트북을 가지고 있었습니다. 저희는 같은 도형을 연속적으로 작게 그리는 컴퓨터 그래픽의 도형을 출력하며 즐거워했어요. 어머니는(수학 선생님과 같이) 어려운 작업을 하셨고, 저는 그저 색을 변경했었죠.

드리스콜 **어떻게 파이썬을 하게 되었죠?**

지 아 데 제가 전문적으로 코딩을 시작한 90년대에 VCL(Visual Component Library) 컴포넌트들을 쓸 수 있는 볼랜드 도구(C++빌더와 델파이)를 사용했었습니다.

제 회사는 VCL 컴포넌트들을 구매했지만, 개발자의 형편 없는 기술지원과 버그들 때문에 큰 불만을 느끼고 있었어요.

○
1   톰슨(Thomson) TO8D : 1986년 프랑스 회사인 톰슨 SA가 판매한 홈 컴퓨터, 3.5인치 플로피 디스크를 탑재한 모델
2   올리베띠(Olivetti) : 타자기, 컴퓨터, 테블릿, 스마트폰, 프린터, 계산기와 팩스 기계등을 만드는 이탈리아 제조회사

그때 제가 네트워크 프로토콜 대부분을 제공하는 오픈소스 VCL 컴포넌트를 개발하고 릴리즈하는 인디 프로젝트를 발견했습니다. 그 라이브러리가 저희에게는 오늘날 파이썬의 Requests 라이브러리와 같았죠.

> '오픈소스 프로젝트 주위에 형성된 커뮤니티는 제가 소프트웨어 컴퓨팅 세계로 가는 길을 알려 주었습니다.'

저는 이 오픈소스 개념이 아주 흥미로웠습니다. 오픈소스 프로젝트 주위에 형성된 커뮤니티는 제가 소프트웨어 컴퓨팅 세계로 가는 길을 알려 주었습니다. 온라인 조사를 통해, 저는 조프 프로젝트를 알게 되었고, 결국 파이썬을 발견하게 되었죠. 몇 개월 후, 저는 조프 CMS[3]를 개발하고 있는 회사에 합류하게 됩니다.

드리스콜 **파이썬으로 로봇 관련 작업을 하신 적이 있나요?**

지 아 데 그렇지는 않아요. 라즈베리 파이는 조금 들여다 봤어요. 그리고 무선 스피커(Wireless Ghetto Blaster)를 여행 가방, 오래된 자동차 스피커와 와이파이 동글과 모피디[4]가 있는 라즈베리 파이로 연결하여 놀아본 적도 있습니다.

> '무선 스피커를 여행 가방, 오래된 자동차 스피커와 라즈베리 파이로 연결하여 놀아본 적도 있습니다.'

저는 이미지 프로세싱을 하기 위해 파이썬의 OpenCV 라이브러리를 살펴 보았습니다. 제가 참여한 다른 전자 관련 프로젝트 대부분은 아두이노와 수도 C 언어로 작업합니다. 저의 가장 현대적인 프로젝트는 작은 RC 카였고, 같은 기술을 썼었어요. 그 이후 저는 그 기술들이 조금 지루해지기 시작했죠.

드리스콜 **파이썬은 현재 인공지능과 기계학습 영역에서 큰 비중을 차지하고 있습니다. 왜 파이썬이 이렇게 유명해졌을까요?**

지 아 데 파이썬이 인공지능 영역에서 유명해진 이유는 싸이파이sciPy 커뮤니티가 지난 몇 년간 최신 기술을 반영한 프레임워크와 라이브러리(판다스pandas, 싸이킷-런scikit-learn, 아이파이썬/쥬피터IPython/Jupyter)를 만들었고, 과학자들이 R이나 다른 도구를 사용하는 것 대신 파이썬을 사용할 수 있게 진입장벽을 낮추었기 때문이라고 생각합니다.

'인공지능과 기계학습 혁신은 대학에서 주도하고 있습니다. 파이썬은 인공지능과 기계학습에 자연스럽게 어울리기 시작했습니다.'

○
3   CMS(Contents Management System) : 콘텐츠 관리 시스템)
4   모피디(Mopidy) : 파이썬으로 작성한 확장 가능한 음악 서버, https://www.mopidy.com/

인공지능과 기계학습 혁신은 대학에서 주도하고 있습니다. 파이썬이 대학에서 프로그래밍 학습을 위한 주 언어로 자리를 견고하게 자리 잡은 이후로, 파이썬은 인공지능과 기계학습에 자연스럽게 어울리기 시작했습니다.

드리스콜 **개인적으로 파이썬의 어떤 점이 좋나요?**

지 아 데 저는 파이썬과 파이썬 커뮤니티와 사랑에 빠졌습니다. 파이썬은 오픈소스이고, 범용적이며, 강력하면서도 여전히 단순하게 코드를 작성할 수 있습니다.

C++와 델파이에서 넘어온 저에게 처음에는 파이썬이 심각한 애플리케이션을 개발하는데 사용할 수 없는 별 볼일 없는 스크립팅 언어라고 생각했었어요. 결국, 저는 간결하고 명확히 이해할 수 있는 파이썬 프로그램을 만드는 일이 얼마나 단순한지 감명을 받게 되었습니다.

C++와 델파이는 제가 개발하고 있던 모든 네트워크 애플리케이션을 작성하기에 지나치게 과하게 보였습니다. 저는 KISS 원칙(Keep it Small and Simple, 간단하고 알기 쉽게 만드는 편이 좋다)을 따르는 파이썬 스크립트를 작성할 수 있었고, 꽤 수준 높은 웹 애플리케이션을 개발할 수 있었습니다.

드리스콜 **파이썬이 언어로서 가지는 강점과 약점이 무엇이라고 말할 수 있을까요?**

지 아 데 파이썬 프로그래밍과 함께 한 10년이 지난 지금, 저는 파이썬의 가장 큰 강점은 귀도 반 로섬과 파이썬-데브 팀의 선견지명이라고 생각해요. 모든 의사 결정 사항은 앞으로 20년간 바른 선택이라고 봅니다.

'파이썬의 가장 큰 강점은 귀도 반 로섬과 파이썬-데브 팀의 선견지명이라고 생각해요.'

씨파이썬CPython의 설계 변경을 중지하여 파이파이PyPy나 자이썬Jython과 같은 구현체가 따라올 수 있게 만든 제안서에서 어떻게 비동기식 기능을 서서히 추가했는지 엿볼 수 있으며, 이 방식이 파이썬을 바른 방향으로 현대화하였습니다.

매번 파이썬은 다른 언어에 비해 몇 가지 기능이 없다는 이유로 조금 뒤쳐진다고 평가를 받고 있습니다. 하지만, 혜성처럼 나타났다가 소리 없이 사라지는 다른 언어들과는 달리, 파이썬은 매년 꾸준히 성장하고 있습니다.

파이썬의 한 가지 약점은 표준 라이브러리입니다. stdlib에 추가된 패키지가 제거되는 경우가 별로 없다는 것이 이슈입니다. 예를 들어, 현재 stdlib에는 "Future"라는 이름의 조금 다른 클래스가 2개 있습니다. 하나는 asyncio[5] 모듈에서 비동기식 동작의 결과를 반환하기 위해서 사용되며, 나머지는

Tarek Ziadé

concurrent[6] 모듈에서 멀티 쓰레드의 비동기식 실행의 결과를 받기 위해 사용됩니다. 저는 파이썬의 stdlib가 더 좋게 평가 되기를 바랍니다.

파이썬의 가장 큰 약점은 파이썬 2와 파이썬 3의 끝나지 않는 논쟁이라고 생각해요. 이 이슈는 개발자들이 어떤 버전을 사용할지 명확하지 않다는 이유로 개발자 일부를 떠나게 만들었습니다. 지금은 논쟁의 시점이 지났다고 봅니다. 잘 되었죠.

> '파이썬의 가장 큰 약점은 '파이썬 2 vs 파이썬 3'의 끝나지 않는 논쟁이라고 생각해요.'

드리스콜 **파이썬 2.7의 긴 수명에 대해서 어떻게 생각하시나요?**

지 아 데 전환 시간이 다소 걸리는 것으로 보이지만, 현재 투명하게 진행이 되고 있으며, 성공적으로 전환하고 있습니다. 파이썬 3 생태계는 오늘날 프로젝트 대부분에 충분히 성숙해졌으니, "파이썬 2 vs 파이썬 3"의 날은 지나갔습니다.

파이썬 3에서 지원하지 않는 주요 라이브러리나 프레임워크는 없는 것으로 알고 있습니다. 그래서 신규 프로젝트를 파이썬 2.7로 시작할 이유는 전혀 없습니다. 사람들은 그저 파이썬을 사용할 것이고, 대부분 파이썬 3를 사용할 것입니

테렉 지아데

다. 언젠가 파이썬 2.7은 더 이상 존재하지 않을 것이며, 아무도 그리워하지 않을 것입니다.

> '언젠가 파이썬 2.7은 더 이상 존재하지 않을 것이며, 아무도 그리워하지 않을 것입니다.'

드리스콜   **어떻게 파이썬 책의 저자가 되었나요?**

지 아 데   제가 조프Zope에서 파이썬으로 프로그래밍을 시작했을 때, 저는 조퍼Zopeur라고 불리는 프랑스 포럼의 설립자이자 관리자였습니다. 모든 질문에 답을 하기 위해서 많은 시간을 할애했죠.

제가 조프Zope에서 파이썬으로 프로그래밍을 시작했을 때, 저는 조퍼Zopeur라고 불리는 프랑스 포럼의 설립자이자 관리자였습니다. 모든 질문에 답을 하기 위해서 많은 시간을 할애했죠.

조퍼는 저 혼자 시작한 프로젝트였기에, 만약 제가 질문에 답을 하지 않으면, 아무도 답을 하지 않았습니다. 실제로 답을 찾으며 세세한 부분까지 파고들면서 저 역시 많이 배웠습니다.

> '실제로 답을 찾으며 세세한 부분까지 파고들면서 저 역시 많이 배웠습니다.'

○
5   https://docs.python.org/3/library/asyncio-future.html
6   https://docs.python.org/3/library/concurrent.futures.html#future-objects

     Tarek Ziadé

제가 처음으로 파이썬에 관한 책을 쓴 이유는 제가 파이썬을 깊이 배워보고 싶었고, 이로 인해 다른 사람에게 도움을 줄 수 있는 일을 해보고 싶었기 때문입니다. 프랑스어로 된 파이썬 책이 없어 벌어진 격차를 좁히는 일이기도 했죠.

드리스콜 **집필을 하면서 어떤 것을 배우셨나요?**

지 아 데 집필 과정은 길고 지치는 프로젝트입니다. 첫 번째 책은 9개월이 걸렸으며, 무척 고통스럽게 마무리했습니다. 그만두는 것은 쉽죠. 상세한 사항을 놓치거나 큰 그림을 잊어 먹는 경우는 다반사입니다. 저는 제 생각을 조직화하고 머리속에 큰 그림을 유지하는 방법을 배웠습니다.

제가 첫 번째 책을 영어로 썼을때, 모국어가 아닌 언어로 책을 쓰는 것이 얼마나 어려운지 알 수 있었습니다. 제 문장을 최대한 명확하고 간결하게 유지해야 할 필요가 있습니다. 그리고 조금 더 큰 독자 커뮤니티에 노출이 되죠. 좋게 혹은 나쁘게 말이죠.

집필에 관해서 마지막으로 말씀드리고 싶은 것은 내가 쓴 책이 절대로 완벽할 수 없다는 것을 받아들일 필요가 있다는 것입니다. 책을 다 쓰고 다시 첫 장부터 읽는다면 처음부터 전부 다시 쓰고 싶을 것입니다.

'내가 쓴 책이 절대로 완벽할 수 없다는 것을 받아들일 필요가 있다는 것입니다.'

드리스콜 **프랑스 파이썬 사용자 그룹, 애프파이Afpy를 설립한 이유가 무엇인가요?**

지 아 데 서두에 말씀드렸다시피, 저는 조퍼라고 불리는 조프/파이썬 포럼을 관리하고 있었습니다. 언젠가 파리에서 살고 있는 열두명 정도 되는 활동적인 멤버들과 모임을 가지려는 아이디어가 있었어요. 맥주 한 잔 하려고 모였는데, 파이썬을 둘러싼 커뮤니티의 초석을 발견하게 되었죠. 그 이후, 저는 제 포럼을 닫고, 애프파이를 만들었습니다.

드리스콜 **그 당시 어떤 도전이 있었고, 현재 어떤 도전이 있나요?**

지 아 데 초기 몇 년간 애프파이를 훌륭하게 운영하였습니다. 저희는 모두 파이썬을 향한 열정이 가득한 사람으로 뭉친 좋은 친구들이었어요.

첫 번째 도전은 애프파이의 일부가 되고 싶었던 프랑스 회사를 통합하는 방법이었습니다. 이 작업은 수년이 걸렸습니다. 왜냐하면, 엔터프라이즈는 저희 재단을 그들의 비즈니스를 키우기 위한 도구로 (간혹 공격적으로) 사용하기 원했습니다. 저희는 애프파이의 기본 취지를 잃을 위기에 처해 있었습니다.

| **'저희는 애프파이의 기본 취지를 잃을 위기에 처해 있었습니다.'**

만약 같은 회사에서 온 개발자 일부가 운영 위원회에 선출되면 벌어질 일에 관한 피해망상도 다소 가지고 있었습니다. 하지만 파이콘 프랑스를 준비하기 시작하면서, 그런 회사들은 스폰서가 되는 걸로 자연스럽게 자리를 잡았습니다. 지금 돌아보면, 저희가 방어적으로 대응한 것이 옳은 일이었다고 생각합니다.

또 다른 도전은 애프파이의 다양성 증가를 위한 노력이었습니다. 저희는 대부분 남성이었기에 여성들이 좀 더 많아지도록 만들고 싶었습니다. 저는 이를 위한 일을 조금 해보았고, 다양성은 매우 논란이 많은 화제라는 것을 알게 되었죠. 결국, 저는 정치에 질려 버렸고, 이 일이 더 이상 즐겁지 않았어요.

| **'결국, 저는 정치에 질려 버렸고, 이 일이 더 이상 즐겁지 않았어요.'**

저는 7년간 애프파이의 회장을 역임했고, 떠날 시점이 왔다고 느꼈습니다. 지금은 참여하고 있지 않기 때문에 애프파이의 상황이 어떤지 정확히 모릅니다. 애프파이는 여전히 생기가 넘치는 사용자 그룹이며, 훌륭하다고 생각합니다.

테렉 지아데

| 드리스콜 | **여러 회사 중 조프를 선택한 이유가 무엇인가요?** |

| 지 아 데 | 그 당시 표준은 PHP 기반 프레임워크였습니다만, 조프는 멋진 녀석이었어요. 조프는 매우 혁신적이었고, 파이썬과 함께한 조프는 웹 페이지 그 이상이었습니다. |

'조프는 매우 혁신적이었고, 파이썬과 함께한 조프는 웹 페이지 그 이상이었습니다.'

조프 애플리케이션 서버상에 만들어진 오픈소스 콘텐츠 관리 시스템인 플론Plone이 주목을 받기 시작했고, 프랑스에서 매우 인기가 많았습니다. 정부 기관을 위한 CMS를 구축하는 회사는 대개 플론을 사용하였습니다. 기능 대부분이 이미 내장되어 있었기 때문이죠. 그 당시 플론은 접근성과 그룹웨어 기능에 있어 선두주자였습니다.

| 드리스콜 | **지금 사용하고 있는 파이썬 웹 프레임워크는 무엇이며, 왜 사용하고 있나요?** |

| 지 아 데 | 모질라에서는 대부분 장고Django와 플라스크Flask를 사용하며, 피라미드Pyramid[7]도 조금 사용합니다. 가끔 트위스티드Twisted |

○

7   피라미드(Pyramid) : 작은 웹 애플리케이션을 큰 웹 애플리케이션으로 집어 넣는 것을 돕는 경량 파이썬 웹 프레임워크, https://trypyramid.com/

Tarek Ziadé

나 토네이도Tornado[8]도 사용합니다. 저희는 이제 모든 것을 도커Docker 이미지로 배포하기 때문에 더 이상 신규 프로젝트를 시작하는 개발자들이 특정 파이썬 버전에 얽매이지 않습니다. 그래서, 비동기식 프레임워크도 사용하기 시작했습니다.

제가 프레임워크를 선택할 수 있을 때는 아주 간단한 웹 서비스에는 바틀Bottle[9]을 사용하며, UI가 일부 필요한 조금 더 큰 프로젝트에는 플라스크를 선호합니다. 굉장히 많은 플라스크 라이브러리가 있습니다. 이는 제가 시작할 차기 서버-기반 프로젝트는 "aiohttp"가 될 것이 확실하다는 것을 말해줍니다.

드리스콜　　　　**오픈소스 프로젝트에 직접 관여하고 있나요?**

지 아 데　　　　저는 여러 프로젝트에 참여하고 있습니다만, 현재 저를 사로잡고 있는 프로젝트는 몰로토브molotov(http://molotov.readthedocs.io/)입니다. 이는 파이썬 3.5+와 aiohttp 클라이언트 기반의 작은 부하 테스트 도구이며, 저희 웹 서비스를 테스트하는 데 사용하고 있습니다.

| '현재 저를 사로잡고 있는 프로젝트는 몰로토브입니다.'

몰로토브의 설계는 개발자가 단순한 파이썬 코루틴을 사용한 시나리오를 정의하여, 부하 테스트를 가능한 쉽게 할 수

있는 것에 초점을 맞추고 있습니다. 그러한 함수들이 모이면, 그 함수들은 스모크 테스트[10], 부하 테스트와 분산 부하 테스트에 사용됩니다.

저희 서비스의 꽤 많은 부하를 견디게 해주는 asyncio와 aiohttp에 고마움을 느낍니다. 저희 서비스 대부분을 단일 몰로티브 클라이언트로 쪼갤수 있습니다. 저는 이 도구 상단에 CI(Continuous Integration, 지속적 통합) 지원 도구를 얹어서, 끊임없이 저희 서비스의 성능 테스트를 할 수 있습니다.

이번 분기에 추가할 확장 기능은 AWS[11]에 스택을 도커 이미지로 배포할 수 있게 하는 것입니다. 배포는 부하 테스트를 실행하기 전에 실행될 것이며, 완료가 되면 지표를 수집할 생각입니다. 아르데르Ardere[12] 라고 불리는 더 큰 프로젝트가 있으며, AWS ECS(Elastic Container Service[13])상에 분산 테스트를 지원하는 도구입니다. 이 도구에 행해지는 작업 모

○

8 토네이도(Tornado) : 파이썬 웹 프레임워크이자 비동기식 네트워킹 라이브러리, https://www.tornadoweb.org/en/stable/

9 바틀(Bottle) : 파이썬을 위한 빠르고, 단순한 경량 WSGI 마이크로 웹 프레임워크 https://bottlepy.org/docs/dev/

10 스모크(Smoke) 테스트 : 소프트웨어가 제대로 동작하기 위해서 필요한 주요 함수가 잘 작성되었는 지 확인하기 위해 컴포넌트나 시스템의 주요 기능을 테스트하는 테스트의 한 종류

11 AWS(Amazon Web Service) : 현재 클라우드 서비스 선두주자를 달리고 있는 아마존 웹 서비스, https://aws.amazon.com/ko/

12 아르데르 깃허브 리포지토리 : https://github.com/loads/ardere

13 https://aws.amazon.com/ko/ecs/

Tarek Ziadé

두를 팔로우하고 싶다면 https://github.com/loads를 방문하세요.

드리스콜 **오늘날 파이썬에 관한 것 중 가장 기대되는 것은 무엇인가요?**

지 아 데 비동기(asynchronous) 프로그래밍입니다. 언어에 async/await의 추가와 aiohttp와 같은 프로젝트는 네트워크 앱을 구축하는 게임에 파이썬을 실제로 얹어 놓았습니다. 물론, 우리는 십년 넘게 트위스티드로 비동기 프로그래밍을 할 수 있었습니다만, 지금은 코어의 일부분이 되었고, 아름답게 구현이 되었습니다. 마치, Node.js와 같이 파이썬으로 비동기식 웹 앱을 쉽게 개발할 수 있습니다.

드리스콜 **미래의 파이썬 릴리즈에서 어떤 변화가 생길까요?**

지 아 데 저는 파이파이가 씨파이썬과 동등한 위치가 되고(아마도 파이파이가 따라올 수 있게, 또 다른 제안서가 필요할 겁니다), 제 모든 프로젝트를 (C 확장 모듈 포함하여) 그 위에서 실행할 수 있으면 좋겠습니다. 또한, 저희 패키징 시스템 내에서 setup.py가 사라지는 것을 보고 싶습니다. 많은 이슈의 원천지죠. 제가 시도해봤지만, 실패했습니다. (PEP 390[14]을 보세요) 하지만, 언젠가 일어날 것입니다.

테렉 지아데

드리스콜   고맙습니다, 테렉 지아데.

12
세바스찬 라슈카
Sebastian Raschka

세바스찬 라슈카는 2017년에 미시간 주립 대학에서 정량적 생물학, 생화학 및 분자 생물학 박사학위를 받았다. 그의 연구 활동에는 생물 통계학 영역에서 문제 해결을 위한 신규 딥 러닝[1] 아키텍처를 개발하는 것이 포함되어 있다. 세바스찬은 2016년에 ACM(Association of Computer Machinery) Best of Computing 상을 수상한 베스트셀러 "파이썬 머신 러닝(Python Machine Learning)[2]"의 저자이다. 그는 싸이킷-런[3]을 포함한 많은 오픈소스 프로젝트에 기여했다. 세바스찬이 구현한 함수는 캐글[4]과 같이 실세계 기계학습 애플리케이션에서 사용되고 있다. 그는 사람들이 데이터-주도 솔루션을 개발하는 것을 돕는 데 열정적이다.

토론 주제	인공지능/기계학습을 위한 파이썬, v2.7/v3.x.
세바스찬 라슈카 소셜 미디어 주소	@rasbt

O

1   딥 러닝(Deep learning) : 여러 비선형 변환기법의 조합을 통해 높은 수준의 추상화를 시도하는 기계학습 알고리듬의 집합이자, 기계학습의 한 분야

2   파이썬 머신러닝 역서 정보 : https://jiandson.co.kr/books/26

3   싸이킷-런(scikitlearn) : 여러 기계학습 알고리듬을 구현한 파이썬 라이브러리, http://scikit-learn.org/stable/

4   캐글(Kaggle) : 예측모델 및 분석 대회 플랫폼. 기업 및 단체에서 데이터와 해결과제를 등록하면, 데이터 과학자들이 이를 해결하는 모델을 개발하고 경쟁한다. https://www.kaggle.com/

마이크 드리스콜 **당신의 배경에 대해서 알려주시겠어요?**

세바스찬 라슈카 물론이죠! 제 이름에서 유추할 수 있듯이, 저는 독일에서 태어나서 자랐고, 미국에서 모험과 학업을 하고자 하는 강한 충동이 생기기 전까지 20년 이상 살았습니다.

저는 드쉘드로프Düsseldorf에 위치한 헤인리치-헤인Heinrich-Heine 대학에서 학사 학위를 받았습니다. 어느날 교내 식당에서 미시간 주립 대학(Michigan State University, MSU)의 해외 유학 프로그램 전단지를 우연히 발견한 것을 기억합니다. 강한 호기심이 생겼고, 무척 가치있는 경험이 될 수도 있겠다고 생각했어요. 얼마지나지 않아, 미시간 주립 대학에서 2년간 공부를 했고, 학사 학위/국제 학위를 받았습니다.

두 학기를 보내는 동안, 미시간 주립 대학에서 많은 친구를 만들었고, 그 곳의 과학적 환경이 제가 과학자로 성장하는데 훌륭한 기회를 준다고 생각했습니다. 그것이 바로 제가 미시간 주립 대학의 석사 학위를 지원한 이유입니다. 저는 2017년 12월에 박사 학위를 획득했고, 제 인생의 행복한 결말을 가진 챕터라고 말해야겠네요. 지금까지 말씀드린 것이 제 교육 이력입니다.

'대학원 시절, 저는 데이터 과학과 기계학습에 관련된 오픈소스에 깊이 관여하였습니다.'

대학원 시절, 저는 데이터 과학과 기계학습에 관련된 오픈

소스에 깊이 관여하였습니다. 또한, 저는 열정적인 블로거이자, 저자입니다. 제 책, "파이썬 머신 러닝"을 보신분도 계실 겁니다. 학교나 회사에 있는 분들 모두에게 도움이 되는 책이거든요.

저는 제 책을 통해 순수한 실습(코딩)과 순수 이론(예를 들어 어려운 수학)과의 차이를 채우려고 노력했습니다. 제가 받은 모든 피드백은 "파이썬 머신 러닝"이 폭넓은 독자에게 무척 유용하다는 것이었어요. 이 책은 7개 언어로 번역이 되었고, 현재 시카고 로욜라Loyola 대학, 옥스포드 대학을 포함한 많은 대학에서 교재로 사용하고 있습니다.

드리스콜　　**오픈소스 프로젝트에 기여하고 있나요?**

라 슈 카　　네, 집필 이외에도 싸이킷-런scikit-learn, 텐서플로TensorFlow와 파이토치PyTorch[1]와 같은 오픈소스에 기여하고 있습니다. 또한, 여유 시간에 작업하고 있는 작은 개인 오픈소스 프로젝트들도 있습니다, 가령, mlxtend와 바이오판다스BioPandas[2]와 같은 것들이죠.

○

1 　파이토치(PyTorch) : 연구 프로토타이핑로부터 운영 개발까지 쉽게 사용할 수 있는 오픈소스 딥 러닝 플랫폼. https://pytorch.org/
2 　바이오판다스(BioPandas) : 판다스 데이터프레임을 활용하여 분자 구조 작업을 할 수 있는 프로젝트. https://rasbt.github.io/biopandas/

　　　　　　　　　　　　　　　Sebastian Raschka

mlxtend는 매일 행해지는 데이터 과학 작업을 돕는 유용한 도구로 구성된 파이썬 라이브러리입니다. 이 라이브러리는 다른 패키지에서는 아직 볼 수 없는 도구들을 제공하여, 파이썬 데이터 과학 시스템의 약점을 보완하기 위해 탄생하였습니다. 예를 들어, 스택[3] 분류기(stacking classifier) 및 회귀 변수(regressor), 순차적 특징(feature) 선택 알고리듬은 캐글 커뮤니티에서 매우 인기가 많습니다.

추가로, 애프리오리Apriori를 포함한 일반적인 패턴의 마이닝 알고리듬과 연산 규칙을 찾아 내는 알고리듬은 매우 사용하기 편리합니다. 최근에 저는 부트스래핑부터 맥니마McNemar 테스트[4] 까지 기계학습 분류기의 평가를 하기 위하여, 인수 없는 함수를 많이 추가하였습니다.

> '생산성을 유지하기 위해서, 각각의 작은 사이드 프로젝트를 위해 새로운 API 전부를 배우고 싶지 않았습니다.'

바이오판다스 프로젝트는 더욱 편리하게 서로 다른 파일 포맷의 분자 구조를 다루는 작업의 필요성 때문에 탄생하였습니다. 박사 과정 중 수행한 프로젝트에는 단백질 구조 혹은 작은 (약품 같은) 분자 구조를 다루는 것이 많았습니다. 주변에 많은 도구가 있었지만, 각 도구는 자체적으로 만든 작은 특수 언어를 가지고 있었죠. 생산성을 유지하기 위해서, 각각의 작은 사이드 프로젝트를 위해 새로운 API 전부를 배우고 싶지 않았습니다.

바이오판다스의 개념은 구조를 갖춘 파일을 데이터 과학자 대부분이 이미 익숙한 라이브러리와 포맷인 판다스 데이터 프레임으로 파싱하는 것입니다. 데이터프레임 포맷으로 파싱이 되면, 매우 유연하게 데이터를 추출할 수 있으며, 모든 판다스의 강력한 기능을 마음껏 사용할 수 있습니다.

제가 최근에 개발한 가상 검사(screen) 도구인 스크린램프[5]는 바이오판다스의 코어 엔진을 사용하고 있습니다. 저는 1,200만 이상의 분자구조를 저장한 데이터베이스를 효율적으로 검사할 수 있었으며, 강력한 G 단백질 결합 수용체 신호 억제제를 성공적으로 발견했고, 미시간 주립 대학의 실험 생물학자들과 함께 수중 침습종 제어에 적용했습니다.

'준-적대 네트워크는 딥 러닝 아키텍처로, 미시간 주립 대학의 통합 패턴 인식 및 생체 인식(iPRoBe) 랩에서 동료들과 함께 만들었습니다.'

제가 참여한 컴퓨터 생명공학 프로젝트 이외에도, 준-적대 네트워크(semi-adversarial networks) 프로젝트는 제가 열정적으로 참여한 프로젝트 중 하나입니다. 준-적대 네트워크는 딥 러닝 아키텍처로, 미시간 주립 대학의 통합 패턴 인식 및 생체 인식(iPRoBe) 랩[6]에서 동료들과 함께 만들었

○

3 스태킹(stacking) : 최종 결정 모델 훈련에 일부 모델의 예측만을 사용

4 맥니마 테스트(McNemar's Test) : 이전, 이후에 대해 명목변수로 측정한 다음 이전과 이후에 차이가 있는 지 검정을 하기 위해 사용하는 paired sample에 대한 가설검정

5 스크린램프(screenlamp) 공식 가이드 문서 : https://psa-lab.github.io/screenlamp/index.html

Sebastian Raschka

고, 생체 인식(biometrics) 분야에 사생활 침해를 막기 위해서 성공적으로 적용했습니다.

특히, 얼굴 이미지가 원본 입력 이미지와 거의 동일하지만, 성별 예측이 어려운 생체인식 특성으로 인해 이미지를 구분하지 못하는 곳에 이 아키텍처를 적용하였습니다. 전체 목표는 사람의 개입 없이 구분하기 어려운 생체인식 프로파일링 결과의 왜곡을 줄이는 것입니다.

드리스콜   **왜 프로그래머가 되었나요?**

라 슈 카   제가 프로그래머가 된 가장 큰 이유는 제 '정신나간' 연구 아이디어를 직접 구현하고 싶었기 때문입니다.

컴퓨터 생명공학에는 직접 프로그램을 할 필요없이 마음껏 사용할 수 있는 도구들이 이미 가득합니다. 하지만, 기존 도구를 사용하면, (연구 작업에 따라) 제약 사항이 있게 마련이죠. 만약, 새로운 시도를 하고 싶다면, 특히 신규 함수를 개발하고 싶다면, 프로그램을 수정할 방법이 없습니다.

다른 사람들과 같이 저는 프로그래밍을 리눅스 셸shell에서 실행되는 간단한 배쉬Bash 스크립트로 시작했습니다. 어느 시점에 다다르니 이 스크립트가 충분하지 않고, 혹은 충분히 효율적이지 못 하다는 것을 깨달았죠. 독일에서의 학부 시

세바스찬 라슈카

절, 저는 생물정보학(bioinformatics) 수업을 펄Perl로 진행했습니다.

제가 펄로 무엇을 할 수 있는지 깨닫는 경험은 그야말로 놀라운 것이었죠. 그 이후, 제가 통계 분석을 수행하면서 수집한 데이터 기반으로 데이터 시각화를 준비하고 있을 때 R도 사용했습니다. 그리고 얼마지나지 않아, 파이썬을 쓰기 시작했죠.

드리스콜   **왜 파이썬이죠?**

라 슈 카   음, 앞서 말씀드렸다시피, 저는 펄과 R로 프로그래밍을 시작했습니다. 그런데 보통 프로그래머 대부분은 어떤 작업을 끝내기 위해 인터넷에서 유용한 정보와 팁, 트릭 등을 계속 찾아보게 됩니다.

> **'저는 우연히 방대한 양의 파이썬 참고자료를 찾게 되었고, 이 언어를 배우는 것이 가치가 있겠다고 생각했습니다.'**

저는 우연히 방대한 양의 파이썬 참고자료를 찾게 되었고, 이 언어를 배우는 것이 가치가 있겠다고 생각했습니다. 어느

○

6   iPRoBe Lab(Integrated Pattern Recognition and Biometrics Lab) 홈페이지 : http://iprobe.cse.msu.edu/

Sebastian Raschka

시점부터 저는 펄을 완전히 떠나서, 파이썬으로 데이터 수집, 파싱 및 분석을 하기 위한 커스텀 스크립트를 작성하면서 모든 코딩을 파이썬으로 하기 시작했습니다.

모든 통계 분석과 플롯팅을 R로 했다고 말씀드렸죠? 사실, 얼마전에 오래된 프로젝트를 다시 봤을 때, 우연히 파이썬과 R로 모두 실행되는 오래된 괴물 같은 스크립트(배쉬 스크립트와 make 파일들)를 발견했습니다.

2012년 과학 컴퓨팅 스택이 빠르게 성장하고 있을 때, 넘파이NumPy, 싸이파이SciPy, 매트플랏립matplotlib과 싸이킷−런scikit-learn을 자연스럽게 알게 되었죠. 저는 R로 했던 모든 것들이 파이썬으로도 가능한 것을 깨달았습니다. 프로젝트 진행중에 언어들 사이를 왔다 갔다하며 변경하는 것을 피할 수 있었습니다.

'생기가 넘치는 파이썬 커뮤니티의 일부가 되고, 그들과 교류하는 것을 정말 즐기고 있습니다.'

되돌아보면, 파이썬을 선택한 것은 아마도 제가 한 최고의 결정이 아닌가 싶습니다. 파이썬을 사용하지 않았더라면, 이렇게까지 생산적일 수 없었을 것입니다. 연구와 일 외에도, 생기가 넘치는 파이썬 커뮤니티의 일부가 되고, 그들과 교류하는 것을 정말 즐기고 있습니다. 트위터를 통해 사람들과 소통하거나, 파이데이터PyData와 싸이파이SciPy와 같은 콘퍼런스에서 사람들을 만나는 것은 언제나 즐거운 경험입니다.

세바스찬 라슈카

드리스콜 **파이썬은 현재 인공지능과 기계학습 분야에서 사용되는 언어 중 하나입니다. 왜 파이썬이 인기가 많은지 설명해주시겠어요?**

라 슈 카 제 생각에는 두 가지 이유가 있다고 봅니다.
첫 번째 이유는 파이썬이 읽거나 배우기가 굉장히 쉽다는 것입니다.

기계학습과 인공지능 분야에서 일하는 사람들 대부분은 가장 편리한 방법으로 그들의 아이디어를 구현하는 것에 집중하고 싶어 합니다. 연구에 최종 초점을 맞추고 있지, 애플리케이션과 프로그래밍은 연구를 달성하기 위한 도구일 뿐입니다. 더 편하게 배울 수 있고, 진입장벽이 낮은 프로그래밍 언어가 수학과 통계-지향 사람들에게 더욱 필요합니다.

'기계학습과 인공지능 분야에서 일하는 사람들 대부분은 가장 편리한 방법으로 그들의 아이디어를 시도하는 것에 집중하고 싶어 합니다.'

또한, 파이썬은 가독성이 매우 좋기 때문에 기계학습과 인공지능 작업시 현재 진행 중인 연구의 현황을 최신으로 유지하는 것을 돕습니다. 예를 들어, 알고리듬과 아이디어를 구현한 소스 코드를 읽기만 해도, 별도의 추가 설명 없이 쉽게 이해할 수 있는 것을 들 수 있죠. 인공지능과 기계학습에서 새로운 아이디어를 얻으려면 종종 비교적 정교한 알고리듬을 구현해야하며, 언어의 투명성이 높을수록 디버그가 쉬워집니다.

Sebastian Raschka

두 번째 주요 요인은 언어 자체의 접근성이 무척 좋다는 것입니다. 우리의 작업을 쉽게 해주는 훌륭한 파이썬 라이브러리들이 도처에 깔려 있습니다. 어느 누구도 (기계학습과 인공지능을 배우는 것이 아니라면) 기본 알고리듬을 재구현하는데 시간을 낭비하고 싶지 않을 것입니다. 수많은 파이썬 라이브러리들은 바퀴를 다시 발명하는 것 대신, 더욱 흥미진진한 것에 집중할 수 있도록 도와줍니다.

'수많은 파이썬 라이브러리들은 바퀴를 다시 발명하는 것 대신, 더욱 흥미진진한 것에 집중할 수 있도록 도와줍니다.'

그런데, 파이썬은 알고리듬을 더욱 효율적으로 구현한 C/C++ 구현체와 CUDA/cuDNN[7]과 함께 작업을 수행할 수 있는 훌륭한 중재 언어(wrapper language)이기도 하죠. 그래서, 기계학습과 딥 러닝 라이브러리들이 파이썬에서 효율적으로 실행되는 것입니다. 이는 기계학습과 인공지능 영역에서 무척 중요합니다.

요약하자면, 파이썬이 연구자와 실습생들이 기계학습과 인공지능을 배우기에 훌륭한 언어이며, 다른 언어에 비해 집중을 방해하는 것들이 현저히 적다고 말하고 싶습니다.

드리스콜 **상황이 예상치 못한 방향으로 흘러갔을지도 모르는 순간이 있었나요?**

세바스찬 라슈카

라 슈 카　좋은 질문입니다. 파이썬이 리눅스 커뮤니티에서 인기가 있어서 그런지 모르겠지만, 윈도우에서도 잘 동작합니다. 이 사실은 파이썬이 오늘날 유명하지게 되는데 크게 기여하였습니다.

루비Ruby와 같이 비교적 유사한 언어들이 있습니다. 루비 온 레일즈Ruby on Rails 프로젝트는 여전히 인기가 많죠. 장고Django와 같은 프로젝트가 시작되지 않았다면, 파이썬이 다재다능한 언어로 인정받기 어려웠을지도 모르겠습니다. 이는 파이썬을 개발하기 위해 필요한 자원과 오픈소스 기여를 줄이게 만들 수도 있죠. 결국, 기계학습과 인공지능 분야에서도 인기가 덜 해질 수도 있습니다.

'만약, 트래비스 올리펀트가 넘파이 프로젝트를 시작하지 않았다면, 과학자들이 파이썬을 과학용 프로그래밍 언어로 채택하는 경우가 적었을 것이라고 생각해요.'

만약, 트래비스 올리펀트Travis Oliphant가 넘파이Numpy 프로젝트 (1995년에는 뉴메릭Numeric이라고 불렸습니다)를 시작하지 않았다면, 과학자들이 파이썬을 과학용 프로그래밍 언어로 채택하는 경우가 적었을 것이라고 생각해요. 아마도 여전히 매트랩MATLAB[8]을 사용하고 있을 것입니다.

○

7　CUDA/cuDNN : CUDA는 그래픽카드 회사인 엔비디아(NVIDIA)가 그래픽카드 위에서 동작하는 프로그래밍을 위한 언어/API이며, cuDNN은 딥 러닝 알고리듬 중 하나인 DNN(Deep Neural Network)을 CUDA를 사용하여 개발한 라이브러리임

8　매트랩(MATLAB) : MathWorks 사에서 개발한 수치 해석 및 프로그래밍 환경을 제공하는 공학용 소프트웨어

드리스콜	그럼 파이썬이 단지 좋은 타이밍에 나타난 도구인건가요? 아니면, 인공지능과 기계학습에 무척 중요하게 된 다른 이유가 있나요?

라 슈 카　이 부분은 닭이 먼저냐 달걀이 먼저냐의 문제와 같다고 생각합니다.

이를 설명하기 위해서, 저는 파이썬이 사용하기 편하기 때문에 광범위하게 채택이 되었다고 말하고 싶네요. 커뮤니티는 과학적 컴퓨팅을 위한 유용한 패키지를 많이 개발하고 있습니다. 많은 기계학습과 인공지능 개발자들은 과학적 컴퓨팅을 위해 파이썬을 일반적인 언어로 선호하고 있으며, 그들은 티아노Theano [9], 엠엑스넷MXNet [10], 텐서플로TensorFlow와 파이토치PyTorch와 같은 라이브러리를 파이썬으로 만들고 있습니다.

기계학습과 딥 러닝 커뮤니티에서 굉장히 자주 들었던 흥미로운 대화가 있습니다 : "토치Torch 라이브러리는 멋진데 말야, 루아로 개발이 되었더라고. 다른 언어를 배우는데 시간을 낭비하고 싶지 않아." 이제 우리에겐 파이토치가 있습니다.

드리스콜　이런 시도가 어떤 파이썬 프로그래머라도 인공지능 실험을 시작할 수 있다고 생각하나요?

라 슈 카　정말 그렇다고 생각해요! 우리가 인공지능을 어떻게 정의하

　　　　　　　　　　　　　　세바스찬 라슈카

느냐에 따라 달라지겠지만, 딥 러닝과 강화 학습에 관해서는 파이썬으로 접근할 수 있는 편리한 패키지가 많이 있습니다.

아마도 현재 가장 인기있는 예시는 텐서플로일겁니다. 개인적으로, 텐서플로와 파이토치를 제 연구실에서 사용하고 있습니다. 텐서플로는 2015년에 릴리즈되었을 때부터 사용하고 있고, 전반적으로 좋아하는 편이에요. 하지만, 흔치 않은 연구 아이디어를 시도할 때는 유연성이 다소 떨어집니다. 그래서 제가 요즘 파이토치를 더 많이 사용하고 있죠. 파이토치는 그 자체로도 유연성이 높고, 문법 구문이 파이썬에 더 가깝습니다. 실제로, 파이토치는 스스로를 "파이썬을 첫 번째로 얹은 딥 러닝 프레임워크"라고 묘사하고 있습니다.

드리스콜   **파이썬을 인공지능과 기계학습에 더 좋은 언어로 만들려면 무엇을 해야할까요?**

라 슈 카   파이썬이 C/C++ 코드와 쉽게 인터페이스가 되고 사용하기 쉬운 반면에 우리는 파이썬이 가장 효율적인 언어가 아닌 것도 기억해야 합니다.

○

9   티아노(Theano) : 다중 차원 배열을 포함한 수학적 표현식을 효율적으로 정의, 최적화, 검증할 수 있는 파이썬 라이브러리, http://www.deeplearning.net/software/theano/

10   엠엑스넷(MXNet) : 파이썬 기반으로 만들어진 유연하고 효율적인 딥 러닝 라이브러리, https://mxnet.apache.org/

         Sebastian Raschka

계산적 효율성이 여러 기계학습과 인공지능 개발자가 여전히 C/C++를 프로그래밍 언어로 선택하는 이유죠. 또한, 파이썬은 모바일과 임베디드 장치 대부분을 지원하지 않습니다. 여기서 우리는 연구, 개발과 운영 환경을 구분해야 합니다.

'파이썬의 편리성은 성능 측면에서 마이너스가 됩니다.'

파이썬의 편리성은 성능 측면에서 마이너스가 됩니다. 다르게 말하면, 속도와 계산적 효율성은 생산성과 충돌합니다. 실제로, 팀에서 일할 때 담당 업무를 분리하는 것이 보통 최고의 방법이라고 생각합니다. 가령, 연구에 특화되고 새로운 아이디어를 계속 시도하는 사람과 프로토타입을 운영 환경으로 전환하는데 특화된 사람을 분리하는 것이죠.

저는 연구자이며 이 문제를 겪은 적은 아직 없습니다만, 파이썬이 운영 환경에서는 그리 좋지 않다는 것을 들은 적이 있습니다. 이는 주로 기존 인프라나 서버에서 지원하는 도구들 때문이라고 생각하며, 파이썬 그 자체의 잘못은 아니라고 봅니다.

'파이썬은 자바나 C++과 같이 확장(scale)하는 것이 쉽지 않습니다.'

일반적으로 고수준 및 범용을 목적으로 한 언어로써의 특성 때문에 파이썬은 사용하기 지루하기 짝이 없는 자바나 C++과 같이 확장(scale)하는 것이 쉽지 않습니다. 예를 들어, 텐서플로로 작업을 할 때 파이썬 실행환경에 너무 많은 시간을

세바스찬 라슈카

보내는 것은 성능을 저하시키는 주범이 될 수 있죠. 파이썬의 일반적인 효율성을 증가시키는 것(파이썬의 편리성을 유지하면서도 가능하다고 생각하지 않습니다)이 인공지능과 기계학습에 큰 혜택이 될 것입니다.

> '파이썬의 일반적인 효율성을 증가시키는 것이 인공지능과 기계학습에 큰 혜택이 될 것입니다.'

파이썬이 재빠른 프로토타이핑을 위한 훌륭한 환경을 제공하는 반면에, 지나친 관대함과 동적 타입은 더욱 쉽게 실수를 할 수 있게 합니다. 최근에 소개된 타입 힌트는 어느 정도 규모에서 이 이슈를 해결하는데 도움을 줄 것이라고 생각해요. 또한, 타입 힌트를 옵션으로 유지하는 것도 좋은 아이디어입니다. 왜냐하면, 큰 코드 베이스에는 도움이 되는 반면에, 작은 코딩 프로젝트에서는 골칫거리가 될 수 있기 때문입니다.

드리스콜 **오늘날 파이썬이 당신을 가장 흥분시키는 것은 무엇인가요?**

라 슈 카 저는 제가 필요한 건 무엇이든지 파이썬으로 할 수 있어서 굉장히 신이 납니다. 새로운 도구와 프로그래밍 언어를 배우는데 제 시간 대부분을 낭비할 필요 없이, 연구와 문제 해결에 집중할 수 있습니다.

Sebastian Raschka

'저는 파이썬의 현재와 함께 할 수 있어서 무척 행복합니다. 넘파이와 같은 기본적인 데이터 과학 라이브러리가 꾸준히 발전하고 있어서 기쁘게 생각합니다.'

물론, 때로는 파이썬 생태계에 어떤 것이 있고, 어떤 것이 유용할지 살펴 보는 것도 좋습니다. 하여튼, 전반적으로 저는 파이썬의 현재와 함께 할 수 있어서 무척 행복합니다. 넘파이와 같은 기본적인 데이터 과학 라이브러리가 꾸준히 발전하고 있어서 기쁘게 생각합니다. 넘파이는 무어 재단Moore Foundation으로부터 많은 보조금을 받아" 라이브러리를 더욱 발전시켰습니다.

또한, 최근에 판다스pandas의 재설계에 관한 콘퍼런스 발표를 보았는데요, 판다스 2는 사용자 인터페이스를 바꾸지 않고, 이미 훌륭한 라이브러리를 더욱 효율적으로 바꾼다고 하네요.

하지만 저를 가장 흥분시키는 것 한 가지는 파이썬을 둘러싼 훌륭한 커뮤니티입니다. 파이썬 커뮤니티의 일부분이 되어서 과학과 도구들을 고도화시키는 여정에 동참하는 것은 멋진 일이죠. 제 지식을 공유할 수 있고, 다른 사람들에게 배울 수 있으며, 제 흥분을 생각이 비슷한 사람들과 나눌 수 있습니다.

'파이썬 커뮤니티의 일부분이 되어서 과학과 도구들을 고도화시키는 여정에 동참하는 것은 멋진 일이죠.'

세바스찬 라슈카

드리스콜	파이썬 2.7의 긴 수명에 관하여 어떻게 생각하나요? 사람들이 전환해야만 하나요?
라 슈 카	좋은 질문입니다. 개인적으로, 저는 항상 파이썬의 최신 버전 사용을 권장합니다. 하지만, 모든 사람에게 항상 가능한 것은 아니라는 것을 깨달았죠.

만약, 여러분의 프로젝트가 오래된 파이썬 2.7 코드 베이스를 사용한다면, 자원 측면에서 전환하는 것이 불가능할 수도 있습니다. 파이썬 2.7의 긴 수명에 관해서, 우리 모두는 파이썬 2.7이 2020년 이후에는 공식적으로 관리가 되지 않을 것이라는 것을 알고 있습니다. 파이썬 2.7의 유지보수를 파생 커뮤니티에서 진행할 수도 있겠죠.

| '파이썬 2.7의 유지보수를 파생 커뮤니티에서 진행할 수도 있겠죠.'

저는 2020년 이후에 파이썬 2.7을 관리하기 위한 에너지와 자원이, 파이썬 2.7 코드 베이스를 파이썬 3.x로 전환하는 데 사용하는 시간보다 더 가치가 있을지 의문입니다. 파이썬 2.7의 장기간 관리는 항상 불안할 것입니다.

개인적으로, 저는 언제나 파이썬 최신 버전을 설치하고, 모든 프로그래밍을 파이썬 3로 합니다. 하지만, 제 프로젝트 대

○

11 https://numfocus.org/blog/numpy-receives-first-ever-funding-thanks-to-moore-foundation

Sebastian Raschka

부분은 파이썬 2.7을 지원합니다. 여전히 바꾸지 못하고 파이썬 2.7을 사용하는 사람들이 많고, 저는 그 어떤 누구도 배제하고 싶지 않기 때문입니다. 그래서, 큰 번거로움이나 진부한 차선책이 필요하지 않다면, 저는 2.7과 3x 모두와 호환되는 방법으로 코드를 작성합니다.

'여전히 바꾸지 못하고 파이썬 2.7을 사용하는 사람들이 많고, 저는 그 어떤 누구도 배제하고 싶지 않기 때문입니다.'

드리스콜   **미래의 파이썬 릴리즈에서 어떤 변화를 보고 싶나요?**

라 슈 카   저는 파이썬의 현재 기능들에 꽤 만족하며, 꼭 필요하다고 느끼는 것은 없습니다.

저와 여러 사람이 가끔 불평하는 것 한 가지가 파이썬의 Global Interpreter Lock(GIL)인데요. 하지만, 저에게는 크게 문제가 되지 않습니다. 예를 들어, 저는 멀티쓰레딩이나 멀티 프로세싱을 직접 제어하는 것을 좋아합니다.

저는 (mputil 패키지안에) 작은 멀티프로세싱 중재 프로그램을 만듭니다. 이는 제가 파이썬 멀티프로세싱 표준 라이브러리의 순수 풀 클래스를 사용할 때 메모리 소비에 이슈가 있었던 파이썬 제너레이터의 문제점을 완화시켜 줍니다. 게다가, 멀티프로세싱과 쓰레딩을 무척 쉽게 해주는 잡립joblib [12]

과 같은 훌륭한 라이브러리들이 있습니다.

그 밖에도, 무거운 작업을 수행하기 위해 사용하는 병렬 수행 라이브러리(대스크Dask [13], 텐서플로와 파이토치) 대부분은 이미 멀티프로세싱을 지원하여, 앞서 언급하였듯이 파이썬을 접착 언어로 더 많이 사용하고 있습니다. 그래서, 계산적 효율성은 앞으로 문제가 될 수 없습니다.

드리스콜   고맙습니다, 세바스찬 라슈카.

○

12 잡립(joblib) 공식 문서 링크 : https://joblib.readthedocs.io/en/latest/

13 대스크(dask) : 파이썬 병렬 수행 라이브러리, https://dask.org/

13
웨슬리 천
Wesley Chun

웨슬리 천은 지난 8년 동안 구글에서 일하고 있는 미국 소프트웨어 엔지니어다. 웨슬리는 시니어 개발자 전도사(senior developer advocate)로 개발자가 구글의 도구와 API를 잘 쓸 수 있도록 돕는 역할을 하고 있다. 이전에 야후!에서 일했으며, 초기 야후! 메일에 참여한 엔지니어다. 웨슬리는 파이썬 소프트웨어 재단(PSF)의 회원이며, 파이썬과 기술에 관한 교육 과정을 제공하는 사이버웹 컨설팅(CyberWeb Consulting[1])을 운영하고 있다. 그는 베스트셀러 "코어 파이썬 프로그래밍(Core Python Programming[2])" 책 시리즈의 저자이자, "장고와 함께하는 파이썬 웹 개발(Python Web Development with Django[3])"의 공동저자다. 웨슬리는 리눅스 저널[4], CNET[5]과 InformIT[6]에도 기여했다.

| 토론 주제 | 야후! 메일, 파이썬 책, v2.7/v3.x. |
| 웨슬리 천 소셜 미디어 주소 | @wescpy |

○

1   http://cyberwebconsulting.com/
2   역서 정보 : http://www.acornpub.co.kr/book/core-python
3   원서 구매 링크 : https://www.amazon.com/Python-Development-Django-Developers-Library-ebook/dp/B004YWCKZS
4   리눅스 저널 : 리눅스와 오픈소스 소식을 전하는 월간지, https://www.linuxjournal.com/
5   CNET : 제품 리뷰, 뉴스, 기고문, 블로그, 팟캐스트와 비디오 등을 실은 미국 미디어 웹 사이트, https://www.cnet.com/
6   피어슨 출판사의 자회사로 기술과 교육 콘텐츠를 인터넷으로 출판하는 사이트, http://www.informit.com/

마이크 드리스콜   **왜 프로그래머가 되었나요?**

웨 슬 리   천   저는 오래전부터 코드를 작성하여 문제를 해결하는 능력에 마음이 사로 잡혔습니다. 제 관심은 아마 고등학교 마지막 학년에 시작되었을 겁니다.

저의 프로그래밍 선생님은 가우스 소거법[1] 을 구현하는 코드를 어떻게 작성하는지 그리고 컴퓨터로 방정식을 어떻게 자동으로 푸는지 보여주셨습니다. 이는 예전에 사람이 비효율적으로 계산해야만 하는 지루한 작업을 컴퓨터가 자동화하는 방법을 보여주는 것이었어요.

저희가 코모도르 베이직[2] 만을 사용하여 알고리듬을 구현하고 성공적으로 동작하는 것을 지켜보는 것은 제가 전문 개발자가 되는데 동기를 부여하였습니다. 사람과 프로세스를 효율적으로 만들고 싶어하는 마음이 수십년간 소프트웨어 엔지니어로 경력을 이어온 원동력이 되었습니다.

'사람과 프로세스를 효율적으로 만들고 싶어하는 마음이 수십년간 소프트웨어 엔지니어로 경력을 이어온 원동력이 되었습니다.'

드리스콜   **어떻게 파이썬 프로그래밍 언어를 접하게 되었나요?**

천   파이썬을 찾은 것은 선택이 아니었어요. 저는 C/C++ 프로그래밍과 Tcl과 펄Perl과 같이 잘 알려진 셸 언어 경험이 있었습니다. 그러고 나서 파이썬이 주 개발 언어가 된 스타트업에서 일하기 시작했습니다. 저는 파이썬을 배웠고, 1990년 말에 결국 야후! 메일이 된 프로그램 구축을 도왔습니다.

드리스콜   **야후! 메일은 어떻게 탄생하게 되었나요?**

천   1997년, 저는 Four11라고 불리는 스타트업에서 일하고 있었습니다. 이름 그대로, 회사가 출시한 첫 번째 제품은 전화번호 화이트 페이지[3] 디렉토리의 최초 온라인 버전이었죠.

웹 앱이었던 Four11 서비스는 전체가 C++, 모놀리틱 바이너리로 작성되었고, 빌드가 힘들고, 유지 보수가 번거로웠습니다. CTO와 공동 설립자는 조금 더 민첩하게 개발할 수 있는 방법을 찾기 시작했어요.

다양한 스크립팅 언어들을 조사한 후, CTO는 모든 핵심 작업을 C++로 남긴다면, 파이썬으로 프론트엔드 혹은 미들웨

○

1   가우스 소거법(Gauss-Jordan elimination) : 연립 일차 방정식을 풀이하는 알고리듬

2   코모도르 베이직(Commodore BASIC) : 코모도르 8비트 컴퓨터에서 실행가능한 베이직의 파생언어 중 하나

3   화이트 페이지(White page) : 인터넷 사용자에 대한 기본적인 정보를 제공하는 서비스 이들 데이터베이스를 전화번호를 의미하는 '옐로우 페이지(yellow page)'에 비교해서 '화이트 페이지'라고 부른다.

어를 교체할 수 있겠다는 확신을 가졌습니다.

저희 다음 제품, 로켓메일RocketMail은 이 수정된 스택으로 개발되었습니다. 저희는 로켓메일을 만들기 전에, 자체 웹 프레임워크를 개발했습니다. 이 프레임워크를 사용하면, 코어 팀은 성공적인 메일 서비스를 런칭할 수 있었고, 이는 야후! 가 저희 회사를 인수하게 된 계기가 되었습니다. 로켓메일은 야후! 메일이 되었고, 나머지는 역사 속으로 사라졌죠.

드리스콜   **어떻게 저자가 되었나요?**

천   저자가 된 것도 우연이었어요. 대학에서 인턴십을 할 때, 고객을 위한 사용자 매뉴얼을 만드는 작업이 주어졌습니다.

저는 벤투라 퍼블리셔⁴ 를 사용하는 방법을 배웠고, 항상 코딩과 글쓰기를 병행하였습니다.

| '업무로 인해 파이썬을 접했을 때, 서점에 파이썬 책이 딱 2권 있었습니다.'

업무로 인해 파이썬을 접했을 때, 서점에 파이썬 책이 딱 2권 있었습니다. 하나는 큰 규모의 사례 공유 책이있지만, 다른 책은 이미 버전이 오래된 첫 번째 파이썬 책이었죠. C와 셸 스크립트와 같은 언어에서 넘어온 개발자들을 위한 파이썬 책이 필요했고 그래서 "코어 파이썬 프로그래밍(Core

Python Programming)" 책을 만들게 되었습니다.

드리스콜   **파이썬 책을 집필하면서 배운 것은 무엇인가요?**

천   만약, 제가 개발자가 아니었다면, 아마도 책을 쓰면서 파이
썬을 배웠다고 말할 것 같습니다. 집필하는 내내, 주제에 대
해서 조사 및 연구를 할 필요가 있거든요.

책의 주제에 관하여 필요 이상으로 더 많은 정보를 익혀야만
합니다. 프로그래밍 언어를 전반적으로 살펴보려면, 일반적
으로 사용되는 기능과 그렇지 않은 기능들도 반드시 익숙해
져야만 하거든요.

드리스콜   **독자들이 집필하는 과정에 어떤 영향을 주었나요?**

천   독자들이 다가와서 파이썬을 주로 저에게 배웠다고 얘기할
때면, 항상 제 얼굴에 미소가 번졌습니다.

○
4   벤투라 퍼블리셔(Ventura Publisher) : 글과 그래픽 프로그램을 함께 편집할 수 있는 IBM PC 기반 컴퓨터
를 위한 최초의 데스크톱 퍼블리싱 패키지 소프트웨어

언제든지 가능하다면, 독자에게 직접 피드백을 요청했고, 제 책을 더 좋게 만들 수 있었습니다. 독자들은 배운 것을 응용하는 데 도움이 되는 챕터 마지막의 실습 예제를 좋아했습니다. 그들은 넓게 펼쳐진 다양한 주제를 다룬 것에도 고마워했어요.

드리스콜 **사이버웹 컨설팅**CyberWeb Consulting**의 아이디어에 대해서 설명해 주실 수 있나요?**

천 그럼요, 제 홈 비즈니스는 제가 파이썬 커뮤니티에서 수행하는 모든 프리랜서 작업을 통합하는 것을 의미합니다. 사이버웹 컨설팅은 잡지 기고, 제가 가르치는 파이썬 교육 과정과 저에게 요청이 오는 파이썬-관련 컨설팅을 포함하고 있습니다.

드리스콜 **현재 작업하고 있는 프로젝트는 무엇인가요?**

천 오늘날, 저는 여전히 사람이 한때 수행했던 재미없고 힘든 일상 작업을 자동화하는 것을 돕고 있습니다. 사람들이 가지고 있는 무거운 짐을 덜어주고 있어요.

'저는 여전히 사람이 한때 수행했던 재미없고 힘든 일상 작업을 자동화하는 것을 돕고 있습니다.'

저는 현재 구글의 개발자 전도사(developer advocate)입니다. 저는 개발자들에게 구글 기술을 어떻게 그들의 앱, 웹 혹은 모바일에 통합할 수 있는 지 보여주고 있습니다. 처음에는 구글 클라우드 플랫폼을 소개하는 팀에서 근무하였으나, 그 이후 더 익숙한 G 스윗[5] 생산성 애플리케이션(지메일 Gmail, 구글 드라이브Google Drive, 캘린더Calendar, 시트Sheets 등)팀으로 옮겼습니다.

사람들은 잘 알려진 이 앱들이 익숙하지만, 저는 각 도구들 저변에 깔려 있는 개발자 플랫폼과 API에 관하여 프로그래머들에게 가르치는 일에 집중하고 있습니다. G 스윗 개발자 블로그나 G 스윗 개발자 쇼(http://goo.gl/JpBQ40)에서 저를 쉽게 찾을 수 있습니다.

파이썬 관련 프로젝트를 살펴보면, 제 첫 책이었던 "코어 파이썬 프로그래밍"의 3판을 준비하고 있습니다. "코어 파이썬 프로그래밍" 책을 잘 알고 있는 독자라면, 이 책이 2개의 책으로 엮어진 것을 알고 있을 것입니다. 3판 제 2권은 "코어 파이썬 애플리케이션 프로그래밍Core Python Applications

○

---

5   G 스윗(G Suite) : 구글에서 제공하는 유료 서비스로 클라우드 컴퓨팅 생산성 및 협업 소프트웨어 도구, 소프트웨어 모음

Programming"이며, 2012년에 출간되었습니다. 지금 작업하고 있는 책은 3판 제 1권입니다. 이 최근 책 이름은 내용을 더 잘 반영한 "코어 파이썬 언어 기초Core Python Language Fundamentals"가 될 것입니다.

최근까지 거의 방치하던 파이썬 블로그가 있었습니다. 운종게도, 제 일이 구글 개발자 제품에서 파이썬 코드를 다루는 것이었기 때문에, 업무를 통해 블로그 콘텐츠를 얻고 있습니다.

드리스콜	**현재 파이썬에 관하여 가장 흥분되는 것은 무엇인가요?**
천	믿으실지 잘 모르겠지만, 오늘날 사람들이 파이썬이 무엇인지 알고 있다는 것이 무척 흥분됩니다. 예전에는 아무도 파이썬을 들어본 적이 없었습니다. 파이썬은 정말 훌륭한 도구이며, 온 세상이 언젠가 파이썬을 모두 알게 되기를 바랬습니다. 바로 지금 그 시점이 왔다고 생각합니다.

'파이썬은 정말 훌륭한 도구이며, 온 세상이 언젠가 파이썬을 모두 알게 되기를 바랬습니다. 바로 지금 그 시점이 왔다고 생각합니다.'

파이썬 2와 3의 공존의 끝이 보이는 것 또한 신나는 일이죠. 파이썬 3를 채택하는 곳이 점점 많아지고 있으며, 패키지 대부분이 현재 사용 가능합니다.

웨슬리 천

드리스콜	**파이썬 2의 긴 수명을 어떻게 생각하나요?**
천	곧, 파이썬 2는 역사 속으로 사라질 것입니다. 파이썬 3.x에 회의적인 사람들도 있지만, 천천히 줄어들고 있습니다. 파이썬이 2에서 3로 옮겨가는 것은 펄 5에서 6으로 가는 것과 같지 않아요.

파이썬 2의 긴 수명은 파이썬 3의 비호환성 때문에 필요한 것이었습니다. 반면에, 파이썬 2.6과 2.7은 훌륭한 마이그레이션 도구입니다. 해당 버전에는 전반적인 마이그레이션을 돕기 위해 3.x 기능들이 반영된 유일한 2.x 버전들입니다.

> '저는 파이썬 2 호환성 결여로 인해 세상이 파이썬 3으로 전환하는데 10년이 걸릴 것이라고 얘기했었어요.'

가끔, 파이썬 2의 장수에 관하여 글을 쓰거나 발표를 해왔습니다. 2008년에 3.0이 발표되었을 때, 저는 파이썬 2 호환성 결여로 인해, 세상이 파이썬 3으로 전환하는데 10년이 걸릴 것이라고 얘기했었어요.

오늘날 보여지는 가속도로 보았을 때, 저는 예전에 생각했던 것보다 더 정확하게 예측하게 될 것이라고 생각해요. 제 첫 주장은 대부분 경솔하고 추상적이었으며, 지난 몇년 동안 점점 더 구체적이고 현실적으로 되었습니다. 하지만, 파이썬 3.6은 업그레이드하기에 훌륭한 버전이에요!

'저는 예전에 생각했던 것보다 더 정확하게 예측하게 될 것이라고 생각해요.'

드리스콜 **오늘날 인공지능과 기계학습 분야에서 파이썬을 점점 더 많이 사용하는 추세입니다. 이유가 무엇이라고 생각하나요?**

천 파이썬은 적용하고자 하는 영역과 상관없이 훌륭한 언어입니다. 문제를 해결하기 위해 사용자가 컴퓨터 과학자가 되어야할 필요가 없습니다. 언어 문법은 해결책을 구현하고 싶은 사람들에게 방해가 되지 않습니다. 또한 이해하기 쉬운 문법 덕분에, 그룹 협업에도 탁월합니다.

드리스콜 **어떻게 하면 파이썬이 인공지능과 기계학습을 위해 더 나은 언어가 될 수 있을까요?**

천 기존 파이썬 라이브러리의 꾸준한 개발과 신규 라이브러리의 생성이 인공지능 영역의 작업을 더욱 쉽게 해줄 것입니다. 이는 모든 사람에게 도움이 될 것입니다.

'기존 파이썬 라이브러리의 꾸준한 개발과 신규 라이브러리의 생성이 인공지능 영역의 작업을 더욱 쉽게 해줄 것입니다.'

웨슬리 천

드리스콜	**미래의 파이썬 릴리즈에서 보고 싶은 변화가 있나요?**

| 천 | 저는 파이썬 릴리즈 횟수와 신규 기능을 줄이면 좋겠습니다. 현재의 모습(파이썬 3.6)이 훌륭하다고 생각해요. |

> '저는 파이썬 릴리즈 횟수와 신규 기능을 줄이면 좋겠습니다.'

물론, 버그와 보안 수정을 할 필요가 있습니다. Global Interpreter Lock(GIL) 이슈를 해결함으로써, 추가적인 성능 개선이 이루어지면 좋죠. 하여튼, 릴리즈 스케줄이 연장되는 것을 보고 싶군요.

마침내 저는 파이썬이 소프트웨어 개발 세계에서 C나 C++과 같이 표준으로 인정받기를 바랍니다. 추가 개선이 필요한 경우 개선 제안(PEP)으로 제공될 수 있습니다. 표준으로 인정받는 것은 파이썬의 채택 적합성을 높여 줄것이며, 특히 큰 기업에서 파이썬을 더 많이 채택하게 될 것입니다.

| 드리스콜 | 고맙습니다, 웨슬리 천. |

14
스티븐 로트
Steven Lott

스티븐 로트는 미국 소프트웨어 개발자 및 저자다. 그는 은행 지주회사인 캐피탈 원 Capital One의 소속으로 파이썬을 사용하여 신제품용 API를 구축한다. 이전에는 IT 서비스를 제공하는 CTG의 솔루션 아키텍트로 일했다. 그는 "모던 파이썬 쿡북Modern Python Cookbook [1]", "유쾌한 파이썬Python for Secrets Agents [2]"와 "함수형 파이썬 프로그래밍Functional Python Programming [3]"의 저자다. 스티븐은 파이썬 커뮤니티를 위한 교육 콘텐츠를 만들며, 기술 블로그에 글을 쓴다.

| 토론 주제 | 파이썬 강점과 약점, 파이썬 책, v3.6. |
| 스티븐 로트 소셜 미디어 주소 | @s_lott |

○

1   모던 파이썬 쿡북 역서 링크 : http://www.acornpub.co.kr/book/modern-python-cookbook
2   유쾌한 파이썬 역서 링크 : http://www.acornpub.co.kr/book/python-secret-agent
3   https://www.packtpub.com/application-development/functional-python-programming

| 마이크 드리스콜 | **왜 프로그래머가 되었나요?** |

| 스 티 븐 로 트 | 저는 1970년대에 프로그래밍을 시작했어요. 컴퓨터 자체가 별로 없을 때죠. 학교에 두 대의 올리베티 프로그레마 101 계산기[1]와 IBM 1620 컴퓨터[2]가 있었습니다.

이러한 기계에 동시에 무작위로 이벤트를 발생시키거나, 그림을 그리거나 혹은 새로운 게임을 만드는 것과 같이 유용한 기능을 만들어 넣을 수 있었습니다. 수학 숙제를 할 때도, 반응적이고 자율적인 장치는 최고의 장난감이었죠. 새롭고 유용한 것을 소프트웨어로 만드는 아이디어에 주목했습니다. 또한, 저는 컴퓨터실에 드나드는 많은 친구들도 있었답니다.

| 드리스콜 | **어떻게 파이썬을 시작하였나요?** |

| 로   트 | 90년대 후반, 객체-지향 프로그래밍이 탄력을 받고 있을 때, 저는 유명한 언어들을 쫓기 시작했습니다. 스몰토크-80 포트, THINK C++[3] 컴파일러와 JDK[4] 1.1을 가진 맥킨토시가 있었습니다. 최근에 만들어진 객체-지향 프로그래밍 기술을 위한 조사를 한 끝에, 결국 파이썬을 찾게 되었습니다.

| '파이썬의 진입 장벽은 제가 다른 언어들을 배웠을 때보다 훨씬 낮았습니다.'

파이썬의 진입 장벽은 제가 다른 언어들을 배웠을 때보다 훨

씬 낮았습니다. 단 하나의 런타임이 있을 뿐이었고, 소프트웨어를 빌드하기 위해 복잡하게 얽힌 도구들도 필요 없었죠. 파이썬은 다양한 유스케이스를 다룰 수 있는 하나의 도구로써, 펄Perl, AWK, sed와 grep[5]을 대체하고 있었습니다. 2000년, 저는 유용하고 동작하는 애플리케이션을 파이썬으로 개발하기 시작합니다.

드리스콜 **파이썬의 어떤 점을 좋아했나요?**

로 트 먼저, 저는 파이썬의 우아한 간결성을 꼽고 싶네요. 표준 라이브러리는 도구의 놀라운 기능들을 제공합니다. 더 많은 것을 배우고나니, 거대한 생태계가 표준 라이브러리 뿐만이 아니라 외부 모듈과 패키지로 이루어졌다는 것을 알게 되었고, 굉장히 다양한 시도를 할 수 있다는 것을 깨달았습니다.

저는 문제를 빠르게 풀 수 있기 때문에 파이썬을 업무에서 사용하고 있습니다. 파이썬은 복잡한 데이터 충돌 문제를 홀

○

1 올리베티 프로그레마 101(The Olivetti Programma 101) : 페로티나(Perottina) 혹은 P101로도 알려졌으며, 프로그래밍이 가능한 최초 상용 "데스크톱 컴퓨터"임
2 IBM 1620 : 1959년 10월, IBM에서 시장에 내놓은 저가형 "과학적 컴퓨터"
3 THINK C++ : 클래식 맥 OS에서 사용할 수 있는 ANSI C의 확장 언어, Symantec C++라고도 불림
4 JDK(Java Development Kit) : 자바로 구현을 하기 위해 기본적으로 필요한 자바 개발 플랫폼
5 AWK, sed, grep : 흔히 사용되는 유닉스 스크립트 명령어들

릏하게 해결해 줍니다. 일반적으로 성공하기 위해서는 빠르게 시도하여 문제의 미묘한 차이와 복잡성을 최대한 빠르게 파악해야 합니다. 파이썬은 그 과정을 빠르게 거칠 수 있게 하고 실패해도 새로운 길로 다시 시작할 수 있게 합니다.

'파이썬은 그 과정을 빠르게 거칠 수 있게 하고 실패해도 새로운 길로 다시 시작할 수 있게 합니다.'

넘파이NumPy를 배우면 배울수록, 파이썬은 코드의 보편적인 컨테이너 같은 것이라고 보여집니다. 넘파이 라이브러리는 C(와 포트란Fortran) 기반이며, 파이썬 래퍼wrapper가 이를 광범위하게 사용할 수 있게 하고, 쓸모있게 해줍니다.

저는 파이콘 2016에서 귀도 반 로섬Guido van Rossum의 키노트 발표를 보기 전까지, 파이썬을 사용하는 근본적인 이유가 무엇인지 명확하지 않았습니다. 파이썬은 커뮤니티가 가장 큰 강점입니다. 파이썬의 오픈소스 정신은 커뮤니티가 멋지고 새로운 도구를 만드는 노력을 하게끔 독려합니다.

'파이썬은 커뮤니티가 가장 큰 강점입니다.'

파이썬은 여러 강점들을 가지고 있어요. 그 중 하나는 파이썬이 광범위한 영역에서 채택된다는 것입니다. 과학자들은 거대한 데이터셋을 분석하는 데 파이썬을 사용하며, 확장성 있는 웹 서비스를 구축하는데도 파이썬을 사용합니다. 알렉사Alexa, 네스트Nest와 아두이노Arduino-기반 온도 센서와 통합을 하는 해커들도 파이썬을 재미로 사용하기도 하죠.

스티브 로트

파이썬의 또 다른 강점은 배터리가 포함된 장난감과 같다는 것입니다. 다운로드 한 번에 원하는 모든 도구를 가질 수 있습니다. 만약, 언어를 배우고 싶다면, 본인의 컴퓨터 배포판으로 시작할 수 있죠. 만약, 데이터 과학자가 되고 싶다면, 수많은 패키지가 들어있는 아나콘다 배포판으로 시작하면 됩니다.

파이썬 소프트웨어 재단(PSF)은 가능한 한 모두를 포용하고 싶어합니다. 그 철학은 누구든지 배울수 있고 그들이 배운 것을 공유할 수 있게 하는데 있습니다. 파이썬의 커뮤니티는 누구도 절대로 배제되면 안된다고 믿고 있습니다. 우리는 모두 파이썬을 사용하여 문제를 해결하고 있으니 모두가 서로를 도울 필요가 있습니다.

드리스콜   **파이썬이 언어로써 가지는 약점은 무엇인가요?**

로   트   저는 파이썬의 약점들을 모으고 있습니다. 몇몇은 웃기는 소리일 뿐이고, 대부분 별 의미가 없는 내용들이었습니다. 의미있는 불평은 많지 않았습니다.

전반적으로, 파이썬 언어를 비난하는 문제 대부분은 비효율적인 알고리듬과 데이터 구조 선택 때문이 아닌, 성능 저하 문제였습니다.

| '파이썬 코어 런타임은 무척 빠릅니다.'

Steven Lott

파이썬 코어 런타임은 무척 빠릅니다. 포트란Fortran과 C는 칩셋에 맞는 코드를 최적화된 컴파일러가 만들어주기 때문에 더 빠르죠. 싸이파이SciPy와 넘파이는 파이썬이 감싸고 있는 바이너리 코드를 사용하기 때문에, 이 이슈를 잘 다루고 있습니다.

또 다른 이슈는 파이썬을 사용할 때의 혼란스러움입니다. 언어의 주석과 데이터 구조간의 겹치는 내용이 없다는 것은 리스트, 세트, 딕셔너리 타입에 중복되는 기능들이 있다는 것을 의미합니다. 파이썬 데이터 구조의 매우 정교한 구현은 좋지 않은 선택을 할 수 있는 가능성을 만들고, 옳은 선택을 했지만 끔찍하게도 비효율적인 코드를 만들기도 합니다.

마지막으로, 파이썬의 약점은 상속 이슈를 만들 가능성이 있다는 것입니다. 모든 것이 동적이기 때문에 파이린트Pylint[6]와 같은 도구들이 순전히 나쁜 설계로 인한 유사 함수 신규 생성과 의미있는 함수 재정의를 구분하기 어렵습니다.

역자 NOTE : 유사 함수와 함수 재정의
특별한 의도없이 이름이 비슷한 함수를 실수로 만드는 것과, 같은 함수를 상속할 때 기능을 재정의하기 위한 오버로딩을 구분하기 힘들다는 것은 실수와 의도를 구분하고 알아채기 힘들기 때문에 문제가 발생할 수 있다는 것을 염려하고 있다.

Collections.abc 모듈[7]은 코드를 정리하는 데 사용하는 데코레이터를 가지고 있으며, 재정의 확인을 돕는 기능을 제공합니다. 'typing' 모듈[8]의 타입 정의는 마이파이[9]가 잠재적 문제를 찾는 것을 돕습니다.

스티브 로트

| 드리스콜 | **어떻게 파이썬 책 저자가 되었나요?** |

| 로 트 | 제 경력의 대부분은 그저 우연히 다가왔지만, 저자가 되는 것은 의도적인 결정이었어요. |

파이썬 언어와 관련있는 소프트웨어 엔지니어링 기술을 가르치는 것이 가치가 있을 것이라고 생각했습니다. 저는 2002년에 책을 위한 자료들을 수집하기 시작했어요. 2010년, 저는 여러 파이썬 책을 자가-출판하였습니다

'몇년 후, 저는 파이썬에 관한 수천개의 질문에 답을 했고, 큰 명성을 얻었습니다.'

스택 오버플로Stack Overflow가 생겼을 때, 저는 초기 참여자였죠. 흥미로운 파이썬 질문들이 많았습니다. 질문들은 파이썬에 특화된 정보와 일반적인 소프트웨어 엔지니어링의 격차를 보여주었죠. 몇년 후, 저는 파이썬에 관한 수천개의 질문에 답을 했고, 큰 명성을 얻었습니다.

○

6 파이린트(Pylint) : 파이썬 코드 에러를 찾고 코딩 표준 준수를 돕는 도구, https://www.pylint.org/

7 https://docs.python.org/3/library/collections.abc.html

8 https://docs.python.org/3/library/typing.html

9 마이파이(mypy) : 선택적 정적 타입 확인을 돕는 도구, 동적 타입과 정적 타입의 장점을 합침, http://mypy-lang.org/

| 드리스콜 | **집필 과정에서 무엇을 배웠나요?** |

| 로　트 | 저는 의미있고 흥미로운 예제를 만드는 것에 어려움을 느꼈습니다. 예제는 연관된 이야기 전개와 해결책을 요구하는 문제가 필요하죠. |

이야기 전개들은 극적인 사건과 갈등이 있어야 하는데 특히, 데이터 구조와 알고리듬을 생각할 때 잘 떠오르지 않았습니다. 저는 집필 과정 중에 예제를 생각해내기 위해 헤매느라 다른 어떤 부분보다 더 많은 시간을 사용했습니다. 제가 생각한 많은 문제들이 너무 크거나 복잡했습니다.

문제를 해결하지 않으면 코드 조각을 묘사하기 어려웠습니다.

예를 들어, 외판원 문제(the traveling salesman problem)[10]는 그래픽 순회를 묘사하는 잘 알려진 이야기가 있죠. 이야기가 있는 것은 필수 문제를 기억하고 해결책의 동작 방식을 보여주는 틀을 제공합니다. 코드만으로는 언어 구조가 왜 중요한지 이해하는데 도움이 되지 않습니다. 코드는 문제를 해결할 때만 존재하기 때문에 문제를 반드시 설명해야만 합니다.

> '코드만으로는 언어 구조가 왜 중요한지 이해하는데 도움이 되지 않습니다. 코드는 문제를 해결할 때만 존재하기 때문에, 문제를 반드시 설명해야만 합니다.'

이야기를 만들려면 문제를 한 발치 멀리서 바라보기 위한 시간이 필요합니다. 이는 필요 없는 상세한 사항들을 요약하고 추상화해야 하는 것이 필수적이기 때문입니다. 올바른 상세 사항을 찾는 것은 깊은 이해를 요구합니다. 저는 코드의 묘사가 길고 복잡하며, 별로 관계가 없는 주제를 포함할 때 실패했다는 것을 압니다.

드리스콜	**집필하신 책 중에 어떤 책이 가장 유명한가요? 사람들이 다른 책 보다 그 책을 사는 이유가 무엇이라고 생각하나요?**
로　트	저의 가장 성공적인 책은 "유쾌한 파이썬(Python for Secret Agents)"입니다. 재미있는 요소가 성공 요인의 일부로 보여집니다. 만약, 책에 다양하고 재미난 실습 과제와 해결해야할 문제가 있다면, 독자들은 그들이 해결하고자 하는 문제를 어떻게 파이썬으로 풀 수 있는지 알 수 있습니다. 만약, 책이 한 가지 문제 영역에 너무 좁게 초점을 맞추거나, 혹은 반대로 지나치게 추상적이면, 학습에 도움되는 애플리케이션이 나오기 힘듭니다.
드리스콜	**파이썬의 새롭고 신나는 트랜드는 무엇인가요?**

○

10　외판원 문제 설명 : https://ko.wikipedia.org/wiki/외판원_문제

로   트   파이썬 3.6은 빠르며, 더 빨라지고 있습니다. 개발자들은 기초적인 알고리듬 작업을 함으로써, 기억에 남을 만한 것들을 해내고 있습니다.

> '파이썬 3.6은 빠르며, 더 빨라지고 있습니다. 개발자들은 기초적인 알고리듬 작업을 함으로써, 기억에 남을 만한 것들을 해내고 있습니다.'

딕셔너리를 위한 신규 내부 데이터 구조는 메모리 소비를 줄여주며, 더 빠르게 실행됩니다. 이러한 내부 리엔지니어링 (re-engineering)은 흥분되는 일이죠. 언어의 가시적인 변화와 함께 업그레이드를 하면 엄청난 혜택을 가져올 수 있습니다.

파이썬의 또 다른 기대되는 방향은 마이파이 프로젝트와 타입 힌트를 연결하려는 것입니다. 언어나 개발 도구에 큰 변화 없이, 다루기 쉬운 품질 좋은 도구를 가지게 되는 셈이죠. 지나친 부하 없이 더욱 믿을 수 있는 코드를 작성할 수 있습니다. 만약, 마이파이가 파이린트 혹은 파이플레이크스 Pyflakes[11] 의 부분이 된다면, 더욱 도움이 될 것입니다.

아두이노 제작자로서 저는 파이썬-기반 도구로 사후 분석을 위한 데이터를 자주 수집합니다. 현재 프로젝트는 배가 정박하고 있을 때 배의 위치를 모니터링하는데 사용하는 주문 제작용 GPS 트래커를 포함합니다. 배가 위치를 이탈하면 알람이 울리게 되어있죠. 사물 인터넷(Industrial IoT, IoT) 프로젝트가 시도하는 새롭고 유용한 제품에 파이썬이 중요한 부분을 차지하고 있는 예시들이 많이 있습니다.

드리스콜   **마이크로파이썬**MicroPython**이 인기가 많아지고 있는 요즘, 파이**
                   썬이 임베디드 프로그래밍을 위한 언어로도 유명해질까요?

로 트   네, 마이크로파이썬과 파이보드[12] 는 신나는 신규 개발 프로
              젝트입니다. 라즈베리 파이 역시 파이썬이 잘 실행됩니다.

| '마이크로파이썬과 파이보드는 신나는 신규 개발 프로젝트입니다.'

프로세서는 꾸준히 빨라지고 작아지고 있으며, 이는 조금 더
정교한 언어가 필요하다는 것을 의미합니다. 제가 처음으
로 사용한 컴퓨터는 메모리 용량이 20K였으며, 업라이트 피
아노 크기였습니다. 제 첫 애플 II 플러스는 64K 메모리밖에
가지고 있지 않았지만 굉장히 컸습니다. 하지만 파이보드는
1M 롬[13]과 192K 램[14] 을 가지고 있으면서, 2 제곱 인치 크기[15]
밖에 되지 않습니다.

드리스콜   고맙습니다, 스티븐 로트.

○
11   파이플레이크스(pyflakes) : 파이썬 소스 파일의 에러를 확인하는 경량 프로그램,
      https://pypi.org/project/pyflakes/
12   파이보드(pyboard) : 아두이노와 같이 IoT 영역에서 사용되는 마이크로파이썬으로 프로그래밍이 가능한
      소형 보드
13   롬(ROM) : Read Only Memory, 읽기 전용 메모리
14   램(RAM) : Random Access Memory, 읽기/쓰기 메모리
15   약 12.9 제곱 센티미터

                                                 Steven Lott

15
올리버 스컨본
Oliver Schoenborn

올리버 스컨본은 캐나다 소프트웨어 개발자이자 독립 소프트웨어 개발자다. 과거에 CAE[1]의 시뮬레이션 컨설턴트이었고, 캐나다 국립 연구 의회[2]의 시각화 소프트웨어 개발자로 일했다. 올리버는 비즈니스와 정부 커뮤니티를 연결하는 일에 관심을 가지고 있다. 그는 이벤트-기반 애플리케이션의 의존성 제거를 돕는 파이썬 패키지인 Pypubsub[3]의 창시자이다. 올리버는 정기적으로 Pypubsub을 업데이트하며, wxPython[4] 메일링 리스트에 기여하고 있다.

토론 주제	**Pypubsub, 인공지능 안의 파이썬, 파이썬의 미래**
올리버 스컨본 소셜 미디어 주소	**@schollii2**

○

1 CAE(Canadian Aviation Electronics) : 시뮬레이션 기술, 모델링 기술 및 항공사, 항공기 제조사, 헬스케어 전문가 등에게 트레이닝 서비스를 제공하는 캐나다 제조사, https://www.cae.com/
2 캐나다 국립 연구 의회(National Research Council Canada) : 캐나다 정부의 과학, 기술 연구 및 개발 영역의 주요 국립 연구 및 기술 조직
3 https://github.com/schollii/pypubsub
4 wxPython : 파이썬 언어를 위한 크로스-플랫폼 GUI 툴킷, https://wxpython.org/

Oliver Schoenborn

마이크 드리스콜 **당신의 배경부터 시작해보죠. 왜 프로그래머가 되었나요?**

올리버 스컨본 글쎄요, 어렸을 때 학교 친구가 자기가 쓰던 애플 IIe를 팔려
고 했습니다. 저는 프로그래밍을 해 본적이 전혀 없었지만,
그 중고 컴퓨터를 사기로 했죠. 그때가 14살이었습니다.

저는 베이직BASIC과 어셈블리assembly가 정말 흥미로웠습니다.
명령어 프롬포트가 있었고, 어셈블리 코드를 작성하기 위해,
어셈블리 과정을 이해할 수 있는 수준까지 깊이 파고들 수
있었어요. 저는 프로그래밍 방법이 담긴 컴퓨터 매뉴얼을 많
이 읽었습니다. 작은 프로그램을 만들려고 노력했고, 그래서
파스칼Pascal을 알게 됩니다. 정말 즐거웠습니다.

고등학교 5학년(16살) 때, 학교 선생님이 로고Logo [1] 라고 불
리는 언어로 무언가를 해보라고 했어요. 이 언어는 기본적으
로 그래픽 명령어를 사용하여 펜을 오른쪽, 왼쪽으로 움직
이면서 줄을 그렸습니다. 저는 시뮬레이션 루프를 만들었고,
작은 비행기가 날아가면서 폭탄을 떨어뜨리는 것처럼 보이
게 하는 프로그램을 만들었습니다. 무척 간단하지만 즐거웠
고, 선생님은 감동을 받았죠.

이것이 제가 프로그래밍 세계에 발을 딛게 된 계기입니다.
어떤 면에서는 거의 기회라고 볼 수 있죠. 그 당시, 프로그래
밍은 그저 취미였습니다. 왜냐하면, 물리학을 배우는 것이
목표였거든요.

드리스콜   **결국 어떻게 파이썬을 하게 되었나요?**

스 컨 본   회사 업무로 윈도우의 그래픽 사용자 인터페이스(GUI) 개
발을 할 필요가 있는 프로젝트가 있었습니다.

이전 10년동안, 저는 유닉스에서 C++로 커맨드 라인과 3D
그래픽 애플리케이션 대부분을 개발했었지만, 메뉴-기반 애
플리케이션은 (자바Java AWT [2] 로 작성한 GUI를 제외하고)
개발하지 않았습니다. 저는 정말 MFC [3] 가 두려웠어요, 그래
서, 윈도우에서 그 작업을 할 수 있는 옵션들을 찾기 시작했
죠. 저는 파이썬과 Tk를 (플랫폼 독립적이였기 때문에) 우
연히 발견하게 되었습니다.

'파이썬은 완벽하게 잘 맞는 도구였어요. 파이썬을 보자마자, 단순함과 깨끗
한 문법에 깊이 공감하였습니다.'

파이썬은 완벽하게 잘 맞는 도구였어요. 파이썬을 보자마자,
단순함과 깨끗한 문법에 깊이 공감하였습니다. 제 사고 방
식과 일치했는지는 모르겠군요. 저는 wxPython도 찾았고,
API가 꽤 견고해 보였습니다. 파이썬과 wxPython을 사용

○

1   로고(Logo) : 함수형 프로그래밍을 이용하는 교육용 컴퓨터 프로그래밍 언어, 리스프의 방언

2   AWT(Abstract Window Toolkit) : 자바의 기존 크로스-플랫폼 윈도우, 그래픽스, 사용자 인터페이스 위젯
툴킷

3   MFC(Microsoft Foundation Class Library) : 마이크로소프트에서 만든 윈도우 API를 C++로 둘러 싼 라
이브러리

하여 빠르게 인터페이스를 생성할 수 있는 능력을 좋아하게 되었습니다.

그래서, 저는 C++보다 파이썬으로 더욱 쉽게 요구 사항을 달성할 수 있는 업무 프로젝트를 수행하면서 파이썬을 알게 되었습니다.

드리스콜   **wxPython 커뮤니티에 참여하게 된 것도 같은 이유인가요?**

스 컨 본   네, 그렇습니다. 저는 그 프로젝트의 결과물로 wxPython으로 제 첫 애플리케이션을 개발했어요. 시트 온도와 에어콘을 분석하기 위한 애플리케이션이었습니다. 그 당시, 자동차 시트 편의성을 위해 이런 종류의 소프트웨어를 사용하여 시제품을 만들고 있었어요.

그래서 저는 wxPython을 사용했고, wxPython이 지원하던 발행publish-구독subscribe 패턴은 정말 굉장한 아이디어였습니다. 저는 그 라이브러리의 Pubsub 컴포넌트를 넘겨 받으면서 wxPython 개발에 깊이 관여하게 됩니다.

'저는 그 라이브러리의 Pubsub 컴포넌트를 넘겨 받으면서 wxPython 개발에 깊이 관여하게 됩니다.'

드리스콜	**그럼 Pubsub은 다른 사람이 시작했었나요?**

스 컨 본	네, 롭 셱터Robb Shecter가 Pubsub의 첫 버전을 만들었습니다. 그 당시 원인을 찾아야 했던 이슈가 있었고(대부분, 메모리 릭 이슈 : subscriber가 애플리케이션에 더 이상 필요 없는 데도 릴리즈되지 않는 현상), 저는 중요한 패치와 단위 테스트를 제안했습니다. 롭은 wx.lib.pubsub을 넘겨 받을 사람을 찾고 있었습니다. 그래서 제가 받았죠.

드리스콜	**그때가 Pubsub이 wxPython에서 벗어나 자체 모듈로 분리된 시점인가요?**

스 컨 본	몇 년 후로 기억합니다. Pubsub은 독립적인 하위-패키지에 가깝습니다. 반면에, 다른 wx.lib 하위-패키지들은 다른 wxPython 컴포넌트를 의존하고 있었죠. 저는 wx.lib.pubsub을 더 넓은 범위의 개발자들이 사용할 수 있게 만들고 싶었고, wxPython 개발자들이 동의했습니다.

| 'Pubsub은 독립적인 하위-패키지에 가깝습니다.'

드리스콜	**그 당시, 파이디스패처PyDispatcher 프로젝트를 알고 있었나요?**

Oliver Schoenborn

스 컨 본	글쎄요, 저는 언젠가부터 파이디스패처를 알게 되었습니다. 꽤 다른 접근 방식을 취하고 있었죠.

그 당시 파이디스패처는 토픽-기반이 아니었습니다. Pubsub은 분리된 패키지로 정의되기 때문에 많이 달랐죠. 파이디스패처를 살펴 본 지 좀 되었지만, 현재 모습이 어떨지 궁금하군요.

토픽, 메시징 그리고 (MQTT와 구글 pub/sub과 같은) 발행/구독의 기본적인 아이디어를 사용하는 프로젝트가 여러 개 있습니다만, 네트워크 관점에서 보았을 때 이들은 애플리케이션 간의 통신을 처리하는 것에 반하여, Pypubsub은 애플리케이션 내에 컴포넌트 레벨에서 통신을 처리합니다. 그들은 Pubsub이 진화한 것보다 훨씬 더 진화했습니다. Pypubsub은 안정적이고 운영 환경에서 사용할 수 있는 품질을 가지고 있습니다.

드리스콜 — **제 블로그(the PyDev of the Week) 시리즈에서 저와 한 인터뷰에서 알았습니다만, PyQt⁴로 전환하셨습니다. 무슨 일이 있었나요?**

스 컨 본 — 그때가 2013년이에요. 클라이언트가 가지고 있던 오래된 프로토타입을 현대화하는 프로젝트가 있었습니다. 애플리케이션에는 프로토타입에 의해 실행이 되는 파이썬 사용

올리버 스컨본

자-정의 스크립트가 있었습니다. 그렇기 때문에, 동일한 출력 결과를 보장한다는 전제하에 파이썬 번역기를 애플리케이션에 집어넣거나, 전체 파이썬 스크립트를 다른 언어로 바꿔야만 했습니다(이 작업은 프로젝트 예산을 벗어나는 것이었죠).

> '파이썬 번역기를 애플리케이션에 집어넣거나, 전체 파이썬 스크립트를 다른 언어로 바꿔야만 했습니다.'

그래픽 인터페이스는 매우 정교해야 했습니다. 그 당시에, 프로토타입에는 사용자가 모델 컴포넌트를 3D 환경에서 회전할 수 있는 3D 컴포넌트가 있었습니다. 사용자가 상호 작용할 수 있는 메뉴, 리스트 뷰와 함께 그래픽 사용자 인터페이스를 정교한 2D와 3D 캔버스로 통합해야 했죠.

저희는 활성화된 커뮤니티 기반으로 안정적이고, 강력하면서, 문서화가 잘 되어 있는 무언가를 원했습니다. 그 당시, WPF, wxPython 그리고 PyQt (혹은 C++ 인프라를 위한 Qt)가 주요 후보들이었죠. C# 쪽에는 WPF가 있었습니다. 여러 다양한 시도를 한 뒤, 결국 wxPython과 PyQt의 사이에 다다랐죠.

○

4 PyQy : Qt 크로스-플랫폼 C++ 프레임워크를 파이썬으로 바인딩하는 라이브러리,
https://www.riverbankcomputing.com/software/pyqt/intro

Oliver Schoenborn

PyQt는 wxPython보다 3D 환경에 더 강력하게 통합할 수 있었습니다. 또한, PyQt는 3D 장면 그래프를 지원하기 위해 빠르게 성장하고 있는 반면에, wxPython을 사용하면 OpenGL을 쓸 수 밖에 없었고, 더 복잡했습니다. 파이썬 3는 필수적이었지만, 그 당시 로빈 던Robin Dunn이 wxPython 3를 만들기로 결정한 것을 기억합니다. 그래서, 파이썬 3 지원이 조금 이른 시점이었죠. 기본적으로 wxPython은 파이썬 2.7만을 사용할 수 있었습니다. 반면에, PyQt를 사용하면, Qt 디자이너도 사용할 수 있었고, 이는 제품 선정의 주요 이유가 되었죠. PyQt는 디자인을 생성하기 위한 매우 정교한 인터페이스를 가지고 있었습니다.

| **'PyQt는 확실히 유명해지고 있었습니다.'**

XML-주도 사용자 인터페이스 명세는 PyQt와 WPF 모두 지원하고 있었어요.

PyQt는 확실히 유명해지고 있었고, 패키지의 상용 사용이 가능했습니다. 이것이 중요했죠. WPF는 예전에 위젯에 속성값을 바인딩할 때 고생을 많이해서 부정적이었습니다. 물론, 아이언파이썬IronPython이 방치되고 있는 징조도 있었어요. 모든 것을 고려하고, PyQt를 선택했습니다. 올바른 결정이었어요.

올리버 스컨본

드리스콜   **Pypubsub 부분으로 돌아가보죠, 여쭤보는 것을 잊었군요. 혹시 이 오픈소스 프로젝트를 수행할 때 나누고 싶은 도전이 있었나요?**

스 컨 본   기술적인 도전은 아니었지만, 오픈소스 개발 관점에서 흥미로운 경험을 했습니다. 이 경험으로 인해 제가 스스로 개척한 오픈소스 분야이더라도, 제가 원하는 방향으로 제어할 수 없다는 것을 다시 한번 깨달았습니다.

'제가 스스로 개척한 오픈소스 분야이더라도, 제가 원하는 방향으로 제어할 수 없다는 것을 다시 한번 깨달았습니다.'

Pypubsub은 wxPython 안에서 불렸듯이 이름이 단순하게 "pubsub"일 때, 소스포지SourceForge[5] 에 있었습니다. 파이피아이에 올릴 때 제가 Pypubsub으로 이름을 지었죠. 몇 년 후, 저는 소스포지에 Pypubsub으로 불리는 다른 프로젝트가 있다는 것을 발견했습니다. 기본적으로, 그 프로젝트는 죽은 프로젝트였고, 가끔 스택 오버플로Stack Overflow와 두 Pypubsub 포럼에서 혼란을 일으키기도 했죠.

이를 바로 잡기 위해 노력이 필요했습니다. 저는 프로젝트를 만든 저자에게 연락해서 무슨 일이 벌어지고 있는지 설명했

○

5   소스포지(SourceForge) : 소프트웨어 개발자들을 위해 열려있는, 오픈소스 소프트웨어 개발관리를 위한 플랫폼, https://sourceforge.net/

       Oliver Schoenborn

습니다. 결국, 그의 동의하에 소스포지의 "pypubsub" 프로젝트의 오너십을 가질 수 있었습니다.

그런 와중에, 깃허브GitHub가 정말 유명해졌어요. 어떤 사람들이 편리성을 위해서 제 Pypubsub 소스 코드를 복사해서 깃허브에 올려 놓았습니다. 그것이 잘못된 것은 아니었지만, 그들은 기능을 추가하지 않았습니다. 제가 실제로 깃허브에 Pypubsub을 옮기기로 결정하였을 때, 일부 개발자들에게 Pypubsub을 마침내 깃허브에서도 사용할 수 있게 되었다고 알려야 했어요. 소스 코드 복제본이 분리되어 있어야 할 이유가 더 이상 없다는 것을 설명했습니다. 이러한 경험은 오픈소스의 흥미로운 부분이기도 합니다.

드리스콜 **프로젝트에 얼마나 시간을 할애했나요?**

스 컨 본 글쎄요, 지난 15년간 소스 구현체와 확장 API의 주요 수정 (버그 수정, 문서 업데이트와 파이썬 신규 릴리즈에 테스트 전수 검사)을 하기 위해 투자한 시간이 적지 않습니다. 시간을 내는 것이 그리 쉽지 않더군요. 하지만, 이러한 부분도 자원하여 일을 하는 또 하나의 묘미가 아닌가 싶습니다.

wxPython의 저자인 로빈은 API가 진화하더라도 하위 버전 호환성을 항상 지키라고 요구했고, 저 역시 Pypubsub이 wxPython과 완전히 분리되었음에도 불구하고, 하위 버

올리버 스컨본

전 호환성을 지키는 것이 매우 중요하다고 생각했습니다. 이를 가능케 하는 것이 기술적인 주요 도전이었습니다. 그래서 Pubsub이 단 3개의 API/메시징 프로토콜을 가지게 되었죠.

| '하위 버전 호환성을 지키는 것이 기술적인 주요 도전이었습니다.'

첫째로, Pubsub의 가장 첫 버전에는 하위 버전 호환성이 있었습니다. 그것을 저는 '버전 1 메시징 프로토콜'이라고 부릅니다. 그리고, "현대" Pubsub에는 API에 중요한 개선 사항이 있는데, 여기에 2개의 API가 있습니다

하나는 모든 메시지 데이터가 하나의 큰 blob[6] 형태로 sendMessage( ) 함수에 전달되기 때문에 arg1으로 불렸습니다. 다른 것은 sentMessage( ) 함수에 키워드 인수로 전달이 되었기 때문에 kwargs라고 불렸습니다. Pypubsub 스탠드얼론을 설치하면 kwargs가 기본 설정입니다.

역자 NOTE : arg1 vs kwargs

'arg1'은 인수가 하나라는 의미를 포함하는 반면에, 'kwargs'는 'keyword arguments'의 약자로 여러개의 키워드 인수를 함수에 전달할 수 있다는 것을 암시적으로 나타내고 있다. 키워드 인수는 파이썬의 독특한 함수 정의 방법으로, 인수에 기본값을 미리 설정하여, 함수 호출시 값을 전달하지 않으면 기본값이 쓰이는 파이썬 기본 기능이다.

○

6   blob(Binary Large OBject) : 하나의 엔티티로서 저장되는 이진 데이터 객체. 일반적으로 그림, 오디오, 또는 기타 멀티미디어 오브젝트인 것이 보통이지만, 바이너리 실행 코드가 저장되기도 한다.

순수 wxPython을 설치하면, 버전 1 API와 거의 100% 호환되기 때문에 arg1이 설치 됩니다. 설치 플래그는 Pypubsub을 탑재(import)하기 전에 kwargs 프로토콜을 선택하기 위해 애플리케이션 코드에 설정할 수 있습니다.

이 모든 것을 동작하게 하는 것은 큰 고통이었습니다. 기본적으로 "이 애플리케이션에는 arg1 프로토콜이 필요한데, 이 wxPython 애플리케이션에는 kwargs 프로토콜을 원해..."라고 말하는 사용자를 위해 라이브러리 탑재 방법을 조금 손볼 필요가 있었어요.

저는 wxPython 애플리케이션 버전 1에서 arg1 혹은 kwargs 프로토콜로 전환하는 것을 도와주는 코드도 추가하였습니다. 그 작업도 만만치 않았죠.

정말 하고 싶지 않은 일이었지만, 그 당시에는 반드시 해야 하는 끔찍한 일이었습니다. 코드가 복잡해지는 것 이외에도, Pypubsub의 모듈 탑재 방식을 더 복잡하게 만들었고, 이는 소스 코드 프리징[7]을 방해할 수도 있었죠.

드리스콜   **왜 이 전환을 가능하게 만드는데 집중했나요?**

스 컨 본   왜냐하면, 저도 한 프로젝트에서 애플리케이션을 개발할 때 같은 문제를 풀기 위한 도전을 했기 때문입니다. 그 애플리

올리버 스컨본

케이션은 arg1 프로토콜을 사용하고 있었고, 신규 kwargs 프로토콜로 마이그레이션을 하는 중이었습니다. 그리 복잡한 작업은 아니었지만, 다소 지루하고 오류가 발생하기 쉬웠습니다. 이러한 에러 검증 로직을 추가하고 전환을 진행하는 것은 kwargs API의 장점 때문에 충분히 가치있는 일이었습니다.

저는 Pypubsub 모듈을 탑재할 때, 매개 변수를 설정하여 중재(in-between) 작업을 활용하는 아이디어를 제시했고, 프로토콜 변경 작업을 할 때 무척 유용했습니다. 덕분에 전체 시스템을 서서히 kwargs로 전환할 수 있었습니다.

| '소스 코드는 제가 원했던 것보다 훨씬 더 복잡했습니다.'

안정적인 API를 확보하는 일에는 어느 정도의 노력이 필요합니다. 소스 코드가 제가 원했던 것보다 훨씬 더 복잡했고 저에게 좌절감을 안겨주었으며, 관리가 더 힘들어지고, Pypubsub을 통한 호출을 추적하기가 더욱 힘들어졌습니다. 또한, 애플리케이션 개발 완료를 위하던 사람들의 발목을 잡기도 하였죠.

저는 시간이 허락한다면, 오래된 소스 코드 모두를 버리자(deprecate)고 제안하였습니다. 왜냐하면, 오래된 API는

○
7   코드 프리징 : 소프트웨어를 릴리즈하기 위해 소스 코드 변경을 모두 금지하는 순간을 프리징한다고 한다.

Oliver Schoenborn

wxPython 앱에만 쓸모가 있었기 때문입니다. 로빈이 동의했죠. 2016년, 저는 "버전 1"과 arg1 프로토콜을 위한 모든 지원을 그만두고, 코드 베이스의 주요한 소스 코드를 정리(clean up)하고 간단하게 다듬었습니다.

드리스콜 **최근에 참여한 다른 파이썬 프로젝트에 관하여 이야기해주시 겠어요?**

스 컨 본 물론입니다, 하나는 정말 훌륭하게 마무리된 프로젝트로, 아주 정교한 GUI를 가지고 있으며, 기술적으로 매우 큰 도전이었습니다. 사실 최근 몇 년동안 PyQt 작업을 하는 이유를 토론하는 자리에서 간접적으로 언급했었죠.

그 애플리케이션은 박스를 드롭(drop) 할 수 있는 캔버스가 있었고, 박스들을 서로 연결할 수 있었습니다. 마이크로소프트 비지오[8] 와 같은 도구와 다른 점은 사용자가 원할 때 애니메이션처럼 박스를 변경하면서 프로세스를 보여줄 수 있게 프로그램할 수 있다는 겁니다.

사용자는 이것을 파이썬 스크립트로 정의할 수 있습니다. 애플리케이션은 각각의 사용자 스크립트에 현재 사용 가능한 파이썬 네임스페이스를 추가하기 때문에, (동적으로 모델이 바뀔때 속성에 반영되는 코드 자동 완성 기능처럼) 사용자가 기본 모델을 동적으로 조회할 수 있습니다.

'애플리케이션은 각각의 사용자 스크립트에 사용 가능한 파이썬 네임스페이스를 추가하기 때문에, 사용자가 기본 모델을 동적으로 조회할 수 있습니다.'

모델 컴포넌트를 생성하고, 추가하며, 링크를 걸 수 있는 매우 정교한 인터페이스가 있습니다. 또한, 모델 편집의 서로 다른 관점을 위해, 아주 세밀한 취소(undo) 기능도 있어요.

'늘 그렇듯이, 10%의 기능을 위해 90%의 개발 시간을 할애했습니다.'

저희는 사용자가 문서를 찾을때, 어떤 것이 취소 혹은 재실행(redo)되었는지 항상 볼 수 있게 했습니다. 이는 흥미로운 도전이었고, 늘 그렇듯이, 10%의 기능을 위해 90%의 개발 시간을 할애했습니다.

그 애플리케이션은 시뮬레이션 시스템이었어요, 그래서 그저 라인과 박스만 생성하는 것이 아니었습니다. 시뮬레이션을 관리하는 인터페이스 컴포넌트는 실시간 모델 변경, 초기 상태 복구, 변경 이력 조회 등이 있습니다.

그래서 애플리케이션에 굉장히 큰 기능들이 있죠. 하지만, PyQt는 훌륭하게 동작하였습니다.

○

8 마이크로소프트 비지오 (Visio) : 마이크로소프트 윈도우에서 그림이나 도표를 그리는 소프트웨어

Oliver Schoenborn

드리스콜	**그 프로젝트를 위해 사용한 Qt에 관하여 조금 설명해주시겠어요?**

스 컨 본

네, Qt의 그래픽 뷰는 기능 측면에서 정말 인상적이었죠.

초반에는 Qt를 어떻게 사용해야하는지 항상 명확하지 않았던 것으로 기억합니다. 예를 들어, 다양한 작업을 할 수 있는 캔버스-기반 애플리케이션은 어느 순간이라도 작업 완료 여부를 확인하기 위해서 상태 기계state machine를 사용하는 것이 무척 유용합니다. 이를 깨닫기 위해 수년이 걸렸기 때문에 이 부분을 설명하는 문서가 없었습니다. Qt는 상태 기계를 내장하고 있지만, 저희의 필요성에 비해 그리 강력하지 않았다는 것을 말씀드리고 싶군요.

상태 기계는 유일하게 어떤 행동을 할 수 있는지, 상태를 정의할 수 있게 합니다. 그래서 "라인 생성"이라는 상태에는 생성 취소, 마우스 드래그, 혹은 대상 라인 선택만 할 수 있죠. 이 부분이 상태 기계가 빛나는 곳입니다. 상태 기계가 없다면, 코드가 결국 관리할 수 없는 스파게티 코드가 됩니다. 트러블슈팅과 신규 행동을 추가 확장하는 것이 훨씬 간단해지죠.

비록, Qt 문서가 훌륭했지만, 스스로 해결해야 하는 것들도 있었죠. "아 맞아, 어떻게 하는지 이제 이해했군. 구현했던 소스 코드를 다시 살펴보고 고쳐야겠어"라고 종종 말하게 됩니다. 결국 더 높은 수준의 기능들을 실제로 지원할 수 있는 더욱 탄탄한 구현체를 만들게 됩니다.

올리버 스컨본

'결국 더 높은 수준의 기능들을 실제로 지원할 수 있는 더욱 탄탄한 구현체를 만들게 됩니다.'

저는 Qt의 모든 위젯에 익숙해지기 시작했습니다. PyQt를 업그레이드 했을 때 찾은 끔찍한 버그가 있었어요. 이 버그는 드래그를 할 때 모든 라인이 보여서, 전체 인터페이스에 영향을 미쳤습니다. 이 버그는 말할 필요도 없이 큰 문제였지만, 다른 기능들을 위해 PyQt를 업데이트해야 했어요.

저희는 C++ 레이어까지 문제점을 추적했고, 엄청난 행운 덕택에 해결 방안을 찾았습니다. 파이썬 레벨에서 애플리케이션에 소스 한 줄을 추가해야 했죠. PyQt 소스 코드를 변경할 필요도 없었습니다. 이 한 줄의 코드를 추가하자마자 버그는 사라졌습니다. 저는 Qt에 버그를 보고했어요 : https://bugreports.qt.io/browse/QTBUG-55918.

Qt가 가지고 있는 또 하나의 매우 흥미로운 영역은 단위 테스트(unit test)입니다. 저희는 애플리케이션 GUI의 단위 테스트를 수행할 필요가 있었어요. 훌륭한 파이테스트pytest를 사용했고, 핵심 비즈니스 로직을 위한 하나의 테스트 묶음과 GUI 컴포넌트를 위한 묶음이 있었습니다. GUI 단위 테스트는 정말 큰 도전이 될 수 있습니다. 사용자 동작을 스크립트로 작성해야 하기 때문입니다.

운이 좋게도, Qt는 함수를 호출하는 것만으로도 모든 위젯 이벤트를 쉽게 실행할 수 있는 기능을 제공함으로써, 단위

Oliver Schoenborn

테스트를 비교적 쉽게 해줍니다. 하지만, 이벤트 기반인 경우, 기대한 결과와 함께 수많은 사용자 동작을 정의할 방법이 필요했습니다. 그래서 저는 이를 지원하는 라이브러리를 만들었죠. 불행하게도, 소스가 닫혀서 코드를 공유할 수는 없지만, 이 아이디어를 PyQt 포럼에 언급했고, 그들 중 누군가가 그들의 방식에 맞춰서 구현을 했습니다.

드리스콜 **파이썬은 인공지능과 기계학습에 사용되는 주요 언어 중 하나입니다. 이유가 무엇이라고 생각하시나요?**

스 컨 본 인공지능과 기계학습 앞에서 더 막강해지는 파이썬의 "신과 같은" 본질 때문이라고 말하고 싶습니다. 파이썬은 어쩌다 보니, 단지 한 두개가 아니라 수많은 필수 요소들을 갖춘 매우 강력한 언어가 되었거든요.

> '인공지능과 기계학습 앞에서 더 막강해지는 파이썬의 "신과 같은" 본질 때문입니다.'

예를 들어, 파이썬은 함수형, 절차형 혹은 객체지향 코딩을 어떤 조합으로도 할 수 있으며, 그 코드는 여전히 이해하기 쉽고 깔끔합니다. 게다가, 알고리듬과 데이터를 매우 쉽게 테스트하기 위해 컴파일을 할 필요도 없죠. 단지, 코드를 수정하고 스크립트를 재실행하면 됩니다.

올리버 스컨본

결국, 파이썬은 간결한 문법으로 강력한 추상화를 제공하게 되었습니다. 제가 편협적일 수도 있겠지만, 저는 파이썬이 이 부분에서는 최고라고 생각해요. 저는 명시적이고 깨끗한 코드와 함께 리팩토링과 테스트를 자유롭게 할 수 있습니다. 이 모든 것을 가능케 한 강력함은 파이썬을 인공지능에 완벽하게 만들어줍니다.

드리스콜   **인공지능과 기계학습을 위해 파이썬이 더 나은 언어가 되려면 무엇을 해야 할까요?**

스 컨 본   언어의 추상화 수준이 주어진 문제 도메인의 추상화 수준과 일치할 때, 언어는 가장 쓸모 있기 마련입니다.

만약, 딥러닝이 신경망을 사용한다면, 일반적인 신경망 개념을 가지고 있는 것이 매우 유용하겠죠. 이는 현재 텐서플로 TensorFlow와 같은 라이브러리가 제공하고 있습니다. 하지만, 아마도 기계학습 알고리듬이 개선됨에 따라, 신경망을 위한 일반적인 추상화는 리스트나 맵과 같은 기본적인 데이터 구조가 될 것입니다.

또한, 저는 인공지능/기계학습 함수들이 "어떻게 그 결과에 도달했는지" 확인할 수 있는 능력이 필요하다고 생각해요. 이는 인간이 결과를 검증하는 방법이죠. 그들이 사용한 로직을 인지하고, 말로 표현할 수 있으며, 다른 사람이 이를 따르고, 정확성을 검증할 수 있습니다.

Oliver Schoenborn

드리스콜 **파이콘을 비롯한 여러 곳에서 대화를 나눈 사람들이 하나같이 데이터 과학 영역에서의 파이썬의 성장을 강조하고 있습니다. 이 영역에서 직접 하고 있는 일이 있나요? 아니면 어떤식으로든 견해를 밝혀 주실 수 있나요?**

스 컨 본 네, 파이썬은 데이터 과학 영역에서 정말 성장하고 있어요. 제 견해로는, 쥬피터Jupyter, 아나콘다Anaconda와 싸이킷-런 sckikit-learn과 같은 도구가 주요 원인이라고 생각합니다.

아마도 컴퓨터의 거대한 연산 능력을 조합하면, 언어의 속도는 더 이상 문제가 되지 않을 것입니다. 파이썬은 임베디드 시스템에도 사용할 수 있으며, 원칙적으로 특정 디바이스에서 스스로 훈련된 기계 모델 기반의 예측 분석도 가능합니다.

'컴퓨터의 거대한 연산 능력이 있다면, 언어의 속도는 더 이상 문제가 되지 않을 것입니다.'

2017년 파이콘에서 정말 흥미로운 발표[9]가 있었습니다. 발표자는 플롯팅plotting 라이브러리 현황을 조사하고 있었습니다. 그 조사는 매트플랏립matplotlib으로 시작해서 그 주위를 둘러싸고 있는 모든 것에 관한 것이었죠. 그리고 나서 자바스크립트 라이브러리로 넘어갔는데, 일부는 파이썬 라이브러리와 관련이 있었습니다. 저는 판다스pandas, 넘파이NumPy와 매트플랏립으로 만든 클라이언트가 있었기 때문에 이 발표에 많은 관심이 있었고, 정말 제 마음을 사로 잡았어요. 이는 추가할 여지가 있는 다른 확장 라이브러리와 계층(layer)

이 많이 있다는 것을 보여주었습니다.

클라이언트 관점에서 얘기해보면, 원하는 것을 무엇이든지 만들 수 있고, 매트플랏립에 한정될 필요가 없습니다. 엄청 많은 것들이 있기 때문이죠. 이미 존재하는 것을 다시 발명할 필요도 없다는 것을 알고 있기 때문에 하고자 하는 일을 충분히 일반화해야 합니다. 통계 분석을 하고 싶다면, 쥬피터Jupyter나 R로도 할 수 있습니다. 이러한 기능들을 제공하는 적합한 애플리케이션을 만드는 노력을 항상 해야 합니다.

매트플랏립이 매우 다양하고, 고도로 발달한 API가 있다는 이유로 사용자에게 매트플랏립 사용을 강요하고 싶지 않을 것입니다. 하지만, 매트플랏립의 모든 기능을 제공하는 GUI 컴포넌트를 만드는 방법은 없습니다.

파이썬은 표현력이 풍부하고 무척 쉽게 배울 수 있는 언어입니다. 저는 이점이 현재 파이썬이 연구 영역 안에서 큰 부분을 차지하고, 연구 자체에 적용된 이유라고 생각합니다. 파이썬은 적용하기 쉽고, 정교하며, 기술적인 문제를 풀어줍니다.

'파이썬은 표현력이 풍부하고 무척 쉽게 배울 수 있는 언어입니다. 저는 이점이 현재 파이썬이 연구 영역 안에서 큰 부분을 차지하고, 연구 자체에 적용된 이유라고 생각합니다.'

파이썬은 강력하고 결정적인 제품을 만들고 제공하기 위한 모든 도구를 제공합니다. 성능을 측정할 수 있고, 병목 지점

○

9 발표 링크 : https://youtu.be/FytuB8nFHPQ

을 찾거나 메모리 누수 유무를 확인할 수 있습니다. 파이썬을 정말 위대한 도구로 만들어주는 것들이 많습니다.

드리스콜 **파이콘 발표 중에 기억에 남을 만한 발표가 또 있을까요?**

스 컨 본 파이콘 2017에 Global Interpreter Lock(GIL)에 관한 또 다른 흥미로운 발표[10]가 있었죠. 이론적으로, GIL을 제거하는 것은 무척 좋을 일입니다. 이는 파이썬 쓰레드를 분리된 코어에서 실행할 수 있게 하는 것을 말하죠.

| '이론적으로, GIL을 제거하는 것은 무척 좋은 일입니다.'

그러나, GIL은 매우 현실적인 문제를 해결하고 있습니다. 파이썬 데이터 구조의 접근(access)을 동기화하는 것과 같이 말이죠. 무엇이 필수적이며, 득과 실이 무엇인지 분석함으로써 GIL을 파고들기 시작하면, GIL이 수많은 것들을 매우 단순하게 만들었고, 파이썬으로 복잡한 소프트웨어를 만드는 것이 굉장히 쉬운 이유가 GIL 때문이라는 것을 깨닫게 됩니다.

여러분은 멀티-쓰레드 프로그래밍의 숨은 제약사항 없이, 기본적으로 동시성 프로그래밍을 할 수 있습니다. 규모가 큰 문제 대부분을 이런 방식으로 처리하고 싶죠. 다른 종류의 문제점으로는, 사소한 병렬화 문제를 해결하고 싶을 것입니다. 기본적으로 솔루션을 태스크로 쪼개는 곳에서 말이죠. 태스크간에 아주 작은 의존성이 있을 것이고, 매우 쉽게 태스크를 실행할 수 있을 것입니다.

몬테 카를로[11]를 좋은 예로 볼 수 있습니다. 시뮬레이션과 비즈니스 프로세스에서 매우 중요하기 때문입니다. 여러분은 거의 차이가 없는 작은 것들을 기본적으로 여러 번 실행하고 싶을 것이며, 파이썬은 이를 쉽게 해줍니다.

사소한 병렬화 문제를 위해, 이 작은 태스크들을 실행할 필요가 있습니다. 멀티프로세싱 모듈을 사용하는 것만으로도, 분리된 코어에서 실행할 수 있습니다. 네, 그렇게 할 수 있어요! 원칙상 복잡한 수많은 것들이 파이썬에서는 단순하며, 많은 태스크를 처리하는데 매우 유용합니다.

| '원칙상 복잡한 수많은 것들이 파이썬에서는 단순합니다.'

그러나, 저는 멀티프로세싱 모듈을 사용할 필요 없이 다중 코어에 파이썬 코드를 실행할 수 있는 쉬운 방법이 있다고 생각해요. 파이썬 내부 구조에 GIL과 긴밀하게 동작하는 곳을 살펴보면 답이 나오겠죠. 기술적으로 불가능한 것은 없습니다. 단, 실행을 하려면 커뮤니티의 합의가 반드시 필요합니다.

○

10   발표 링크 : https://youtu.be/pLqv11ScGsQ
11   몬테 카를로(Monte Carlo) : 난수를 이용하여 함수의 값을 확률적으로 계산하는 알고리듬을 부르는 용어

Oliver Schoenborn

드리스콜　　오늘날 파이썬에 관하여 가장 기대되는 것은 무엇인가요?

스 컨 본　　선택적 타입 어노테이션 시스템, 비동기식 호출 그리고 멀티
　　　　　　　프로세싱 모듈이에요.

드리스콜　　파이썬의 가장 큰 경쟁 언어는 무엇인가요?

스 컨 본　　자바스크립트죠. 자바스크립트가 웹 영역을 지배하는 것이
　　　　　　　정말 유감입니다. 웹의 자바스크립트와 기술적 컴퓨팅의 파
　　　　　　　이썬이 서로 경쟁하고 있습니다. 만약, 컴퓨터의 원초적인
　　　　　　　연산 속도가 정말 필요하다면 C++를 쓸 수 있어요.

　　　　　　　C++ 코드를 SWIG나 SIP를 사용[12] 하여 파이썬에 주입하면,
　　　　　　　수행 속도를 크게 향상시킬 수 있습니다. 싸이썬Cython도 있
　　　　　　　죠. 높은 수준의 추상화가 필요한 곳에서 파이썬을 사용하
　　　　　　　고, 컴퓨팅 파워는 C++로 가져오면 됩니다.

　　　　　　　실은 지금 어디로 가고 있는지 잘 모르겠습니다. 자바스크립
　　　　　　　트 진영에서는 자바스크립트를 파이썬처럼 강력하고 쉽게
　　　　　　　사용하기 위해 많은 시도를 하고 있지만, 다른 측면에서 보
　　　　　　　면, 파이썬이 웹 브라우저를 지원하는 언어가 되기 위한 노
　　　　　　　력은 보이지 않습니다. 자바스크립트가 너무 확고히 자리를
　　　　　　　잡았기 때문입니다. 혹시 모르죠, 구글이 크롬에서 파이썬
　　　　　　　코드가 실행될 수 있게 만들 수도 있겠죠.

'자바스크립트 진영에서는 자바스크립트를 파이썬처럼 강력하고 쉽게 사용하기 위해 많은 시도를 하고 있습니다.'

드리스콜 **파이썬이 계속 살아남을 수 있을까요?**

스 컨 본 네, 그렇다고 생각해요. 파이썬은 무척 훌륭한 언어이고, 파이썬 커뮤니티가 개발한 좋은 품질의 견고한 라이브러리와 PEP[13] 기반의 언어 개선 프로세스가 존재합니다. 파이썬을 위한 매우 엄격한 프로세스가 있으며, 수많은 똑똑한 사람이 참여하고 있어요. 생존할 것이라고 확신합니다.

드리스콜 **파이썬 2.7의 긴 수명에 관해서 어떻게 생각하시나요? 최신 버전으로 꼭 전환해야 할까요?**

스 컨 본 파이썬 2.7의 긴 수명은 가장 신경질나는 일이에요! 우분투와 구글 클라우드 플랫폼과 같이 영향력이 큰 조직부터 파이썬 3.6을 그들의 기본 버전으로 만들기 시작해야 합니다.

○
12 SWIG : http://www.swig.org/tutorial.html / SIP : https://wiki.python.org/moin/SIP
13 PEP(Python Enhancement Proposals) : 파이썬 기능 개선을 위한 제안서, https://www.python.org/dev/peps/

Oliver Schoenborn

드리스콜   **미래 파이썬 릴리즈에서 보고 싶은 변화가 있나요?**

스 컨 본   저는 타입 추론과 함께 선택적 정적 타이핑 시스템(타입을 정의할 필요가 없는), 진정한 병렬성 그리고 선택적 컴파일 모드를 보고 싶군요.

선택적 정적 타이핑, 컴파일, 그리고 타입 추론의 조합은 언어를 시작할 때 단순하게 유지하면서, 필요하면 언어를 더욱 엄격하게 다룰 수 있게 합니다.

이는 실행 속도와 생산성에도 큰 장점을 제공합니다. 선택한 객체가 어떤 연산을 할 수 있는지 혹은 (함수 선언부 내에서) 어떤 연산이 필요한지 명시적으로 표기하는 것은 코드 실행 시간을 항상 줄여줍니다. 현실적으로, 타입을 미리 정의하는 컴파일 모드가 가능할지 모르겠습니다만, 믿을 수 없을 정도로 똑똑한 사람들이 있기 때문에 가능성을 배제하지 않겠습니다.

역자 NOTE : 선택적 정적 타이핑, 컴파일 그리고 타입 추론

파이썬의 가장 큰 특징 중 하나는 '동적 타이핑'이며, 미리 변수의 데이터 타입을 지정하지 않고, 번역기에 의해 코드가 실행될 때 변수에 담겨 있는 데이터의 타입으로 '추론'하여 타입이 정해진다. 이는 소스 코딩시 개발 생산성을 향상하여 빠르고 쉽게 개발하는 것을 돕지만, 소스 코드의 실행 속도를 떨어뜨리는 주범이기도 하다. 그렇기 때문에, 데이터 타입을 미리 정의하는 '정적 타이핑'을 사용자가 선택할 수 있게 하고, 소스 코드를 미리 컴파일하여 바이너리 형태로 번역기 없이

실행할 수 있게 된다면, 언어의 실행 속도를 놀라울 정도로 향상시킬 수 있다는 것을 말하고 있다. 하지만, 이를 선택이 아닌 필수 사항으로 강제하면, 소스 코드가 복잡해지면서 가독성 및 개발 생산성이 떨어지기 때문에, 이를 '선택 사항'으로 남겨 놓아야 하는 것을 강조하고 있다.

병렬성에 관해서는, 파이썬 코드를 GIL을 유지한 상태에서 다중 코어에 동시 다발적으로 실행할 수 있는 능력을 말하는 것입니다. 물론, 멀티프로세싱 모듈이 있죠. 하지만, 저는 일급 시민(first-class citizens)[14] 으로써 언어 내부에 구축되는 구조에 관하여 이야기한 것입니다.

드리스콜   고맙습니다, 올리버 스컨본.

○

14   일급 시민(first-calss citizen) : 일반적으로 다른 객체들에 적용 가능한 연산을 모두 지원하는 객체를 가리킴. 함수에 매개변수로 넘기기, 변수에 대입하기와 같은 연산들이 여기서 말하는 일반적인 연산의 예에 해당한다. 일급 객체라고도 부른다.

16
알 스웨이거트
Al Sweigart

알 스웨이거트는 미국 소프트웨어 개발자이자, 2개의 크로스-플랫폼 파이썬 모듈의 창시자이다 : 텍스트 복사하기/붙여넣기를 위한 파이퍼클립[1]과 마우스/키보드 제어를 위한 파이오토GUI[2]. 그는 파이썬 프로그래밍 책 4권과 아이들을 위한 프로그래밍 언어인 스크래치|Scratch 책 1권을 집필한 저자이다. 알의 책은 입문자가 어떻게 코딩을 할 수 있는지 가르쳐주며, 그는 젊은 사람과 성인들이 쉽게 프로그래밍 기술을 익힐 수 있도록 열정적으로 돕고 있다. 알은 프로그래밍 지식을 더욱 접근하기 쉽게 만드는 일에 집중하고 있으며, 정기적으로 파이썬 콘퍼런스에서 발표를 한다.

토론 주제	파이썬 책, 파이썬 패키지, v2.7/v3.x.
알 스웨이거트 소셜 미디어 주소	@AlSweigart

○

[1] 파이퍼클립(Pyperclip) : https://pyperclip.readthedocs.io/en/latest/introduction.html
[2] 파이오토GUI(PyAutoGUI) : https://pyautogui.readthedocs.io/en/latest/

마이크 드리스콜	**어떻게 프로그래머가 되었나요?**
알 스웨이거트	저는 8-비트 닌텐도[1]를 사랑하는 아이였어요. 제 친구가 초등학교 도서관에서 베이직BASIC으로 게임을 프로그래밍하는 책을 찾았습니다. 바로 낚였어요.

저는 어린 시절에 프로그래밍을 시작했기 때문에 어떻게 프로그래밍을 하게 되었는지 말하는 것을 그리 좋아하지 않습니다. 제 이야기 때문에 사람들이 이렇게 생각하게 될까봐 우려가 됩니다, "오 저런, 나는 태어난지 3주차부터 프로그래밍을 하지 않았어, 그래서 너무 늦은 것 같아. 절대 따라가지 못 할꺼야!"

'오히려, 프로그래밍은 20년 전보다 훨씬 쉬워졌습니다.'

오히려, 프로그래밍은 20년 전보다 훨씬 쉬워졌습니다. 그때에는 위키피디아Wikipedia나 스택 오버플로Stack Overflow가 없었죠. 제가 3학년 때부터 졸업할 때까지 프로그래밍에 관해 배운 모든 것을 지금은 12주면 누구든지 배울 수 있게 되었습니다.

제 프로그래밍 지식 대부분은 한 권의 책에서 얻었어요. 가족용 컴팩Compaq 386 컴퓨터 매뉴얼을 이해하려고 노력했습니다. 전부다 이해하지는 못했어요. 결국, 제가 가지고 놀았던 닌텐도 게임보다 더 인상적인 것을 만나지는 못했습니다.

드 리 스 콜	**어떻게 파이썬 자체에 빠지게 되었나요?**
스웨이거트	2004년 쯤에 파이썬을 처음 하게 되었습니다. 저는 웹 앱을 만들려고 하고 있었고, 친구가 파이썬을 알려주었을 때 주로 PHP나 펄Perl로 프로그래밍을 하고 있었습니다.

그 당시, 저는 최대한 다양한 프로그래밍 언어를 배우고 싶었고, 파이썬은 정말 훌륭했습니다. 언어의 가독성을 사랑했어요. 펄로 하던 모든 것을 파이썬으로 하기 시작했습니다. 그 이후에 파이썬보다 더 나은 프로그래밍 언어를 찾지 못했고, 10년이 지난 지금까지 파이썬을 사용하고 있습니다.

가끔, 정상에 머물기 위해 제 스스로 다른 프로그래밍 언어를 배울 필요가 있다고 느낄 때가 있습니다. 하지만, 파이썬이 제가 찾은 최고의 언어입니다. 재빠르게 스크립트를 작성하거나, 정말 짧은 태스크를 자동화할 때 파이썬을 사용하는 것은 언제나 쉽습니다.

또 한편으로는, 미래를 예측하는 것은 정말 어려운 일이며, 더 이상 시도하지 않습니다. 예를 들어, 저는 자바스크립트를 대체할 만한 무엇인가가 나올 것이라고 생각했지만, 오히려 점점 더 자바스크립트가 유명해졌어요! 그리고 저는 원

○

1   8-비트 닌텐도(8-bit Nintendo) : 닌텐도에서 1983년에 발매한 가정용 게임기로 패미컴(Famicom) 또는 FC라고도 부른다.

래 핸드폰에 카메라를 집어 넣는 것이 멍청한 아이디어라고 생각했습니다. 그래서, 더 이상 미래를 예측하는 것은 쓸모가 없다는 것을 배웠습니다.

| '미래를 예측하는 것은 정말 어려운 일이며, 더 이상 시도하지 않습니다.'

드 리 스 콜　**파이썬은 인공지능과 기계학습에서 주요 역할을 하고 있습니다. 그 이유를 설명하실 수 있나요?**

스웨이거트　글쎄요, 지나치게 파이썬의 비위를 맞추는 것은 아니지만, 파이썬이 인공지능 분야에서 훌륭한 이유는 일반적으로 언어 자체가 훌륭하기 때문입니다.

| '파이썬이 인공지능 분야에서 훌륭한 이유는 일반적으로 언어 자체가 훌륭하기 때문입니다.'

파이썬은 배우기 쉽고 사용하기 쉽습니다. 이러한 특징은 애플리케이션 대부분에 있어 중요한 특징입니다. "강력한"은 프로그래밍 언어에게는 의미가 없는 단어입니다. 왜냐하면, 모든 언어가 스스로를 "강력한" 언어로 묘사하기 때문입니다.

이론적으로, 하나의 언어가 할 수 있는 것을 다른 언어가 하지 못하는 법은 없습니다. 실제로는 시간을 할애하여 자리에 앉아 진짜 코드를 작성할 인간 프로그래머가 필요하기는 합니다.

이렇게 쉬운 언어는 더 많이 채택되며, 더 큰 커뮤니티와 더 많은 라이브러리들을 가져다 줍니다. 그래서, 굉장히 많은 도구들이 개발되고 있는 요즘, 파이썬이 기계학습과 같은 분야를 이끌고 있다는 것이 전혀 놀랍지 않습니다.

드 리 스 콜　　**파이썬 언어에 관한 책을 쓰기 시작한 이유가 무엇인가요?**

스웨이거트　　2008년, 제 여자친구는 10살짜리 아이의 보모였습니다. 그녀는 프로그램을 배우고 싶어했지만 어디서부터 시작해야 할지 몰랐어요. 저는 웹에서 정보를 조금 찾아줬지만, 전문 소프트웨어 개발자를 목표로 삼기에는 내용이 많이 부족했습니다.

그래서 저는 튜토리얼을 작성하기 시작했고, 결국 책 "파이썬으로 당신의 컴퓨터 게임을 발명해보세요(Invent Your Own Computer Games with Python[2])"가 완성되었습니다. 저는 독자를 프로그래밍 개념과 기술적 용어에 파묻고 싶지 않았습니다. 그저 게임 소스 코드를 나열하고, 코드가

○

2　Invent Your Own Computer Games with Python 책 링크 :
　https://inventwithpython.com/invent4thed/

어떻게 동작하는지 설명했죠. 계속해서 게임을 추가했고, 마침내 책을 만들 만큼 내용이 많아졌습니다. 자가-출판했지만, 웹에도 무료로 크리에이티브 커먼즈Creative Commons 라이선스하에 올려 놓았죠. 사람들이 좋아했고, 저는 "파이썬과 파이게임으로 게임 만들기(Making Games with Python and Pygame [3])"를 썼어요.

책 "파이썬으로 당신의 컴퓨터 게임을 발명해보세요"에는 작은 암호 프로그램이 있습니다. 저는 다수의 전통적인 암호들을 함께 모아놓으면 좋은 책이 될 것이라고 생각했습니다. 저는 어떻게 암호화를 할 수 있는지에 대해서만 설명한 것이 아니라, 암호를 어떻게 깨트릴수 있는지도 설명했어요. 이 암호들은 고대 로마 시대부터 16세기 사이에 만들어진 암호이기 때문에 오늘날 일반 노트북이면 충분히 암호를 깨트리고 남을 충분한 컴퓨팅 파워를 가지고 있죠. 그 책이 바로 "파이썬으로 코드 깨기(Cracking Codes with Python [4])"가 되었습니다.

이렇게 3번째 책까지 쓰고 나니, 집필은 제 여유 시간 전부를 차지하게 되었습니다. 소프트웨어 개발자 직업을 관두고, 풀타임 집필가로 전환할 기회를 가질 수 있었죠. 꽤 괜찮은 선택이었습니다.

| '적당한 시기에, 적합한 언어로 좋은 아이디어를 내놓은 것이었습니다.'

저는 1년후에 개발자로 돌아가거나 글을 쓰기로 마음 먹었

　　　　　　　　　　　　　알 스웨이거트

지만, "파이썬으로 지루한 작업 자동화하기(Automate the Boring Stuff with Python [5])"의 성공은 저를 깜짝 놀라게 하였습니다. 정말 운이 좋았어요. 적당한 시기에, 적합한 언어로 좋은 아이디어를 내놓은 것이었습니다. 서로 다른 것들이 운좋게 하나로 합쳐지는 것 같았죠.

드리스콜 **저자로서 배운 점이 있다면요?**

스웨이거트 생각했던 것보다 더 많은 일을 하게 될 것이라는 거죠! 많은 사람이 메일로 이렇게 묻습니다. "안녕하세요, 프로그래밍 책을 쓰는 데 흥미를 갖고 있습니다. 조언을 해주실 수 있을까요?"

그들에게 무슨 말을 해야할지 모르겠습니다. 저는 훈련으로 소프트웨어 개발자가 되었습니다. 저는 제가 어떤 시도를 했는지 알고 있고, 저한테 잘 맞았어요. 하지만, 이건 마치 로또에 당첨된 사람에게 어떤 번호를 선택해야 당첨될 수 있는지 조언을 해달라는 것과 같습니다. "파이썬으로 지루한 작업 자동화하기"는 제 다른 책들보다 훨씬 인기가 많았어요.

○
3   Making Games with Python and Pygame 책 링크 : https://inventwithpython.com/pygame/
4   Cracking Codes with Python 책 링크 : https://inventwithpython.com/cracking/
5   Automate the Boring Stuff with Python 책 링크 : https://automatetheboringstuff.com/

다른 사람들이 이런 결과를 어떻게 만들어낼 수 있을지 정말 잘 모르겠어요.

제 가장 최근 책은 MIT 미디어 랩의 스크래치Scratch 프로그래밍 도구를 사용하여 아이들에게 프로그래밍을 가르치는 "스크래치 프로그래밍 놀이터(Scratch Programming Playground[6])"입니다. 이 책도 어느정도 선방했지만, 불행하게도 스크래치를 위한 독자층이 파이썬의 독자층만큼 두텁지는 않죠.

무엇인가를 집필한다는 것은 그것을 더 잘 해야한다는 것을 뼈저리게 배웠습니다. 실습은 제가 줄 수 있는 어떤 조언보다 낫습니다. 또한, 좋은 편집자는 굉장히 소중하다는 것을 배웠습니다.

드리스콜   **잘 진행되지 않았던 책을 처음부터 다시 쓴다면, 무엇을 다르게 해보실건가요?**

스웨이거트   정확히 말씀드리자면, 제 첫 번째 책의 가장 큰 실수는 파이썬 3로 작성하지 않은 것입니다. 원래 저는 파이썬 2만 사용했었습니다. 왜냐하면, 그것이 제가 아는 전부였거든요.

저는 누군가가 "이봐, 왜 파이썬 3를 쓰지 않아?"라고 묻기 전까지, 파이썬 3 적용에 관한 고민을 하지 않았습니다. 생각해보니 파이썬 3를 적용하지 않을 명확한 이유가 없었기에, 저는 "파이썬으로 당신의 컴퓨터 게임을 발명해보세요"를 파이썬 3로 바꾸었습니다. 정말 똑똑한 결정이었어요.

> '저는 "파이썬으로 당신의 컴퓨터 게임을 발명해보세요"를 파이썬 3로 바꾸었습니다. 정말 똑똑한 결정이었어요.'

"파이썬으로 당신의 컴퓨터 게임을 발명해보세요"를 쓰면서 제가 한 다른 큰 실수는, 본래 전체 텍스트를 HTML로 작성했다는 것입니다. 왜냐하면, 텍스트 파일 안에 웹 튜토리얼을 만들고 있었거든요. 저는 단위 테스트를 작성했고, 포맷 검사를 위해 린트lint 도구를 사용하여 모든 것이 제대로 포맷을 유지하고 있는 것을 확신하고 싶었습니다. 이는 결국 큰 골칫덩어리가 됐죠. 마이크로소프트 워드로 했어야 했어요. 이렇게 말하면 많은 사람이 정말 놀라지만, 워드와 엑셀은 마이크로소프트에서 만든 도구들 중 최고입니다. 제가 10년 전의 저에게 메시지를 보낼 수 있다면, 진짜 데스크톱 출판(publishing) 소프트웨어를 쓰라고 말할 것입니다.

드리스콜   **아이들의 여러 입문 언어 중 스크래치를 선택한 이유가 무엇인가요?**

○
6   Scratch Programming Playground 책 링크 : https://inventwithscratch.com/

Al Sweigart

스웨이거트   스크래치는 제가 접한 도구 중 아이들을 위한 최고의 프로그래밍 도구입니다. 아이들을 위한 수많은 프로그래밍 도구들은 실제로 프로그래밍을 가르칠 수 없을 정도로 지나치게 단순화되었어요.

스크래치는 똑똑한 디자인 결정을 많이 했고, 골치 아픈 상세 사항들을 숨기면서 진짜 프로그래밍을 가르칩니다. 아이들에게 코드를 가르치는데 흥미를 가지고 있는 사람이라면 미츠 렌스닉Mitch Resnick의 스크래치 화이트 페이퍼[7]를 읽고, 그의 테드TED 발표[8]도 보기 바랍니다.

드리스콜   **주제를 조금 바꿔보고 싶군요. 파이썬 패키지인 파이퍼클립 Pyperclip과 파이오토GUIPyAutoGUI를 만든 이유가 무엇인가요?**

스웨이거트   파이퍼클립과 파이오토GUI는 모두 제가 책을 쓰고 있을 때 필요에 의해 만들어 졌습니다.

'파이퍼클립과 파이오토GUI는 모두 제가 책을 쓰고 있을 때 필요에 의해 탄생했습니다.'

책 "파이썬으로 코드 깨기"는 텍스트 암호화 및 복호화를 다룹니다. 정확히 다시 생성해야 하는 아무 의미 없는 수많은 무작위 텍스트를 다루는 빈번한 작업을 복사하기-붙여넣기가 더 쉽게 만들어줍니다. 사용자는 출력 텍스트를 메일에 넣거나 문서로 저장합니다. 그래서 생각했죠, "음, 파이썬에서 복사하기-붙여넣기를 어떻게 하지?" 파이피아이PyPI에 복사하기-붙여넣기를 하는 모듈이 있었지만, 단 하나의 운영체제에만 동작하거나 파이썬 2에서만 사용할 수 있었습니다.

저는 모든 운영체제에서 사용할 수 있고, 파이썬 2와 파이썬 3에도 사용할 수 있는 하나의 모듈을 가지고 싶었습니다. 복사하기 함수와 붙여넣기 함수가 제가 필요한 모든 것이었습니다. 일이 많을 것이라고 생각하지 못했지만, 역시나 많았습니다. 운 좋게도, 사용자는 수많은 플랫폼에서 파이퍼클립을 동작하기 위해 필요한 골치 아픈 모든 상세사항들을 볼 필요가 없었습니다. 단지 2개의 함수를 가진 하나의 모듈을 가지게 되었죠.

드리스콜 **하나의 모듈에 관한 아이디어를 어떻게 시작했나요?**

스웨이거트 저는 독자들이 본인의 컴퓨터 셋업에 따라 다른 모듈을 선택하도록 만들고 싶지 않았습니다.

○

7 http://web.media.mit.edu/~jmaloney/papers/ScratchLangAndEnvironment.pdf
8 https://www.ted.com/talks/mitch_resnick_let_s_teach_kids_to_code

저는 모든 코드를 하나의 모듈 안에 집어 넣었고, 이는 파이클립이 되었죠. 파이피아이에 이와 같은 모듈이 없었기 때문입니다. 파이오토GUI도 비슷한 이유로 탄생하였습니다. 저는 책 "파이썬으로 지루한 작업 자동화하기"에서 GUI 자동화를 위한 챕터를 넣고 싶었지만, 파이피아이의 기존 모듈들은 서로 다른 운영체제에서 다르게 동작했습니다.

'파이오토GUI는 하나의 모듈로 바로 동작할 수 있는 필요성 때문에 탄생했습니다.'

파이오토GUI는 하나의 모듈로 바로 동작할 수 있는 필요성 때문에 탄생했습니다. 이는 제가 시작한 가장 인기있는 오픈소스 프로젝트가 파이오토GUI인 주 이유라고 생각해요. 파이오토GUI는 광범위한 사람들에게 쓸모가 있습니다.

드 리 스 콜 **파이썬 패키지를 만들려고 하는 프로그래머의 목표가 무엇이 되어야 한다고 생각하나요?**

스웨이거트 만약, 파이썬 패키지나 어떤 소프트웨어를 만들고 싶다면, 사용하기 쉽게 만드는 것이 가장 중요합니다.

'만약, 파이썬 패키지나 어떤 소프트웨어를 만들고 싶다면, 사용하기 쉽게 만드는 것이 가장 중요합니다.'

알 스웨이거트

저는 코드를 작성하기 전에 API가 어떻게 생겼고, 제가 스스로 어떻게 사용할지 써 놓습니다. 많은 프로그래머들이 그저 코드를 작성하고 기술적 문제점을 풀려고 하지만, 사람들이 실제로 사용할 때 지나치게 복잡하다면, 아무 의미가 없다는 것을 깨닫지 못합니다.

'시작하는 시점에는, 알고리듬이 우아할 필요가 없습니다. 코드가 완벽하게 깨끗할 필요도 없죠.'

시작하는 시점에는 알고리듬이 우아할 필요가 없습니다. 심지어 코드가 완벽하게 깔끔할 필요도 없죠. 그 모듈을 쉽게 사용하는 한, 사람들이 주목할 것입니다. 여러분이 만든 것이 제대로 동작하고 사람들이 원한다면, 그때 가서 미래의 개발을 위해 코드를 깨끗하게 정리할 수 있습니다.

'많은 사람이 사용하고 있는 파이클립이 단지 제가 스스로를 위해 만든 장난감에 불과하지 않다는 것에 항상 신이 납니다.'

많은 사람이 사용하고 있는 파이클립이 단지 제가 스스로를 위해 만든 장난감에 불과하지 않다는 것에 항상 신이 납니다. 저 혼자가 아닌 다른 사람들도 사용할 수 있는 소프트웨어를 만드는 법을 많이 배웠죠. 예를 들어, 파이오토GUI는 비영어(non-English) 키보드 혹은 비영어 언어 설정을 사용하는 사람들로부터 버그 레포트를 받았습니다. 이는 제가 만든 것을 저 혼자만 사용한다면, 절대로 생각해낼 수 없는 이슈들이죠.

Al Sweigart

광범위하고 다양한 사용자를 위해 충분히 견고한 코드를 만들기 위해서 얼마나 많은 노력이 필요한지 놀랐습니다. 몇몇의 다른 오픈소스 프로젝트도 만들었지만, 파이퍼클립과 파이오토GUI가 다른 사람들을 위해 소프트웨어를 만드는 것에 관하여 가장 많은 것을 알려 주었습니다.

드리스콜 **이 유명한 오픈소스 프로젝트를 운영하면서 배운 다른 주요 통찰이 있을까요?**

스웨이거트 저는 사람들 대부분이 정말 친절하다는 것을 배웠습니다. 저는 오픈소스 메인테이너들에게 무례한 사람들이, 어쩌다가 한번 발생하는 버그를 수정해달라는 이야기를 들어왔습니다. 하지만, 제가 대화를 나눈 사람들은 정말 따뜻했고, 그들의 비판은 옳았습니다. 정말 고맙게 생각합니다.

드리스콜 **코드를 온라인에 공유하는 것을 주저하는 사람에게 해 줄 조언이 있나요?**

스웨이거트 코드를 온라인에 올려 놓고, 사람들이 볼 수 있도록 하는 것이 빠르면 빠를수록 좋습니다.

비판에 대한 두려움을 극복해야 합니다, 왜냐하면, 코드 리뷰만큼 여러분을 더 나은 소프트웨어 개발자로 만들어주는 것은 없기 때문입니다. 여러분 스스로를 노출하지 않으면, 성장할 수 있는 수많은 기회를 놓치는 것입니다. 그리고 실명이 아닌 별명을 사용해서 올려 놓을 수도 있죠.

> '코드를 온라인에 올려 놓고, 사람들이 볼 수 있도록 하는 것이 빠르면 빠를수록 좋습니다.'

이는 헬스장에 가는 것과 같습니다. 종종 사람들은 헬스장에 가서 다른 사람들이 자신을 보고 어떻게 평가할까라고 걱정합니다. 하지만, 헬스장에 있는 사람들은 너무 바빠서 다른 사람들을 눈여겨 볼 새도 없습니다. 제 생각에는 코드도 똑같습니다. 사람들 대부분은 여러분의 코드를 실제로 읽지 않습니다. 저에게 연락했던 기술 채용 담당자 대부분은 제가 이미 공개한 수백 줄의 코드를 전혀 들여다 보지 않았다고 확신해요.

저는 2주 전에 작성한 코드를 몹시 싫어하는 경향이 있습니다. 다시 살펴보면, 엄청 많은 실수를 했고, 다듬어지지 않은 부분들이 많다는 것을 알게 됩니다. 많은 프로그래머들이 저와 같을 것입니다. 여러분의 코드가 온라인에 올리기에 너무 세련되지 않다는 것을 걱정한다면, 여러분은 최소한 좋은 회사에 있는 것입니다.

드리스콜	**다음으로 파이썬에 큰 규모의 오픈소스 패키지를 만들고 싶어 하는 사람에게 해 줄 조언이 있나요?**

스웨이거트   노벨상 효과라는 것이 있습니다. 노벨상을 수상한 과학자가 이렇게 생각하는 효과죠. "두 번째 노벨상을 받으려면 무엇을 해야할까? 훨씬 위대한 문제를 해결해야지."

그리고 나서 그들은 너무 높은 목표를 잡고, 절대로 다시 성취하지 못하게 됩니다. 저는 파이클립과 파이오토GUI에 관하여 비슷한 느낌을 가질 때가 있습니다. 왜냐하면, 그것들이 이렇게나 유명해질지 몰랐거든요.

제 깃허브 프로파일은 어느 누구도 관심을 가지지 못한 수많은 리포지토리들이 있습니다. 그래서 제 조언은 여러분이 가지고 있는 차별성있는 아이디어에 꾸준히 공을 들이라는 것입니다. 어떤 것이 유명해질지는 정말 예측하기 어렵습니다. 제가 만든 오픈소스 프로젝트나 책 역시 그랬습니다. 저는 제 작업물들이 이렇게 성공할지 정말 몰랐어요. 제가 한 작업 대부분은 전혀 성공하지 못했습니다.

작게 시작해서 꾸준히 키워나가세요. 실수에서 배우고, 많은 실수를 하게 될 것이라는 것을 깨달으세요. 여러분의 코드를 온라인에 공개하고 다른 사람들과 함께 작업하는 것을 배우세요. 왜냐하면, 모든 대규모 오픈소스 프로젝트는 팀에 의해 만들어지지, 개인이 만들 수 없습니다. 이것이 성공하기 위한 최고의 레시피라고 생각해요.

       알 스웨이거트

'모든 대규모 오픈소스 프로젝트는 팀에 의해 만들어지지, 개인이 만들 수 없습니다.'

드리스콜   **오늘날 파이썬에 관하여 가장 흥분되는 것은 무엇인가요?**

스웨이거트   Python 3의 채택이 타당한 이유와 함께 고비를 넘긴 것 같습니다.

파이썬 3.6은 언어의 여러 곳, 특히 (파이썬 자체의 기초라고 할 수 있는) 딕셔너리 타입의 효율성이 개선되었습니다. asyncio 모듈은 끝내주는 기능이 될 것으로 보입니다. 하지만, 저를 주로 흥분시키는 것은 취미로 코딩을 하는 사람들, 학생 그리고 데이터 과학자와 같이 더 많은 사람들이 파이썬을 사용하고 있다는 것입니다.

드리스콜   **파이썬 2.7의 긴 수명에 대해서 어떻게 생각하시나요? 모두들 파이썬 3로 지금 바로 전환해야 하나요?**

스웨이거트   네, 반드시 파이썬 3으로 갈아 타야합니다. 2018년에 아직도 파이썬 3를 지원하지 않는 모듈이 있다는 변명은 사실이 아니며, 수년간 그래왔습니다.

                                                        Al Sweigart

파이썬 2를 계속 사용해야 하는 단 하나의 이유는 파이썬 2 코드로 작성한 거대한 기존 코드베이스죠. 불행하게도, 파이썬이 초반에 인기를 많이 얻었기 때문에 파이썬 2로 작성한 코드베이스가 많기 때문입니다. 하지만, 이 시점에서 저는 Python 3를 무시하기에는 매우 많은 개선이 있다고 느낍니다.

'이 시점에서 저는 Python 3를 무시하기에는 매우 많은 개선이 있다고 느낍니다.'

개인적으로는 유니코드 문자열을 더 좋게 제어하는 것이 장점이라고 봅니다. 문자열 어디엔가 아스키[9] 코드가 아닌 문자를 사용하면 문제가 생기는 코드를 수도 없이 보았습니다. 파이썬이 유니코드보다 먼저 앞서 있었다고 친구가 지적하기 전까지는, 파이썬 이전 버전이 유니코드 문자에 관한 처리 방식이 이상했어요. 파이썬이 얼마나 오래전부터 존재했는지 잊어버리기 쉽습니다.

드리스콜   **그렇다면 파이썬이 언어로써 어디로 가고 있다고 생각하나요? 어떤 기능이 도입되고 있나요, 혹은 어떤 영역에 파이썬이 진입하고 있나요?**

스웨이거트   파이썬은 프로그래밍 세계를 둘러보고, 더 이상 정복할 언어가 없어서 눈물을 흘리고 있습니다.

알 스웨이거트

'파이썬은 프로그래밍 세계를 둘러보고, 더 이상 정복할 언어가 없어서 눈물을 흘리고 있습니다.'

물론, 과장입니다. 하지만, 파이썬이 사용되고 있는 서로 다른 영역이 얼마나 많은지 놀랍습니다. 위대한 범용 스크립팅 언어이지만, 확장성이 매우 큰 시스템에도 사용됩니다. 웹 앱을 만들 때 사용하지만, 기계학습에도 쓰이죠. 가장 큰 기술 회사에서 사용하지만, 고등학교 컴퓨터 과학 수업에도 사용하고 있습니다.

파이썬이 성공하지 못한 영역이 어디인지 생각해보겠습니다. 임베디드 장치가 한 영역이지만, 마이크로파이썬 MicroPython이 잘 하고 있죠. 파이썬은 트리플-A 게임이나 VR에는 적용하기 어렵지만, 취미로 게임을 만드는 사람에게 적합하며, 심지어 몇몇의 인디 게임 개발자에게도 훌륭합니다. 파이썬은 웹 앱 백엔드 영역에 쓰이지만, 프론트엔드는 자바스크립트가 여전히 왕의 자리를 차지하고 있습니다. 브라우저 위에서 동작하는 파이썬을 보게 되길 바래요.

저는 파이썬 3가 마침내 합리적으로 동작한다는 이유만으로도, 파이썬 3의 변경 사항을 정말 좋아합니다. 영어를 모국어로 사용하는 세계의 많은 프로그래머가 아스키가 보편적

○

9 아스키(ASCII) : American Standard Code for Information Interchange, 영문 알파벳을 사용하는 대표적인 문자 인코딩

Al Sweigart

인 코드가 아니라는 것을 잊어버립니다. 사실, 아스키는 영어를 모국어로 사용하는 나라에서도 보편적이지 않죠. 원래 아스키 문자 집합에는 달러 기호가 있습니다만, 영국 파운드 기호는 없습니다. 악센트 문자(위에 악센트 기호가 들어간 문자)를 넣어도 코드가 깨지지 않는 것은 거대한 성취입니다.

'파이썬 커뮤니티는 제가 지금까지 발견한 기술 커뮤니티 중 최고입니다.'

파이썬을 낙관적으로 만드는 것은 언어 자체가 아니라, 그 뒤에 있는 사람들입니다. 파이썬 커뮤니티는 제가 지금까지 발견한 기술 커뮤니티 중 최고입니다. 그들은 사람들에게 열려있고 포용하는 것에 관심을 가지고 있으며, 이는 수많은 새로운 혈통과 신선한 눈을 끌어 모읍니다. 그래서, 저는 아직도 파이썬이 많은 힘을 가지고 있다고 생각합니다. 비록 거의 30년이 지났지만요. 앞으로 파이썬은 꽤 오랫동안 우리들의 삶에 의미가 있을 것이며, 자기 자리를 지킬 것이라고 생각합니다.

드리스콜　　고맙습니다, 알 스웨이거트.

알 스웨이거트

17
루시아누 하말류
Luciano Ramalho

루시아누 하말류는 브라질 소프트웨어 엔지니어이자 파이썬 소프트웨어 재단(PSF)의 회원이다. 그는 소프트웨어 디자인 회사인 소트웍스ThoughtWorks의 테크니컬 수석이다. 루시아누는 브라질 은행, 미디어와 공공 기관에 파이썬 웹 개발을 가르치기도 했다. "전문가를 위한 파이썬(Fluent Python [1])"의 저자이며, 브라질 파이썬 협회 Brazilian Python Association의 자문 위원회에서 4년간 봉사하였다. 루시아누는 정기적으로 국제 파이썬 콘퍼런스에서 발표하고 있다. 그는 트레이닝 회사인 Python.pro.br [2]의 공동 소유자이며, 브라질 최초의 해커공간인 가로아 해커 클럽Garoa Hacker Clube [3] 공동 설립자이다.

토론 주제	파이썬 책, APyB [4], v2.7/v3.x.
루시아누 하말류 소셜 미디어 주소	@ramalhoorg

○

1   역서 링크 : http://www.hanbit.co.kr/store/books/look.php?p_code=B3316273713
2   홈페이지 링크 : https://www.python.pro.br/
3   https://garoa.net.br/wiki/Garoa_Hacker_Clube:About
4   APyB : A Association Python Brasil, http://associacao.python.org.br/

마이크 드리스콜 **당신의 배경에 대해서 조금 들려주시겠어요, 루시아노?**

루시아누 하말류 그럼요, 저는 독학으로 프로그래밍을 배운 프로그래머입니다. 1963년에 브라질에서 태어났어요. 1978년, 제가 15살이 되던 해에 HP-25 계산기[1]에서 돌아가는 루나 랜더 게임을 보았고, 그 당시 제 주 관심사였던 보드 게임과 프로그래밍이 가능한 계산기를 결합할 수 있는 가능성에 대해서 무척 흥분했었죠.

다음 해, 아버지 회사에서 TI-58 계산기[2]를 주었고, 제가 바로 빌려서 돌려주지 않았죠. 제 첫 흥미로운 프로그램은 루나 랜더를 HP에서 TI 언어로 변경하는 것이었습니다(모두 어셈블리와 비슷한 언어였죠).

1981년, 저는 미국 일루이노주의 해리스버그에서 교환 학생으로 1년을 보냈고, 고등학교 도서관에서 받은 애플 II 컴퓨터에 프로그램을 가르치는 자원자 2명 중 한 명이었습니다 : 그외에 어떤 누구도 컴퓨터로 무엇을 할 수 있는지 몰랐어요.

브라질로 돌아온 후, 제 첫 직업은 애플 II 소프트웨어 매뉴얼을 포루투갈어로 번역하는 일이었으며, 두 번째 직업은 지금까지 평생 열정을 바치고 있는 프로그래밍을 가르치는 일입니다.

'두 번째 직업은 지금까지 평생 열정을 바치고 있는 프로그래밍을 가르치는 일입니다.'

그 이후로, 제 시간의 절반은 프로그래머가 되기 위해서 사용했고, 나머지 절반은 선생님이 되기 위해 사용하였습니다. 저는 프로그래머로서 8-비트 교육용 소프트웨어, CP/M[3] 스탠드얼론 비즈니스 앱, 윈도우 클라이언트-서버 앱, 윈도우와 맥OS CD롬 그리고 유닉스에서 돌아가는 브라질 초창기 웹 포탈을 위한 백엔드 시스템 등을 만들었습니다.

저는 몇 개의 작은 회사(탁상 출판[4] 센터, 소프트웨어 하우스와 교육 훈련 회사)를 운영했고, 현재는 소트웍스Thought Works의 수석 컨설턴트가 되어서 자랑스럽습니다.

오늘날, 제가 즐기는 프로그래밍 대부분은 언어, API와 플랫폼의 새로운 개념을 설명하기 위한 예제 코드입니다. 또한, DX(developer experience, 개발자 경험)에도 관심이 많습니다. 저는 아이디어를 표현할 수 있고 여전히 흥미로운 가장 단순한 예제 코드 만들기 도전을 무척 즐깁니다(단순히 foo와 bar 추상화를 하는 것은 아닙니다). 그래서 저는 스스로를 '스탠드업stand-up 프로그래머'라고 부르죠.

○
1   HP-25 : HP 에서 1975년~1978년에 만들었던 프로그래밍이 가능한 과학/공학용 계산기
2   TI-58 : 1975년, TI사에서 만든 프로그래밍이 가능한 초창기 계산기
3   CP/M : 인텔 8080/85 마이크로프로세서를 기반으로 하는 처음 제작된 운영체제
4   탁상 출판 : DTP(Desktop Publishing), 컴퓨터로 단행본이나 사전 등의 출판물을 디자인하는 작업

Luciano Ramalho

드리스콜	**왜 프로그래머가 되었나요?**

하 말 류	저는 보드게임을 즐기는 것만큼 프로그래밍도 즐겼기 때문에 프로그래머가 되었습니다.

매우 강한 유사점이 있어요. 언어가 제공하는 키워드와 함수는, 플레이어가 마음대로 사용할 수 있는 보드판 위의 게임 도구나 자원들과 비슷합니다. 이것들을 게임 규칙대로 나열해야만 원하는 결과를 얻을 수 있기 때문이죠.

언어 문법은 게임 규칙과 비슷하죠. 언어가 구문식Syntactic 매크로를 가지고 있다는 것은, 게임 중에 규칙을 변경하여 완전히 새로운 게임을 만드는 것과 같습니다. 매우 강력한 능력입니다.

'저는 보드게임을 즐기는 것만큼 프로그래밍도 즐겼기 때문에 프로그래머가 되었습니다.'

즐거움 이외에도, 프로그래밍은 세상에 큰 영향을 끼치며, 항상 긍정적인 영향을 주기 위해 노력했어요.

드리스콜	**왜 파이썬이죠?**

하 말 류	저는 파이썬을 배우기 전에 열개가 넘는 언어를 배웠었고, 이후에 최소 6개 정도의 언어를 더 배웠습니다. 하지만, 파이썬은 제 전체 경력을 쌓는 동안, 가장 긴 시간동안 사용한 언어입니다.

파이썬은 제 두뇌와 잘 맞아요, 말하는데로 동작하죠. 저는 파이썬이 우아하지만 실용적이고, 단순하지만 단순하지 않고, 일관적이지만 융통성이 없거나 제한적이지 않다고 생각합니다. 얼마 지나지 않아 파이썬 커뮤니티에서 많은 친구를 사귀었고, 이는 파이썬과 뗄레야 뗄수 없는 관계가 된 주된 이유가 되었습니다. 그 당시 종종 무언가 새로운 것에 도전해보고 싶었던 시기였음에도 불구하고 말이죠.

1998년, 저는 웹 개발을 할 때 사용했던 펄 5의 객체지향 기능을 배우고 있을 때, 우연히 파이썬을 알게 되었습니다. 그 당시, 펄 메일링 리스트의 누군가가 어떻게 객체지향-방식으로 개발을 할 수 있는지 물을 때마다 파이썬과 비교를 하더군요. 파이썬을 언급한 두어개의 대답을 접한 뒤, 파이썬을 살펴 보기로 결정했습니다.

'저는 귀도 반 로섬의 튜토리얼을 읽었고, 파이썬과 사랑에 빠졌어요. 그 당시 제가 주로 사용하던 펄과 자바의 최고 특징을 결합하고 있었습니다.'

저는 귀도 반 로섬의 튜토리얼을 읽었고, 파이썬과 사랑에 빠졌어요. 그 당시 제가 주로 사용하던 펄과 자바의 최고 특징을 결합하고 있었습니다. 파이썬은 자바와 같이 제대로 된 클래스 라이브러리를 갖추고 있는 진정한 객체지향 언어인 동시에, 펄과 같이 간결하면서 실용적이었으며, 두 언어보다 더 가독성이 좋고, 일관성이 있었으며, 사용하는 것이 즐거웠습니다. 저는 파이썬이 언어 설계의 걸작이라고 생각했습니다.

Luciano Ramalho

드리스콜	**파이썬이 인공지능과 기계학습에 좋은 언어가 된 이유가 무엇이라고 생각하나요?**

하 말 류   가장 중요하고 직접적인 이유는 넘파이NumPy와 싸이파이SciPy 라이브러리가 현재 기계학습을 위한 사실상 표준 도구에 가까운 싸이킷-런scikit-learn과 같은 프로젝트를 가능케 한 것이죠.

우선 넘파이, 싸이파이, 싸이킷-런과 수많은 라이브러리들이 만들어진 이유는 파이썬이 과학적 컴퓨팅을 위해 무척 매력적인 기능들을 가지고 있기 때문입니다. 파이썬은 소프트웨어 엔지니어가 아닌 사람들에게 프로그래밍을 조금 더 쉽게 접근할 수 있도록 해주는 간단하고 일관성있는 문법을 가지고 있어요. 또한, 파이썬이 배열과 비슷한 데이터 구조를 처리할 때 외부 라이브러리와 효율적으로 상호 작용하기 위해 사용하는 표준인 파이썬 버퍼 프로토콜(PEP 3118[5])이 있습니다. 마지막으로, 파이썬은 과학적 컴퓨팅을 위한 라이브러리의 풍부한 생태계로부터 혜택을 받고 있습니다. 이는 더 많은 과학자들을 끌어 모으며, 선순환 구조를 만듭니다.

드리스콜   **파이썬을 인공지능과 기계학습을 위해 더 나은 언어로 만드는 것이 무엇일까요?**

하 말 류   인공지능과 기계학습을 위한 파이썬의 가장 큰 도전은 각 프로젝트에 필요한 외부 의존 관계를 가진 것들을 운영환경에 함께 배포하는 것입니다. 컨테이너가 많은 도움이 되지만 절대로 쉽지 않은 일이죠.

드리스콜 **어떻게 저자가 되었나요, 루시아노?**

하 말 류 "전문가를 위한 파이썬(Fluent Python)"은 제가 시작한 4번째 책이었지만, 가장 먼저 끝낸 책입니다. 책을 쓰는 일은 많은 시간이 소요되며, 필요한 노력을 간과하기 쉽죠.

2013년, 저는 오스콘[6]에 발표 제안을 했고, 받아들여졌습니다. 콘퍼런스장에 있는 동안, 제 아이패드에 있던 4장의 프리젠테이션 슬라이드(책 제목, 저자 소개, 개요 2장)와 함께 오'라일리 부스에 방문했죠. 그들은 흥미로워했고, 저에게 집필 제안 템플릿을 보냈습니다. 수 개월 후, 계약서에 싸인을 했고, 진도를 조금 뺐습니다.

초기에는 여유 시간에 집필 작업을 했습니다. 그 때에는 편집자인 메간 블랜체테Meghan Blanchette가 책을 읽는 유일한 사

○

5 PEP 3118 : Revising the buffer protocol, https://www.python.org/dev/peps/pep-3118/
6 오스콘(OSCON) : 오'라일리(O'Reilly) 출판사에서 주관하는 오픈소스 콘퍼런스, https://conferences.oreilly.com/oscon/oscon-or

람이었죠. 그녀는 매우 가치있는 조언을 주었습니다. 특히, 책의 흐름에 관해서요.

그 프로젝트를 시작한지 9개월이 지날 무렵, 첫 번째 마감일자가 다가 왔지만, 원고를 마무리하지 못했습니다. 오'라일리 계약에는 만약 원고 제출에 문제가 있으면 공동 집필을 허용하는 조항이 포함되어 있었습니다. 하지만, "전문가를 위한 파이썬"은 저에게는 지극히 개인적인 프로젝트였기에, 제가 참여하고 있던 모든 프리랜서 업무를 마무리하고 책에만 집중하기로 했습니다.

약 주 50시간 정도를 할애하여 또 다른 9개월간 작업을 진행했고, 마무리했습니다. 후반부에 기술 편집자가 프로젝트에 참여했어요. 검토자reviewer들은 모두 제가 존경하는 사람들이었습니다. 알렉스 마르텔리Alex Martelli, 안나 라벤스크로프트Anna Ravenscroft, 레나트 레게브로Lennart Regebro와 레오나르도 로첼Leonardo Rochael이 바로 그들입니다.

빅터 스티너Victor Stinner는 우리들 나머지에게 새로운 주제였던 asyncio에 관한 챕터에 집중했습니다. 그들 모두 저에게 훌륭한 피드백과 격려를 많이 해주었습니다.

드리스콜   **"전문가를 위한 파이썬"을 쓰면서 배운 점이 있다면요?**

하 말 류

파이썬을 많이 배웠어요. 집필하는 동안, 예전에 살펴보지 못했던 표준 라이브러리를 탐험했습니다. attribute descriptor나 yield from 표현식과 같은 파이썬 언어만의 유일한 기능들을 이해했어요. 마침내, 파이썬 프로그램이 윈도우에서 cmd.exe 콘솔에 글자를 출력할 때는 아무 문제가 없는데, 파일에 출력할 때는 UnicodeEncodeError와 함께 프로그래밍이 멈추는 이유를 발견하게 되었죠.

저는 파이썬에 관하여 많은 것을 배웠습니다. 또한, 제 자신이 되어가는 가치도 배웠죠. 어떤 주제에 대한 열정과 그것을 잘 아는 것은 콘텐츠를 만드는데 좋은 토대가 됩니다.

'또한, 제 자신이 되어가는 가치도 배웠죠. 어떤 주제에 대한 열정과 그것을 잘 아는 것은 콘텐츠를 만드는데 좋은 토대가 됩니다.'

저는 열렬한 독자입니다. 이는 집필을 하기 위해 필수적이죠. 또한, 언어 설계에 관하여 확고한 주관이 있습니다. 독자로서, 기술 서적 저자들이 사실과 자신의 견해를 섞는 것을 싫어합니다. 그래서, 각 챕터의 끝에 제 견해를 밝히는 임시 연단Soapbox 섹션을 넣기로 했죠. 저는 제 견해를 제공할 수 있었고, 또한 독자들이 그 부분은 쉽게 넘길 수 있도록 하였습니다. 임시 연단 섹션은 내용을 채울 때 즐거움을 주었으며, 몇몇 검토자들 역시 좋아했어요. 이는 제가 얼마나 작업을 잘 했는지 보여주는 예입니다.

파이썬 커뮤니티는 지식 나누기를 사랑하는 사람들이 만들

Luciano Ramalho

었고, 칭찬받아 마땅합니다. 그래서 저는 책에서 사용한 중요한 참고 사항에 대한 출처를 항상 남겨 놓습니다. 다른 책뿐만이 아니라, 블로그 포스트, 비디오, 심지어는 스택오버플로StackOverflow 답변도요. 저는 "더 읽을거리" 섹션에서 독자들에게 이 정보를 공유합니다.

'파이썬 커뮤니티는 지식 나누기를 사랑하는 사람들이 만들었고, 칭찬받아 마땅합니다. 그래서 저는 책에서 사용한 중요한 참고 사항에 대한 출처를 항상 남겨 놓습니다.'

개인적인 입장에서는 "전문가를 위한 파이썬"을 쓰고, 리뷰와 판매에서의 성공을 지켜 보는 것은 3번의 책을 실패한 저의 자부심을 높여 줬습니다. 그래서 얻은 한 가지 교훈은 프로젝트를 믿고, 인내하며 전념하는 것이 도움이 된다는 것입니다.

어떤 독자들은 좋은 피드백을 많이 제공하기도 하며, 그들 대부분은 좋은 친구가 됩니다. 여기서 얻은 또 하나의 교훈은 피드백에 열려 있는 것과 사람들에게 피드백을 제공할 수 있는 기회를 주는 것이 중요하다는 것입니다.

드리스콜 **어떻게 브라질 파이썬 협회**Brazilian Python Association**를 공동 설립하게 되었나요?**

루시아누 하말류

브라질 파이썬 커뮤니티는 몇 개의 메일링 리스트와 오스발도 산타나Osvaldo Santana가 만든 위키 주변으로 유기적으로 성장하고 있었습니다. 저는 이미 파이썬을 제 주 언어로 사용하고 있었고, 매거진을 위한 튜토리얼을 작성했었지만, 오스발도의 위키는 저를 더 폭넓은 커뮤니티에 관여하게 만들었죠.

저희 대부분은 브라질의 가장 큰 자유-오픈 소스 소프트웨어 콘퍼런스인 FISL에 매년 모입니다. 온라인에서 시작한 커뮤니티가 직접 얼굴을 맞대고 만나면서 맥주를 마시러 나가는 것이 얼마나 커뮤니티를 강화시킬 수 있는지 놀랍습니다.

'온라인에서 시작한 커뮤니티가 직접 얼굴을 맞대고 만나면서 맥주를 마시러 나가는 것이 얼마나 커뮤니티를 강화시킬 수 있는지 놀랍습니다.'

호드리고 센라Rodrigo Senra는 첫 브라질 파이썬 콘퍼런스를 주최했고, 진 페리Jean Ferri가 뒤를 이었죠. 공식적인 기관의 지원 없이 이 콘퍼런스들을 운영하는 것은 어려웠습니다. 행사 주최자는 계약서 싸인이나 송장 발행을 할 수 없었으며, 잘 알려지지 않은 커뮤니티 이름으로 후원을 받을 수 없었습니다. 그래서 FISL에서 브라질 파이썬 협회를 만들기로 결정했어요.

저희는 재단(foundation)이라는 단어가 브라질 법적으로 쉽게 쓸 수 없었기에 국가 관료와 여러 달을 대치했습니다. 재단이라는 용어를 사용하려면, 5년간의 활동 계획이 필요했어요. 스태프가 필요했고, 최소한 5년간 스태프와 계획을 실행할 수 있는 충분한 기부금이 필요했습니다. 그래서 계획을 바꿨고, 조금 더 누추한 브라질 파이썬 협회(Brazilian Python Association(APyB))가 된 것입니다!

결국, 저희는 브라질 파이썬 협회의 초대 관리 이사이자, 제 대표 후임자인 도르넬레스 트레미아Dorneles Tremea의 끈기와 재량으로 성공했습니다.

드리스콜 **브라질 파이썬 협회의 가치에 대해서 의문을 제기하는 사람들이 있다고 들었습니다. 그런 비판에 어떻게 대응하나요?**

하 말 류 네, 저도 브라질 파이썬 협회가 자원한 대표와 이사들이 시간을 투자할 만큼 가치가 있는지를 묻는 사람들이 있다는 것을 압니다. 브라질 파이썬 협회를 옹호하는 저의 답변은 자원 봉사자들의 시간을 빼지 않으려고 시도했지만, 결국 더 나빠진다는 것입니다.

드리스콜 **지금 참여하고 있는 오픈소스 프로젝트는 무엇인가요?**

하 말 류 사실, 지금은 참여하고 있지 않습니다! GPIO⁷ 인터페이스와 함께 프로그래밍 장치를 위한 장치-독립적인 API를 개발하는 핑고pingo 프로젝트⁸ 를 시작했었습니다. 하지만, 저는

루시아누 하말류

루카스 비도Lucas Vido를 단일 기여자로 해놓기만 했어요. 저희 둘다 다른 일 때문에 바빠서, 이 프로젝트는 현재 버려졌습니다. 다시 시작하고 싶지만, 언제가 될 지 모르겠어요.

제가 콘퍼런스 발표와 튜토리얼에서 사용한 모든 코드와 슬라이드는 공개 되었습니다. 누구든지 원하면 볼 수 있는 50개가 넘는 발표 자료가 있습니다 : https://speakerdeck.com/ramalho. 모든 발표 자료는 깃허브의 "/fluentpython"과 제 개인 계정(/ramalho)에도 있습니다. 저는 고Go를 배우면서 공개된 콘텐츠를 쓰기 시작했어요. 제 다음 오픈소스 프로젝트는 애플리케이션이나 라이브러리 대신, 책이나 이와 비슷한 콘텐츠일 것입니다.

드리스콜 **집필할 때, 코드를 먼저 작성하시나요?**

하 말 류 코드 예제는 모든 프로그래밍 책의 심장이라고 믿습니다. 홀륭한 예제 없이, 홀륭한 책을 쓸 수 없습니다. 전통이 빛나는 "그래픽 자바(Graphic Java)" 책의 저자인 데이비드 게리David Geary는 프로그래밍 책을 쓰려면, 이해를 돕는 예제가 필수적이며, 이후에 설명을 붙여야 한다고 글을 쓴적이 있습니다. 저는 그의 조언을 따랐고, 효과를 톡톡히 보았죠.

○

7 GPIO : General Purpose Input Output
8 핑고(pingo) 프로젝트 : https://pypi.org/project/pingo/

Luciano Ramalho

'코드 예제는 모든 프로그래밍 책의 심장이라고 믿습니다. 훌륭한 예제 없이, 훌륭한 책을 쓸 수 없습니다.'

예제를 생각해내는 것이 가장 어려운 부분이지만, 저는 글을 쓰기 전에 많은 코드를 만듭니다. 절대로 빈 텍스트 파일과 깜빡이는 스크린과 함께 시작하지 않아요!

"전문가를 위한 파이썬"의 많은 예제와 설명은 10년 넘게 파이썬에 관하여 가르치고 발표할 때 개발한 것입니다. 책을 위해서 특별히 만든 것도 많죠, 그리고 사실 많은 예제들을 책에서 사용하지 않았습니다. 왜냐하면, 예제가 너무 복잡하거나, 더 좋은 예제로 대체 되었기 때문이죠.

'여기에 모든 파이썬 선생님들이 배워야하는 위대한 학습 포인트가 있습니다. 우리는 필요하다면 우리의 예제와 글을 버리는 방법을 배워야 합니다.'

여기에 모든 파이썬 선생님들이 배워야하는 위대한 학습 포인트가 있습니다. 우리는 우리가 얼마나 많은 노력을 쏟아부었든간에, 필요하면 예제와 글을 버리는 방법을 배워야 합니다. 선생님이나 저자로서, 더 나은 방법을 찾았다면, 혹은 너무 멀리 왔다는 것을 깨달았을 때, 독자들을 위하여 그 예제를 버리고 다음으로 넘어가는 것이 중요합니다.

저는 제 다음 책 작업을 할 때, 더 많은 자료들을 버릴 것이라는 것을 이미 알고 있습니다. 선생님 입장에서도 마찬가지입니다. 저자이자 비행사인 안토닌 데 세인트-엑수페리Antoine de

　　　　　　　　　　　　　　　　　　　　　루시아누 하말류

Saint-Exupéry는 비행기 설계에 대해서 이렇게 이야기했습니다. "완벽함은 더 이상 더할 것이 없을때 이루어지는 것이 아니라, 더 이상 제거할 것이 없을 때 이루어지는 것이다."

드리스콜 **오늘날 파이썬에 관하여 가장 기대되는 것은 무엇인가요?**

하 말 류 데이터 과학에서 파이썬의 성공 이외에도, 비동기 프로그래밍을 가능케 하는 async/await 키워드의 잠재성이 역시 기대됩니다. 표준 asyncio 라이브러리 뿐만이 아니라, 트리오[9]와 같은 써드-파티 라이브러리도 포함해서 말이죠.

파이썬 3.7에 관해서는 명시적 데이터 속성과 함께 클래스를 생성하는 표준 방법을 소개한 PEP 557[10] 의 추가가 가장 기대됩니다. 이는 반드시 다시 만들어야 했던 ORM 라이브러리와 비슷한 것입니다.

드리스콜 **파이썬 2.7에 관하여 어떻게 생각하시나요? 최신 버전으로 전환해야 할까요?**

○

9   트리오(Trio) 라이브러리 : https://trio.readthedocs.io/en/latest/
10   PEP 557 : Data Classes, https://www.python.org/dev/peps/pep-0557/

Luciano Ramalho

하 말 류   네, 파이썬 3.6으로 전부 전환해야 합니다. 언어는 훌륭하게 진화하였고, 라이브러리 대부분은 수년 전에 이미 사용 가능하게 되었습니다. 반면에, 모든 사람이 업그레이드할 형편이 되지는 못했어요.

> '네, 파이썬 3.6으로 전부 전환해야 합니다. 언어는 훌륭하게 진화하였고, 라이브러리 대부분은 수년 전에 이미 사용 가능하게 되었습니다.'

가장 까다로운 부분은 '문자열(strings)'과 '바이트(bytes)'의 이슈를 해결하는 것이죠. 이는 매우 긍정적인 변화이지만, 자동화할 수 없는 것이기도 합니다. 왜냐하면, 파이썬 2.7의 '문자열'은 사람이 사용하는 텍스트이기도 하지만, 때로는 로우 바이트(row byte)이기도 하거든요.

드리스콜   **미래의 파이썬 릴리즈에서 보고 싶은 변화가 있나요?**

하 말 류   저는 Global Interpreter Lock(GIL)이 사라지는 것을 보고 싶습니다. 그러면, CPU 중심 작업을 할 때 쓰레드를 사용하면 모든 프로세스 코어를 활용할 수 있게 되겠죠. 불행하게도, 래리 해스팅스Larry Hastings가 최근에 노력했지만, 2017년 중반에 중단된 것으로 보입니다.

GIL을 제거하는 것의 주요 문제점은 파이썬/C API에 기대고 있는 외부 라이브러리 대부분(혹은 전부, 누구에게 묻느냐에 달렸습니다)이 깨질 것이라는 거죠. GIL이 없을 때 사람들 대부분이 깨닫지 못하는 하나의 사실은 다른 언어로 파이썬 확장 프로그램을 만드는 것이 더욱 복잡해질 것이라는 겁니다. 그래서, GIL이 더 이상 존재하지 않으면 좋겠다고 할지라도, 실질적으로 GIL은 파이썬 성공의 주춧돌인 셈이죠.

파이썬 코어 개발자인 에릭 스노우-Eric Snow가 GIL을 제거하는 것은 PR(Pull Request)[11] 이슈보다 더 큰 것이라고 말합니다. 그래요, 파이썬 threads 비동기식 라이브러리를 사용하여 높은 동시성 I/O 바운드 코드를 작성할 수는 있습니다. 하지만, 프로젝트가 커지거나, 무거운 부하를 받게 되면 CPU-중심의 병목 현상이 생길 것입니다. 그러한 병목 현상은 쓰레드 코드에서 찾아내기가 정말 어렵지만, GIL 때문에 모든 것을 느리게 만들것입니다.

파이썬 프로젝트의 극히 일부가 오늘날 GIL에 의해 심각하게 영향을 받는지도 모르겠습니다만, CPU는 코어 개수가 늘어나는 반면에 속도가 빨라지지는 않고 있습니다. 그래서, 다중 코어를 활용하는 것은 점점 더 중요해지고 있어요. (https://mail.python.org/pipermail/python-ideas/2015-June/034177.html 혹은 https://lwn.net/Articles/650521/).

드리스콜   고맙습니다, 루시아누 하말류.

○

11   PR : 깃허브의 풀 리퀘스트(Pull Request)의 줄임말, 오픈 소스 프로젝트의 소스 코드 반영을 위해 요청자가 만드는 이슈

18
닉 코그란
Nick Coghlan

닉 코그란은 호주 소프트웨어 개발자이며 시스템 아키텍트이다. 이전에 보잉 호주의 소프트웨어 엔지니어였고, 오픈소스 솔루션 프로바이더인 레드햇 아시아 퍼시픽Red Hat Asia Pacific의 시니어 소프트웨어 엔지니어였다. 닉은 씨파이썬 코어 개발자이며, 파이썬 패키징 호환 표준의 BDFL[1]-대표다. 그는 파이썬 소프트웨어 재단(PSF)의 파이썬 패키징 작업 그룹의 창단 멤버이며, 파이콘 호주 교육 세미나PyCon Australia Education Seminar의 설립자다. 닉은 지난 20년 넘게 오픈소스 시스템과 소프트웨어 프로젝트에 기여해왔다.

닉 코그란 사진 출처 : ⓒ Kushal Das

| 토론 주제 | 코어 개발자, PEPs, 파이썬 학습 |
| 닉 코그란 소셜 미디어 주소 | @ncoghlan_dev |

ㅇ

1   BDFL : Benevolent Dictator for Life, 자비로운 종신 독재자로 직역할 수 있으며, 소수의 오픈 소스 소프트웨어 개발 리더에게 부여되는 칭호, 파이썬의 BDFL은 창시자 귀도 반 로섬이다.

마이크 드리스콜   **컴퓨터 프로그래머가 되기로 결심한 이유가 무엇인가요?**

닉 코그란   원래 저는 어렸을 때, 그저 놀려고 프로그래밍을 했습니다. 애플 IIe를 위한 오래된 훌륭한 베이직 프로그래밍 책이 있었거든요.

고등학교 첫 해에 IT를 하기 전까지 저는 컴퓨터를 가지고 노는 것이 직업이 될 수 있다는 것을 몰랐습니다. 제가 간 학교는 저희 주에서 IT 수업을 실제로 운영하던 첫 번째 학교였어요. 그것이 제가 컴퓨터 시스템 엔지니어링으로 대학에 진학하게 된 주 이유입니다.

대학을 졸업하고 가진 첫 풀-타임 직업은 텍사스 인스트러먼트Texas Instruments DSP(Digital Signal Processor)에서 C로 임베디드 시스템 프로그래밍을 하는 것이었습니다. 그곳에서 저는 임베디드 소프트웨어 개발보다 더 프로그래밍에 가까운 시스템 제어와 자동화 작업을 많이 하게 되었죠. 이것이 제가 프로그래밍을 즐겼던 하나의 사례이며, 꽤 일을 잘했고, 돈을 벌 수 있었습니다.

드리스콜   **파이썬으로 전환한 이유가 무엇인가요?**

코그란   저는 원래 C/C++ 개발자였기 때문에 파이썬으로 전환한 방법이 꽤 흥미롭습니다.

'저는 이렇게 답했죠, "그냥 다른 언어를 쓰면 안될까요? 전 이미 자바를 알고 있고, 자바를 쓰고 싶습니다."'

대학에서 파이썬을 접했던 경험은 네트워킹 강사가 이렇게 말했을 때 뿐입니다. "저는 여러분들 모두에게 파이썬 과제를 줄 것입니다. 아무도 파이썬을 모를 것이라고 확신하기 때문입니다." 저는 이렇게 답했죠, "그냥 다른 언어를 쓰면 안될까요? 전 이미 자바Java를 알고 있고, 자바를 쓰고 싶습니다."

강사가 이렇게 말했죠, "글쎄요, 자바를 정말 쓰고 싶다면, 써도 됩니다. 하지만, 파이썬으로 먼저 해보세요". 그래서 파이썬 1.5.2를 사용했고, 재미있었습니다.

저는 업무적으로는 여기 호주에서 대규모 시스템 통합기를 만들고 있습니다. 제가 작업했던 DSP 프로그램에는 끝이 보이지 않는 정말 기초적인 C 프로그램으로 작성된 테스트 묶음이 있었습니다.

통합 테스트 다음 단계로 넘어갈 때, DSP 코드는 많은 문제점과 함께 제대로 동작하지 않았습니다. 그래서 엄청난 양의 버그를 갖게 되었죠. 저희는 오디오를 넣기 위해 더 나은 테스트 묶음을 작성할 필요가 있다고 결정했습니다. 단순히 원격으로 DSP가 잘 동작하는지 확인하는 것 말고, 실 데이터 분석을 통해 기대한 답을 얻고 있다는 것을 확인하는 것이 중요했습니다.

Nick Coghlan

'실 데이터 분석을 통해 기대한 답을 얻고 있다는 것을 확인하는 것이 중요했습니다.'

저희는 실제 신호 프로세싱 자체를 확인하고 싶었어요. 그리고, C와 C++로 작성하고 싶지 않았습니다. 시스템의 다른 부분에서 파이썬이 시스템 제어 컴포넌트를 위한 언어라는 것이 이미 검증되어져 있었습니다. 파이썬을 핵심적인 부분에 사용하지는 않았지만, 시스템의 서로 다른 부분들을 조정하고 있었으며, 파이썬을 사용했으면 하는 곳에서 이미 사용하기 시작했습니다.

자동화 테스트를 하기 위해 찾고 있었던 옵션이 2개가 있었습니다. 하나는 파이썬의 unittest 모듈을 SWIG[1]와 함께 사용하여, DSP와 실제로 대화할 수 있는 C++ 드라이버로 바인딩하는 것이었죠. 다른 옵션은 기존에 모든 곳에 사용하던 자체 C/C++ 테스트 프레임워크였습니다. 저희는 파이썬을 선택했어요.

드리스콜　　**왜 파이썬을 선택했나요?**

코 그 란　　파이썬은 테스팅을 실제로 조직화할 수 있는 unittest 모듈을 가지고 있었기 때문입니다. 파이썬은 SWIG를 C++ 드라이버에 묶어 놓을 수 있었습니다. 저희는 그 드라이버의 API를 제어해서 간단하게 SWIG를 테스트할 수 있었습니다.

파이썬을 선택한 마지막 주요 원인은 표준 라이브러리에 PC 밖으로 WAV 파일을 끄집어 낼 수 있는 wave 모듈 때문입니다. 그래서 호주의 고주파 현대화 프로젝트(High Frequency Modernization Project)의 전체 프로젝트를 위한 모범 사례를 만들었어요. 파이썬은 결국 프로젝트의 모든 곳에서 테스팅 목적으로 수행하는 테스팅, 목킹mocking과 시스템 인터페이스 시뮬레이팅을 통해 빠르게 확산되었습니다.

드리스콜 **다른 호주 개발자가 "pywin32"를 만드는 것을 도왔다고 알고 있습니다. 그 프로젝트에 참여하였나요?**

코 그 란 아니요, 저는 "pywin32" 사용자일 뿐입니다. 역사적으로 파이썬 커뮤니티에 기여한 호주인이 정말 많습니다. 하지만, 파이콘 호주나 이와 비슷한 행사에서 활동이 많지 않기 때문에, 그들을 실제로 만날 수 없었습니다!

드리스콜 **음, 다음으로 넘어가죠. 어떻게 파이썬 언어의 코어 개발자가 되었나요?**

○

1   SWIG : Simplified Wrapper and Interface Generator), C나 C++로 작성된 컴퓨터 프로그램이나 라이브러리들을 루아, 펄, PHP, 파이썬, R, 루비, Tcl과 같은 스크립트 언어 및 C#, 자바, 자바스크립트, Go, 모듈러-3, Ocaml, 옥타브, Scilab, 스킴 등의 다른 언어들과 연결하는데 사용하는 오픈 소스 소프트웨어 도구

코 그 란   제 짧은 답은 귀도 반 로섬과 논쟁을 하면서 코어 개발자가 되었다는 것입니다!

| '귀도 반 로섬과 논쟁을 하면서 코어 개발자가 되었다는 것입니다!'

실제로 무슨일이 벌어졌는지 말씀드릴게요. 1990년대 후반에 유즈넷[2] 에 있었고, 저는 온라인 토론 방식에 굉장히 익숙했었습니다. 파이썬을 시작한 이후, 결국 공식 파이썬 메일링 리스트에 합류하고, 토론에 참여하게 되었죠.

저는 파이썬-데브(Python-Dev)가 엄청난 메일 리스트인 것을 알게 되었고, 처음에는 사람들이 무슨 대화를 하는지 듣기만 했습니다. 그러다가 실제 토론에 활동적으로 참여하고, 포스팅도 하기 시작했죠. 파이썬 리스트 타입에 관한 토론이 제가 기억하는 첫 기여 활동입니다.

한 때, timeit 모듈을 사용하여 코드의 수행시간을 측정하고, "이 방법이 저 방법보다 더 빨라"라고 말하는 것이 굉장히 흔했어요. 그 당시, 2개의 다른 버전 소스 코드의 속도를 측정하고 싶으면, 표준 라이브러리의 해당 버전에 timeit 모듈이 어디있는지 찾아야 했습니다.

저희는 이렇게 말했죠. "잠시만! 파이썬은 timeit 모듈이 어디 있는지 이미 알고 있다고. 왜 파이썬에게 그 모듈이 어디 있는지 찾아보라고 말해야 하지?" 그래서 결국 파이썬 2.4에 "-m" 스위치의 초기 버전이 추가된 패치가 생겼습니다. 레이몬드 헤팅거Raymond Hettinger가 검토한 걸로 기억합니다. 이 초기 버전은 최상위-레벨 모듈만을 지원했고, 패키지나 서브모듈은 사용할 수가 없었어요. 그리고 나서 마침내 파이썬 2.7에서 "-m" 스위치가 제대로 동작하게 되었고, 제약 없이 사용할 수 있게 되었습니다.

'마침내 파이썬 2.7에서 "-m" 스위치가 제대로 동작하게 되었고, 제약 없이 사용할 수 있게 되었습니다.'

2004년 후반에 흥미로운 일이 일어났어요. 업무상 바쁜 기간이 지나고, 3개월간 일을 쉬었습니다. 저는 파이썬 "decimal"의 초기 성능 개선을 진행하던 레이몬드와 파쿤도 바티스타Facundo Batista를 돕게 되었습니다. 저희는 모듈을 빠르게 만드는 방법을 찾고 있었죠.

드리스콜　　**속도를 빠르게 할 방법을 찾았나요?**

코 그 란　　몇년 후에 최종 해결책을 찾았지만, 그 당시 초기 시절에는 다음과 같이 말하는 벤치마킹이 많았습니다. "순수 파이썬만 사용하면 얼마나 빠르게 만들 수 있을까?"

○

2　유즈넷(usenet) : 유저 네트워크의 준말, 주로 텍스트 형태의 기사들을 전 세계의 사용자들이 공개된 공간에서 주고 받아 토론할 수 있게 고안된 분산 네트워크

　　　　　Nick Coghlan

'다음과 같이 말하는 벤치마킹이 많았습니다. "순수 파이썬만 사용하면 얼마나 빠르게 만들 수 있을까?"'

그 당시 눈부신 편법이 있었던 것으로 기억해요. 저희는 digit을 가진 튜플tuple을 십진수로 변경하고 싶은 경우, 순수 파이썬에서 씨파이썬CPython이 제공하는 가장 빠른 전환 메커니즘은 모든 digit을 문자열로 바꾸고 연결한 뒤, int를 사용하여 연결된 문자열을 다시 숫자로 변경하는 방법이 있다는 것을 발견했어요.

이 방법이 가능했던 이유는 파이썬 코드에서 문자열을 int로 전환하는 것이, 모든 곱셈과 덧셈 연산자를 수행하는 것보다 더 최적화되어 있기 때문이었습니다. 물론, C에서는 그냥 연산arithmetic하면 됩니다. 저희가 발견한 것은 파이파이PyPy 개발자들을 정말 약 오르게 했죠. 그들의 관점에서는 파이파이의 컴파일러인 JIT에서 지원하는 연산을 하는 것이 훨씬 좋았습니다. 이는 decimal 모듈이 그들이 생각했던 것보다 더 느렸다는 것을 의미합니다.

파이썬 2.3이 나온 뒤부터 토론에 참여하기 시작했어요. 인기있는 취미 중 하나는 슬라이스slice 문법을 확장하면서 즐거워하는 것이었습니다. 시퀀스를 뒤집기 위한 뒤집어진 스마일리 이모지([::-1])가 있습니다. 이는 reversed 또는 비슷한 것이 나오기 오래 전부터 있었습니다.

슬라이스에서 뒤집기 연산을 바르게 하는 것이 꽤 까다로웠

닉 코그란

기 때문에, reversed는 물건이 되었습니다. 이 작업을 수작업으로 하면, 줄줄히 발생하는 에러를 만나기 정말 쉬웠거든요. 그냥 reversed를 호출하는 것이 소스 코드 읽기에도 수월했습니다.

드리스콜 **파이썬 2.7의 긴 수명을 어떻게 생각하나요? 최신 버전으로 전환해야 하나요?**

코 그 란 저희는 기존 사용자가 파이썬 3 생태계의 성숙도를 고려하여, 전환 유무를 스스로 결정할 수 있도록 충분한 시간을 제공했습니다.

> '저희는 기존 사용자가 파이썬 3 생태계의 성숙도를 고려하여, 전환 유무를 스스로 결정할 수 있도록 충분한 시간을 제공했습니다.'

초기에 사람들은 파이썬 2.7의 제약이 많은 마이그레이션으로 인해 힘들어 했습니다. 그래서, 현재 마이그레이션을 고려하는 사람들 대부분은 해당 프로세스를 도울 수 있는 더 나은 도구를 찾거나, 단순히 파이썬 2.7이 영향을 미치는 프로젝트나 제품의 소멸 계획을 세우는 시점에 다다랐습니다.

도구 관점에서는 파이썬 3의 타입 힌트 메커니즘의 활용 사례로, 자동 테스트 커버리지가 낮더라도 사람들에게 정적으로 파이썬 3 타입 정확성 에러를 확인할 수 있게 하는 것입

Nick Coghlan

니다. 이것이 확실하게 마이그레이션할 수 있는 코드 범위를 최대한 확장하는 방법입니다.

드리스콜　　**미래의 파이썬 릴리즈에서 보고 싶은 변화가 있나요?**

코 그 란　　저는 부분적으로 구조화된 계층 데이터를 다루는 더 나은 도구를 보고 싶습니다만, 실행 가능한 수도 코드로서의 파이썬 명성을 지속하는 방법이 필요할 것입니다. 또한, 확장 모듈로 할 수 있는 것과 파이썬 소스 모듈을 반드시 요구하는 것 사이의 불일치를 꾸준히 줄여나가면 좋겠네요.

마지막으로, 보안 경계를 알려주는 것 대신, 메모리를 보호할 수 있는 관리 모델이 제공되면 좋겠습니다. 지금은 메모리 분리를 통해, 동시성 코드의 정확성 관리를 돕고 있죠.

씨파이썬의 하위 번역기가 이미 이 기능을 어느정도 제공하고 있습니다만, 현재 에릭 스노우-Eric Snow가 해결 방법을 찾고 있는 사용성 관련 도전 과제들이 많습니다.

역자 NOTE : 메모리 보호

메모리를 보호한다는 의미는 메모리에 담겨있는 데이터가 의도하지 않게 값이 변경되는 것을 방지한다는 뜻이며, 보통 병렬 분산 처리를 하는 다중 쓰레드를 사용할 때 관련 이슈가 많이 발생한다. 다른 언어는 '접근 제한자'와 같은 설정으로 메모리를 보호할 수 있지만, 파이썬은 상대적으로 이 부분이 약하며, 도전해야 할 보완점이라는 것을 이야기하고 있다.

| 드리스콜 | **정말 좋군요! 제가 당신과 같은 코어 개발자가 되고 싶다고 해 보죠. 무엇을 해야 하나요?** |

코 그 란   가장 중요한 것은 왜 코어 개발자가 되고 싶은지 찾아내는 것입니다. 이 질문의 답이 꼭 필요합니다. 왜냐하면, 당신이 다음과 같이 얘기하면서 필연적으로 좌절감을 느낄 것이기 때문입니다. "도대체 내가 이 짓을 왜 하고 있지?!"

만약, 여러분의 동기가 무엇인지 모른다면, 문제가 될 것입니다! 어느 누구도 여러분을 위해 그 질문의 답을 해줄 수 없습니다. 그 지점을 넘어서면, 코어 개발자가 된다는 것의 핵심은 대부분 믿음과 믿음을 얻는 과정에 있습니다.

'코어 개발자가 된다는 것의 핵심은 대부분 믿음과 믿음을 얻는 과정에 있습니다.'

단순 기여를 하는 경우는 코어 검토자가 보통 이렇게 말할 것입니다. "이 변화를 받아들이고, 미래에도 관리를 할 것인가요? 나중에 누군가가 묻는다면, 우리가 이 변화를 수용한 합당한 근거를 제시할 수 있나요?"

신규 코어 개발자나 코어 검토자의 후보가 올라왔을 때, 저희가 살펴보는 것은 믿을만한 좋은 판단을 할 수 있는 능력입니다. 저희는 그들이 이렇게 말하기를 바래요, "네, 모든 것을 감안했을 때, 이것은 미래 파이썬 사용자에게 더 나은 삶을 가져다 줄 적절한 변화가 될 것입니다."

Nick Coghlan

프로그래밍 언어 설계는 트레이드-오프 게임입니다. 한꺼번에 모든 것을 최적화하고 싶다면, 아무것도 최적화할 수 없을 것입니다. 그래서 ,시간이 흐름에 따라 파이썬답게 만드는 트레이드-오프로 인해 수면위로 올라오는 것들이 많을 것입니다. 스스로 무엇을 할 지 결정하거나, 파이썬-데브(Python-Dev)에 토론을 위해 문제를 가져갈 필요가 있다는 것을 이해하는 것이 중요합니다.

'프로그래밍 언어 설계는 트레이드-오프 게임입니다. 한꺼번에 모든 것을 최적화하고 싶다면, 아무것도 최적화할 수 없을 것입니다.'

그러고나면 다음과 같이 마지막 관문이 남습니다.
"이 제안은 충분히 까다로운 제안이며, 중요한 세부 사항들을 포함하고 있습니다. 잠재적인 논란이 충분히 예상되니, 다른 그 어떤 것도 하기 전에, 우리는 이 문제를 반드시 파이썬 개선 제안서(Python Enhancement Proposal)로 넘겨야 하며, 상세사항들을 다뤄야만 합니다."
궁극적으로 코어 개발자는 특정 변화를 반영할 영역이 어딘지 결정합니다.

'궁극적으로 코어 개발자는 특정 변화를 반영할 영역이 어딘지 결정합니다.'

드리스콜   **코어 개발자는 어떻게 그 결정을 내리나요?**

닉 코그란

코 그 란   글쎄요, 버그 수정은 무엇인가 잘 못 되었다는 것을 알기 때문에 꽤 단순합니다. 하지만 버그 수정이라고 할지라도, 종종 혼란스럽죠.

저희는 믿음의 3가지 근거가 있습니다. 참조 번역기의 동작 방식, 테스트 묶음에서 명시한 것 그리고 문서가 말하고 있는 것이 바로 그것입니다. 3개가 모두 일치한다면, 하려고 하는 작업이 일관성이 있다는 것을 알게 되는 것이죠.

설계 판단의 문제가 되기 시작하는 곳은 번역기는 동작하지만, 테스트 묶음과 문서가 침묵을 지킬 때 입니다. 이 경우는 테스트가 되지 않았고, 특정 기능을 수행한다는 문서화가 되지 않았다는 것입니다. 다른 경우는 문서가 어떤 기능을 한다고 말하고 있지만, 테스트나 구현체는 무언가 다른 것을 하는 경우죠. 이런 경우에는 이렇게 말해야 합니다. "음, 문서는 맞지만, 버그인건가요, 아니면 문서가 단지 잘못된 건가요?"

이런 것들이 코어 개발자가 하는 일입니다. 반면에 여러분이 기여자일 때는 그저 아이디어를 반영하고 싶어할 거에요. 여전히 믿음 관리의 질문이지만, 여러분은 여러분의 변경 사항이 가치가 있다는 것을 검토자에게 설득해야합니다. 그래서, 정말 재미있죠!

여러분은 코어 개발자가 되는 것이 무엇을 수반하고 있고, 왜 그것이 여러분이 원하는 것인지를 이해할 필요가 있습니

Nick Coghlan

다. 역할의 실질적인 방법을 확인하려면, 브렛 캐넌이 BSF 펀딩을 받아서 작성한 개발자 가이드(Dev Guide)가 있습니다. 개발자 가이드는 시간이 흐르면서 관리되고 개선되고 있으며, 씨파이썬의 핵심 개발자와 기여자가 되는 것의 다른 점을 설명하고 있습니다.

| '코어 개발자가 되는 것에는 추가 의무가 부여됩니다.'

코어 개발자가 되는 것에는 추가 의무가 부여됩니다. 이슈를 다루고, 검토자와 함께 일하며, 검토 프로세스를 이해하고, 메일링 리스트의 토론에 참여하며 의사 결정을 하는 것이 포함됩니다. 실제로 굉장히 큰 프로젝트 일을 하면서 피할 수 없는 좌절감을 제어해야 합니다.

코어 멘토십 메일링 리스트 역시 여러분이 어떤 종류의 사람인지에 따라서 유용할 수 있습니다.

드리스콜 **저는 항상 파이썬 개선 제안서(PEP)에 관심이 있었습니다. PEP의 생성 방법과 수용 절차를 설명해줄 수 있나요?**

코 그 란 그럼요, 파이썬 개선 제안서(PEP)에는 대표적인 두 개의 흐름이 있습니다.

| '한 흐름은 코어 개발자가 우리가 만들고 싶어하는 것을 인지한 변화에 대한 제안이면서, 규모가 크고 복잡할 것이라는 것을 아는 경우입니다.'

한 흐름은 코어 개발자가 변경하려는 내용을 이미 알고 있고, 규모와 복잡도가 클 것을 예상하고 있는 제안인 경우입니다. 이런 경우에는, PEP를 작성하기 시작하고, PEP 리포지토리에 PEP를 등록합니다.

그러면 Python-ideas[3]에서 토론이 시작됩니다. "이봐, 내가 이 것을 제안하려고 신규 PEP를 작성했고, 여기 그 이유가 있어." 토론은 보통 기본적으로 그 수준에서 시작됩니다. 코어 개발자들은 PEP 프로세스를 관리합니다. 왜냐하면, 그것을 몇 번 겪었으며, 이 변화가 자격을 얻기 위해 충분히 커지는 순간이 언제인지 알고 있기 때문입니다.

다른 PEP는 대개 누군가 Python-ideas에서 제안을 할 때 생성됩니다. 이 제안은 Python-ideas 글타래에서 한동안 머물게 될 것입니다. 그리고 나서 사람들이 이렇게 말합니다, "그거 아세요, 이 제안은 잠재적으로 좋은 아이디어가 될 수 있을 것 같아요!" 그러면, 이슈 트래커에 단순히 이슈를 등록하는 것 대신, 아이디어를 제대로 된 PEP로 옮기고, 아이디어를 제안하는 것으로 결정됩니다.

이렇게 말하고 보니, 실제로 PEP가 생기는 세 번째 방법이 기억이 나는군요. 저희가 바꾸고 싶지만, 까탈스러운 것이

○

3   Python ideas 메일링 리스트 : 파이썬의 언어적인 아이디어를 토론하는 메일 리스트, https://mail.python.org/mailman/listinfo/python-ideas

많이 있을 때 이슈 트래커 상의 토론에서 나올 수 있습니다. 저희는 PEP를 작성하며, 상세한 것들을 철저히 검토한 뒤, 이 PEP를 아이디어 구현의 설계 자료로 사용합니다.

'저희는 PEP를 작성하며, 상세한 것들을 철저히 검토한 뒤, 이 PEP를 아이디어 구현의 설계 자료로 사용합니다.'

드리스콜　　**결국 이러한 변화들을 깔끔하게 정리한 뒤, 수용하거나 거절하는 거군요?**

코 그 란　　제안에 따라 달라집니다. 어떤 제안은 논란이 많지 않지만, 단순히 상세 사항을 철저히 검토할 필요가 있어요.

이런 제안은 보통 Python-ideas와 파이썬-데브(Python-Dev)에서 토론이 진행됩니다. 아이디어 검토가 끝나면, 구체화하기 시작합니다. 제안은 수락된 PEP가 되며, 결국 마지막 단계에 다다르죠.

어떤 제안들은 경계에 머물게 되며, 파이썬-데브에서 이 제안이 좋은 아이디어인지 토론하게 됩니다. 저희는 실제로 제안이 열리는 순간에는 널 복합(null coalescing) 연산자에 대입됩니다. 즉, 진정으로 이 제안을 진행하고 싶은지 알 수가 없어요. 이 제안은 언어를 복잡하게 만들 수 있습니다, 왜냐하면 사람들이 배우고 이해해야 하는 아리송한 문법을 가지고 있기 때문입니다. 결국, 논쟁을 통해 그 아이디어를 반대하게 됩니다. 하지만, 인기 있는 논쟁에서는 이렇게 얘기합니다. "음, 이것은 데이터 처리 파이프라인에서 상당히 자주 올라오는 패턴이네."

이 PEP는 파이썬-데브에 마지막으로 예 혹은 아니오 질문이 올라오기 전까지 토론을 계속 합니다. 그러고 나서 변경을 하지 않는 이상, 확실히 진행하고 싶으면 예를, 아니면 아니오로 결정을 내립니다.

| '아주 가끔, 확실히 거절하기 위해 작성한 PEP를 봅니다.'

아주 가끔, 확실히 거절하기 위해 작성한 PEP를 봅니다. 아이디어는 계속 올라오지만, 이를 반대하는 논쟁이 어떤 곳에도 명확하게 문서화가 되어 있지 않기 때문에 거절하기 위한 PEP를 작성하는 것이죠. 그래서 누군가가 이렇게 얘기하기 전에 아이디어를 읽고 거절하는 모든 이유를 적습니다, "그래! 나는 우리가 이 제안을 받아들이지 않는 이유를 말하기 위해서, PEP를 거절했다는 글을 올려야 겠어." 그러고보니, 파이썬 3.5와 3.6에서 제가 본 신규 기능 중에 일부가 받아들여지고 임시(provisional) 패키지로 분류된 것이 기억나는 군요.

드리스콜　　**거절하는 것과 임시 패키지로 분류되는 것이 어떻게 다른건가**

Nick Coghlan

요? 사람들이 추가하고 싶은 것을 충분히 동의했지만, 유지할 수 없을지도 모른다는 것을 의미하나요?

코 그 란   그렇죠, 그래서 저희는 변경사항과 새로운 API를 받아들일 때 여러번 목덜미를 잡혔었고, 그 즉시 표준 하위 버전 호환성 보장 프로그램에 올려 놓았습니다.

결국, 저희는 피할 수 없는 막다른 골목에 다다르게 되었습니다. 해결하기로 한 문제에 그리 도움이 되지 않던 API를 지원하는 것에 문제가 생겼죠. 저희는 명확하게 혜택을 가져다 주며, 명확하게 사용자에게 도움이 될만한 제안들과 잠재적으로 모듈을 추가하는 것을 받아들이고 있었습니다. 문제는 저희가 API 설계 상세 사항을 잘 모르고 있었던 것이죠.

> '해결하기로 한 문제에 그리 도움이 되지 않던 API를 지원하는 것에 문제가 생겼죠.'

저희는 그 중 어떤 것도 전체 표준 라이브러리 하위버전 호환성 보장 프로그램에 두고 싶지 않았기에 추가하지 않기로 결정했습니다. 반드시 표준 라이브러리 안에 있어야 할 것들이, 표준 라이브러리 밖에 있었기 때문에 이 시도는 모두에게 결국 도움이 되지 않던 것이었습니다.

이 모듈 타입은 표준 라이브러리의 다른 부분을 개선하기 위해서도 사용할 수 없었습니다. 솔직하게, 표준 라이브러리에 신규 빌딩 블록을 집어 넣는 것은 표준 라이브러리의 다른 부분을 사용하고 싶기 때문입니다. 그래서 현재 표준 라이브러리에 enum 타입이 있죠. 소켓 모듈 안에서 사용할 수 있는 enum 타입을 원했기 때문입니다.

결국 PEP 411[4]이 되었던 임시 패키지 PEP는 몇 번의 이터레이션을 거쳤습니다. 기본적으로 PEP 411은 우리가 유지할 것이라고 확신하지만, 아직 API 설계 상세 사항을 갖지 못한 모듈을 수락할 수 있는 능력을 주기 위해 설계 되었습니다.

몇 번의 릴리즈 동안 PEP를 임시로 지정해놓고, 무언가 잘못된 것이 있다면, 스스로 고칠 수 있는 기회를 주었습니다. async I/O는 파이썬 3.6에서 임시 패키지에서 벗어난 유일한 패키지라고 생각합니다.

'몇 번의 릴리즈 동안 PEP를 임시로 지정해놓고, 무언가 잘못된 것이 있다면 스스로 고칠 수 있는 기회를 주었습니다.'

드리스콜   **PEP를 임시로 지정하는 것이 잘 동작하던가요?**

○
4   PEP 411 : https://www.python.org/dev/peps/pep-0411/

코 그 란   네, 이것이 동작하는 것을 보고, 정말 행복했어요. 사람들에 게 이 PEP가 아직 변경될 수 있는 여지가 있다는 명확한 경 고를 줄 수 있었죠. 사용자에게 아직 이 기능의 상세 사항을 처리하고 있다는 것을 알게 해주었으며, 만약 이 기능이 그 들을 귀찮게 하면, 그 PEP를 아직 사용하면 안되는 것이었 습니다.

실제로 파이썬 3.6에 흥미로운 최근 예제가 있네요. 바로 pathlib입니다. pathlib은 임시 API로 추가되었으며, 문자 열로 데이터를 주고 받고 싶은 다른 표준 라이브러리 API들 과 데이터 상호 처리를 하는데 많은 문제가 있었습니다.

| '파이썬 3.6에서 "pathlib"은 갈림길에 도달했습니다.'

파이썬 3.6에서 pathlib은 갈림길에 도달했고, 다시 표준 라이브러리 밖으로 끄집어 내고 순수 파이피아이PyPI 모듈 로 되돌리거나, 데이터 상호 처리 이슈들을 수정해야만 했습 니다. 이는 파이썬 3.6의 코어 개발팀이 다루기 전에, 반드시 하나를 선택해야하는 상황이었습니다.

이 결정은 기본적으로 pathlib의 데이터 상호 처리 이슈 를 고치는 os.path 프로토콜 혹은 os.fspath 프로토콜과 path-like 객체를 지원하는 것이 되었습니다. 이는 수많은 표준 라이브러리 API들이 현재 자동으로 path-like 객체를 사용할 수 있다는 것을 의미합니다.

드리스콜　　　　**좋습니다, 파이썬 패키징 위원회**Python Packaging Authority[5]**는 무엇**
인가요?

코　그　란　　　파이썬 패키징 위원회는 사실 핍pip과 virtualenv 개발자들
의 농담에서 시작한 이름입니다. 그들은 두 프로젝트의 개발
팀 모두에게 사용할 수 있는 이름을 원했습니다. 그래서, 그
들은 이렇게 말했죠, "우리를 '파이썬 패키징 위원회'로 부르
자고, 아무도 이 이름이 될 것이라고 기대하지 않으니까!"

2013년, 저희는 setuptools와 distutils와 같은 도구들을
더 많이 만드려고 노력했어요. 파이썬 패키징 사용자 가이
드Python Packaging User Guide는 패키징을 하기 위해 더욱 일관성있
고 공식적인 권장 방법을 제공하기 위해서, 모든 정보를 한
곳으로 모으기 시작했습니다. 이 그룹을 대표하는 이름 역시
필요했죠. 저희는 파이썬 패키징 위원회가 끝내주는 이름이
라고 생각했고, 더 많은 프로젝트를 해당 이름 아래로 편입
하기 시작했습니다.

'저희는 파이썬 패키징 위원회가 끝내주는 이름이라고 생각했고, 더 많은 프
로젝트를 해당 이름 아래로 편입하기 시작했습니다.'

기본적으로, 파이썬 패키징 위원회는 패키징 도구와 표준과
의 데이터 상호 처리를 책임지는 역할을 부여 받았습니다.

○

5　파이썬 패키징 위원회(Python Packaging Authority, PyPA) : https://www.pypa.io/en/latest/

이는 마치 파이썬 코어 개발자가 수행하는 역할과 유사합니다. 프로그래밍 언어 디자인과 소프트웨어 배포 디자인에 관심을 가진 사람들 간에 중복되는 영역이 있었지만, 많은 사람이 한 쪽으로만 치우치려고 했습니다. 그리고 다른 쪽에는 아예 관심이 없었죠.

사람들을 두 가지 유형으로 나눈다는 것은 양쪽 디자인 타입에 영향을 받는 사람이 양쪽 하위 커뮤니티에 참여할 수 있다는 것을 의미합니다. 하지만, 우리는 끊임없이 소프트웨어 배포의 복잡성을 언어 설계자들에게 설명하지 않습니다. 반대로도 그렇고요. 이러한 분리는 일반적으로 사람들을 행복하게 만든다고 생각해요. 본인이 이해하는 그룹에 참여하는 것이 좋습니다. 저는 패키징을 좋아합니다만, 파이썬 역시 좋아하죠. 어느 것을 선택해야 할지 갈피를 못 잡겠군요. 아마도 저는 파이썬과 파이썬 패키징 위원회 모두에서 일하고 싶을 것입니다.

> '저는 패키징을 좋아합니다만, 파이썬 역시 좋아하죠. 어느 것을 선택해야 할지 갈피를 못 잡겠군요.'

드리스콜 **파이썬은 인공지능과 기계학습에서 사용하는 주요 언어 중 하나입니다. 이유가 무엇이라고 생각하나요?**

코 그 란 인공지능과 기계학습은 탐구의 대화형 데이터 분석과 중대한 대량 데이터 고속 처리를 흥미롭게 섞어 놓은 것입니다. 씨파이썬의 풍부한 C API는 파이썬이 C, C++, 포트란Fortran 과 같은 언어로 작성된 고성능 컴포넌트와 서로 연결하기 위한 '접착' 언어로 쓰일 수 있게 해줍니다.

과학 연구 커뮤니티는 이 방식으로 파이썬을 20년 넘게 사용하고 있습니다(넘파이Numpy의 전신인 뉴메릭Numeric의 첫 릴리즈는 1995년이었습니다). 이는 파이썬이 유연성을 위한 독특한 하이브리드, 여전히 쉽게 배울 수 있는 범용적인 컴퓨팅 언어를 제공하며, 고성능 컴퓨팅 환경을 위해 개발된 과학 컴퓨팅 라이브러리의 집합과 조합할 수 있다는 것을 의미합니다.

드리스콜   **파이썬이 인공지능과 기계학습을 위해 더 나은 언어가 되려면 무엇을 해야 할까요?**

코 그 란   사용성 측면에서 모든 설정이 이미 되어 있는 프리미엄 freemium[6] 웹 서비스(예 : 구글 콜라바토리[7] 혹은 마이크로소

○

6   프리미엄(freemium) : 기본 서비스는 무료로 제공하고 추가 고급 기능에 대해서는 요금을 받는 서비스 종류

7   구글 콜라바토리(Google Colaboratory) : 머신러닝 교육과 연구를 위한 연구 도구. 쥬피터 노트북 환경이므로 설치 없이 사용할 수 있다. https://colab.research.google.com/

                                         Nick Coghlan

프트 애저 노트북스[8])나 로컬 환경의 파이썬과 콘다Conda 패키징 도구 사슬을 통해서 사용자가 더욱 손쉽게 사용할 수 있는 컴포넌트를 만들 기회가 여전히 많습니다.

성능 측면에서는, 씨파이썬 번역기와 싸이썬 정적 컴파일러를 더욱 최적화하는 도전을 할 기회가 많이 없었습니다(예를 들어, 싸이썬은 현재 공유 동적 런타임을 사용하기 때문에, 모듈을 생성할 때 보일러플레이트boilerplate 코드[9]가 많습니다, 이는 단지 덩치를 키우고 컴파일을 느리게하는 것 뿐만아니라, 런타임시 탑재하는 것도 느려지게 합니다).

드리스콜   **저와 블로거 친구더군요. 파이썬에 관해서 글을 얼마나 오랫동안 썼나요? 그리고 왜 블로거가 되었나요?**

코 그 란   블로그에 프로그래밍 관련 글을 올리기 시작한 것이 아마 파이썬 3.3 쯤이에요. 대부분, 글을 쓰는 것은 생각하는 것을 돕는 매우 쓸모 있는 보조 도구인 것을 알게 되었죠. 읽기 좋은 충분히 논리 정연한 아이디어를 갖게 됩니다. 이것이 지금도 블로그를 사용하는 주 이유입니다. 나중에 참조하고 싶은 파이썬에 관한 특정 내용이 있으면, 현재 생각을 적습니다.

드리스콜   **실제로 파이썬이 프로그래밍을 처음 배우기에 좋은 언어인가요?**

코 그 란   저는 파이썬을 첫 텍스트-기반 언어로써 강력하게 추천합니다. 만약, 프로그래밍의 기본 개념을 이해하고 싶다면, 플러그 앤 플레이plug-and-play 언어로 시작하는 것도 좋은 대안입니다.

'일단, 완전한 조합 프로그램을 만들고 싶다면, 파이썬은 매우 좋은 언어입니다.'

일단, 완전한 조합(combinational) 프로그램을 만들고 싶다면 파이썬은 매우 좋은 언어입니다. 의도적인 언어 설계 제약은 그리 전망이 밝지 않습니다. 먼 곳에서 아주 복잡한 행동을 분석할 수 없죠. 언어학을 공부하면, 인간의 뇌 또한 먼 곳에서 복잡한 것을 분석하는 것이 어렵다는 것을 알게 됩니다.

파이썬의 장점은 소스 코드를 읽는 것만으로도 문맥을 이해할 수 있다는 것입니다. 즉, 소스 코드의 의미를 파악하기 위해, 복잡한 것들을 머리 속에 집어 넣고, 다시 꺼낼 필요가 없다는 거죠. 저희는 모든 것을 눈에 잘 띄는 곳에 놓으려고 노력합니다. 이러한 노력은 사람들이 생각해 낸 아이디어를 머리 속에 쉽게 넣을 수 있도록 도와주는 놀라운 차이를 만든다고 생각해요.

○
8   마이크로소프트 애저 노트북(Microsoft Azure Notebook) : 쥬피터 노트북을 애저기반으로 사용할 수 있는 서비스, https://notebooks.azure.com/
9   보일러플레이트(boilerplate) 코드 : 비즈니스 로직과 같이 특화된 내용은 포함하고 있지 않으나, 소스 코드 작성을 위해 문법상 반드시 포함해야하며, 여러 곳에 등장하는 코드 섹션을 뜻하는 프로그래밍 용어

Nick Coghlan

몇 년 전에 스크립팅 언어와 적절한 복잡성에 관한 포스트를 썼습니다. 쿡북 혹은 작업 지시 가이드를 보면, 절차적인 명령어를 보게 될 것입니다. 쿡북이 외부로 노출하는 계층은 매우 절차적이고 순차적입니다. 그렇게 되면, 하위 함수와 객체들이 그 틀 안에 내장되어 있는 것과 같이 되어 버리죠. 파이썬은 우리가 세상과 상호 작용하는 방법을 반영하기 때문에 사람에게 더 잘 어울린다고 생각합니다.

> '파이썬은 우리가 세상과 상호 작용하는 방법을 반영하기 때문에 사람에게 더 잘 어울린다고 생각합니다.'

드리스콜 **파이썬이 잘 어울린다는 것이 어떤 의미인지 조금 더 설명해 주시겠어요?**

코그란 그럼요, 우리는 보통 절차적으로 행동합니다. 절차적으로 시작하면 필요한 것이 가장 위에 올라오게 계층이 나눠지게 되며, 이치에 맞게 되는 것이죠.

객체 지향 프로그래밍, 함수형 프로그래밍과 이벤트 기반 프로그래밍은 복잡성을 관리하기 위해 태어났습니다. 언어를 위한 기본 원칙으로써 어떤 것을 선택하더라도 만들고자 하는 프로그램의 복잡성을 최소 수준으로 설정하게 됩니다.

로보틱스와 임바디드embodied 컴퓨팅 타입 환경을 가르치는

닉 코그란

사람들과 대화를 나누는 것은 무척 흥미롭습니다. 이것들을 가르치려면, 객체를 사용하는 것이 좋은 방법입니다. 임바디드 컴퓨팅 사람들은 자연스럽게 이렇게 이야기하죠, "저 로봇은 내 프로그램안에 'Robot' 클래스에 따라서 책상에 앉아 있어." 그들은 소스 코드로 작성한 것을 눈으로 보여줄 수 있습니다.

기본적으로 절차적인 이 사례가 쿡북과 지시 가이드가 작성된 방법과 정말 일치한다고 생각해요. 진입 장벽을 낮추는 것도 좋지만, 동시에 파이썬은 여러분과 함께 성장할 수 있는 언어입니다. 파이썬은 수학적 프로그래밍, 객체 지향 프로그래밍과 함수형 프로그래밍을 모두 할 수 있는 모든 도구를 가지고 있습니다.

| '파이썬은 여러분과 함께 성장할 수 있는 언어입니다.'

여러분이 가지고 있는 문제점 기반으로 파이썬을 사용할 수 있습니다. 파이썬의 한가지 관점에 관하여 배우기 시작할 때, 특정 영역의 언어를 커스터마이징하기 위해 삽입하는 용도로 활용할 수 있습니다. 즉, 파이썬을 하스켈(함수형 프로그래밍), 자바 혹은 C# 안에 집어 넣기 위해 사용할 수 있습니다.

드리스콜 **제가 모든 파이썬 기초 지식을 알고 있고, 이제 언어를 더 깊이 이해하고 싶다고 가정해보죠. 무엇을 해야 하나요?**

Nick Coghlan

이 시점에 스스로 물어야할 중요한 질문은, '어떻게 배우느냐'입니다. 예를 들어, 저는 스스로 필요-기반 학습을 하고 있다는 것을 알았습니다.

'문제를 해결하기 위해서, 새로운 프로그래밍 기술과 신규 라이브러리들을 배우죠.'

저는 단지 지식 습득을 목적으로 무언가를 배우지 못합니다. 보통, 문제를 해결하기 위해서, 새로운 프로그래밍 기술과 신규 라이브러리들을 배우죠. 제 경우는, 해결하고 싶은 문제점을 찾으면, 문제를 해결하기 위해 필요한 것은 무엇이든지 배웁니다.

앨리슨 캡투르Allison Kaptur가 효율적인 배움 전략에 관하여 꽤 좋은 글을 썼었죠. 저희는 데브 가이드에 파이썬 내부를 깊이 다루기 위하여 알아야 할 내용을 담은 섹션을 추가하기 시작했습니다. 한가지 유용한 지름길은 여러분이 매일 사용하는 오픈 소스 라이브러리를 살펴 보고, 코드를 훑어 보기 시작하는 것입니다.

'여러분이 매일 사용하는 오픈 소스 라이브러리를 살펴 보고, 코드를 훑어 보기 시작하는 것입니다.'

표준 라이브러리에는 표준 라이브러리 모듈 문서와 소스 코드를 연결하는 링크가 있기 마련입니다. 해당 링크를 클릭하여 문서를 읽으면서, 이 소스 코드가 어떻게 작성되었는지 알아보는 것만으로도 도움이 됩니다.

파이썬 튜터(pythontutor.com)라고 불리는 흥미로운 프로젝트가 기억나는군요. 파이썬 튜터는 코드 시각화 도구 혹은 행위 시각화 도구입니다. 코드 작업을 하는 동안, 실시간으로 소스 코드 변경 사항을 저장하여 나중에 어떤 변경 사항이 벌어지고 있는지 확인할 수 있는 도구죠.

파이썬 튜터의 전략은 소스 코드를 변경하는 이유가 실제로 변경하기 위함이 아니라, 그저 어떻게 동작하는지 확인하기 위함이라는 것을 알 수 있어서 유용합니다.

드리스콜　　　**오늘날 파이썬에 관하여 가장 흥분되는 것은 무엇인가요?**

코 그 란　　　답을 두 가지로 구분하여 드리겠습니다. 전문가로서의 견해와 개인 관점에서의 견해가 조금 다르거든요.

리눅스 생태계가 엔터프라이즈 회사에 녹아 들어간 것과 같은 방법으로, 파이썬은 리눅스 생태계의 일부가 되었습니다. 더 이상 엔터프라이즈 회사 경영진에게 파이썬을 구차하게 설명할 필요가 없죠. 지금까지 달성한 모든 것이 큰 기업과 기관의 간헐적인 투자와 자원한 커뮤니티 기여자들 덕분입니다.

| '지금까지 달성한 모든 것이 자원한 커뮤니티 기여자들 덕분입니다.'

전문가로서의 견해로는, 비즈니스 소프트웨어 개발의 인공지능과 기계학습 기술의 사용이 늘어나고 있다는 사실이 가장 저를 흥분시킵니다. 수많은 조직이 C, C++, 자바와 C#을 재탕하는 현재 엔터프라이즈 소프트웨어보다 더 많은 것이 소프트웨어 개발 세계에 있다는 것을 깨달았습니다.

이는 최근 IEEE 스펙트럼의 연간 다중-데이터-소스 언어 순위를 통해서 더욱 명확하게 확인할 수 있습니다. 2014년에 파이썬이 (C#과 함께) 상위 5위에 랭킹되었지만, 2017년 조사에는 다른 언어 모두를 제치고 1위 자리를 차지하고 있습니다.

역자 NOTE : 2018년 IEEE 스펙트럼 프로그래밍 언어 순위

2018년 발표자료를 보면 파이썬이 1위를 차지하고 있다.

Language Rank	Types	Spectrum Ranking
1. Python	🌐 🖥 ▮	100.0
2. C++	☐ 🖥 ▮	99.7
3. Java	🌐 ☐ 🖥	97.5
4. C	☐ 🖥 ▮	96.7
5. C#	🌐 ☐ 🖥	89.4
6. PHP	🌐	84.9
7. R	🖥	82.9
8. JavaScript	🌐 ☐	82.6
9. Go	🌐 🖥	76.4
10. Assembly	▮	74.1

출처 : https://spectrum.ieee.org/at-work/innovation/the-2018-top-programming-languages

개인적으로는, 오픈소스 파이썬 커뮤니티에 선생님과 교육자들이 직접 참여하고 있다는 것이 저를 가장 흥분시킵니다.

수많은 파이썬 사용자 그룹 역시 성인 교육에 초점을 맞추고 있으며, 현재 업무를 더 잘하고 싶은 사람들이나 소프트웨어 개발로 직업 전환을 고려하고 있는 사람들의 컴퓨팅 기술력 향상을 위한 워크숍을 제공하고 있습니다.

드리스콜   고맙습니다, 닉 코그란.

19
마이크 베이어
Mike Bayer

마이크 베이어는 미국 소프트웨어 개발자이며, 오픈소스 소프트웨어 제품을 판매하는 레드햇Red Hat의 시니어 소프트웨어 엔지니어이다. 이전에는 MLB.com과 같이 뉴욕에 있는 여러 인터넷 회사에서 일했다. 마이크는 메이저리그 베이스볼의 콘텐츠 관리 소프트웨어를 만들었다. 마이크는 SQL 툴킷과 객체-관계 매퍼 라이브러리인 SQLAlchemy와 같은 여러 파이썬 오픈소스 프로그래밍 라이브러리의 창시자이다. 그는 파이썬 커뮤니티에서 좋은 데이터베이스 소프트웨어 사례가 나올 수 있도록 도와주는 역할을 활발하게 수행하고 있다. 마이크는 파이콘 US와 유럽의 작은 컨퍼런스에서 정기적으로 발표하고 있다.

토론 주제	SQLAlchemy, 인공지능, v2.7/v3.x.
마이크 베이어 소셜 미디어 주소	@zzzeek

마이크 드리스콜   **프로그래머가 된 이유가 무엇인가요?**

마이크 베이어   저는 개인 컴퓨터를 처음 접하게 된 1980년부터 컴퓨터에 흥미를 가졌습니다. 초기 8-비트 컴퓨터에서 어셈블리 언어로 동작하는 게임 프로그래밍을 배우려고 했지만, 잘 되지 않았어요. 고등학교에서 파스칼Pascal을 사용하면서 데이터 구조와 절차적 프로그래밍을 접하게 되었습니다.

제가 프로그래머가 된 것은 꽤 자연스러운 일이었지만, 나중에 밝혀진 것처럼, 저는 전공을 컴퓨터 공학에서 음악으로 바꿨으며, 여러 해 동안 컴퓨터를 전혀 만지지 않았습니다. 언젠가 게시판에서 만난 프로그래머와 논쟁을 벌이고 있는 제 자신을 발견했고, 제 자신이 그리 마음에 들지 않았어요.

제가 식비와 렌트비를 낼 수 있는 유일한 방법이 컴퓨터였기 때문에, 컴퓨터로 완전히 돌아갔습니다. 그 당시에, 인터넷은 상용화된 산업이 되었고, 저는 즉시 인터넷 관련 일을 하기 시작했죠

첫 인터넷 버블이 왔을 때 뉴욕에서 프로그래머가 되는 것은 열정적이고 신나는 일이었죠. 모두가 자신들을 위해 일해주기를 바랐습니다. 수년간 풀어야 할 문제가 끊임없이 생겼기 때문에, 프로그래밍은 경쟁력이 있었습니다. 저는 그 문제를 줄여주는 일을 해오고 있습니다.

드리스콜	**어떻게 파이썬을 시작하게 되었나요?**

베 이 어   파이썬 이전의 경력 대부분은 펄Perl, 자바Java와 C 조금으로 프로그래밍을 했었습니다. 저는 객체 지향 애플리케이션 디자인에 정말 빠져들었고, 1990년대 후반에서 2000년대 초반의 자바 프로그래머들이 흔히 그랬듯이, 아키텍처를 깊이 탐색하는 단계에 도달하게 됩니다.

저는 스크립팅 언어 아이디어가 좋았어요, 텍스트 파일에 바로 뛰어 들어갈 수 있었기 때문이죠. 자바에는 반드시 필요한 형식상의 절차, 보일러플레이트 코드와 컴파일 단계 없이 프로그래밍을 할 수 있었습니다. 그래서 펄로 객체 지향을 깨달으려고 많은 시간 노력했지만, 정말 만족스럽지 못했어요.

'특별히 의미가 있는 공백문자(whitespace)를 받아 들이지 못했던 몇 년을 보낸 후, 마침내 파이썬이 제가 찾던 모든 것을 갖춘 언어라는 것을 깨닫게 되었습니다.'

저는 파이썬이 이 두 세계 사이에서 제대로 균형을 맞추는 것이 될 수도 있겠다는 것을 알게 되었습니다. 특별히 의미가 있는 공백문자(whitespace)를 받아 들이지 못했던 몇 년을 보낸 후, 마침내 파이썬이 제가 찾던 모든 것을 갖춘 언어라는 것을 깨닫게 되었습니다.

드리스콜   **파이썬이 특별한 이유가 무엇인가요?**

베 이 어   파이썬이 깊은 인상을 준 것은 탑재(import)한 모듈을 포함한 번역기 안의 모든 것이 파이썬 객체라는 것입니다.

오늘날, 알려진 파이썬의 모든 기능은 저에게 부차적인 것입니다. 하지만, 프로그램 요소들을 마치 데이터처럼 들여다볼 수 있는 것은 제가 접했던 다른 언어들에서는 볼 수 없는 것이라는 것을 제일 먼저 배웠습니다.

수년간 펄의 주석이 무엇을 하는지 제대로 이해하지 못했지만, 파이썬은 이해하기 무척 쉬웠습니다. 또한, 파이썬은 일반적인 스크립팅 언어 답지 않게, 일관성과 정확성을 매우 강조하고 있는 것을 보았습니다.

저는 제가 함께 일했던 파이썬 프로그래머들이 파이썬에 끌렸다는 이유로, 제 생각보다 더 높은 수준의 개발자가 될 것이라고 예상했습니다! 이는 모두 사실로 밝혀졌죠.

드리스콜   **SQLAlchemy를 만들기 위해 영감을 준 것이 무엇인가요?**

베 이 어   글쎄요, 저는 항상 제가 동고동락하고 싶은 언어가 무엇인지 찾고 싶었습니다. 그 언어 안에는 제가 사용하고 싶은 모든 것을 제공하는 도구 상자가 있었으면 했어요. 독립적으로 사람을 위한 애플리케이션을 만들 수 있는 능력을 원했습니다.

> '저는 독립적으로 사람을 위한 애플리케이션을 만들 수 있는 능력을 원했습니다.'

다양한 직업을 수행하는 동안, 저는 언제나 데이터베이스 추상 계층과 같은 것을 만들었고, 많은 프로젝트에서 사용했습니다. 사용하던 언어가 무엇이든지 간에 작은 템플릿 엔진, 작은 웹 프레임워크와 데이터베이스 추상 계층을 항상 만들었고, 모든 프로젝트를 표준화하기 위해서 노력했어요.

파이썬을 쓰기 시작했을 때, 그 당시 쓸 수 있었던 웹 프레임워크 도구와 데이터베이스 추상화 도구가 만족스럽지 못했습니다. 저는 이미 많은 템플릿 엔진과 데이터베이스 접근 도구를 만들었었기 때문에 많은 아이디어가 있었습니다.

> '파이썬을 쓰기 시작했을 때, 그 당시 쓸 수 있었던 웹 프레임워크 도구와 데이터베이스 추상화 도구가 만족스럽지 못했습니다.'

처음에 펄 템플릿 엔진 HTML::Mason[1]의 모든 소스 코드를 한 줄 씩 파이썬으로 변경한 마이기티[2] 라는 템플릿 엔진을 만들었습니다. 마이기티는 끔찍했지만 인기를 조금 얻었고 파이론즈[3] 웹 프레임워크 첫 버전의 기초 형성에 영향을 미쳤습니다.

제가 SQLAlchemy를 만들기로 결심했을 때 놀라운 것을 만들기 위해 매우 신중하고 천천히 진행했습니다. 그 당시, 저는 프로그래머로서 특히 파이썬 프로그래머로서 여전히 결함이 많았어요. 초기 SQLAlchemy는 끔찍한 디자인이 많았습니다만, 정말 유일하고 잠재적으로 놀라운 것이 될 수 있다는 사실 때문에 빛났습니다. 데이터를 메모리에서 디스크로 플러시(flush)하는 것을 처음 봤을때 정말 놀랐습니다. 이 녀석이 사람들에게 깊은 영향을 미칠 수도 있겠다는 것을 깨달았죠.

드리스콜   **마코Mako[4] 는 어떻게 나오게 되었나요?**

베 이 어   마코는 단지 마이기티의 끔찍한 설계를 대체하기 위해 만들었습니다. 그래서 파이론즈가 당혹스럽지 않은 템플릿 엔진을 갖게 된 것입니다.

마코는 일단 완성되면 스스로 살아남을 수 있는 매우 유능하고 견고한 템플릿 엔진입니다. 수년간 마코에 더 많은 기능이 추가되었고, 많은 시간이 지난 지금, 마코가 완성되었다고 할 수 있겠습니다. 저는 여전히 마코를 사용하지만 파이썬의 사실상 표준 템플릿 엔진이 진자2[5] 라는 것이 행복합니다.

> '저는 여전히 마코를 사용하지만, 파이썬의 사실상 표준 템플릿 엔진이 진자2 라는 것이 행복합니다.'

드리스콜 **만약, SQLAlchemy를 다시 시작한다면 무엇을 다르게 할 것인가요?**

베 이 어 제가 저지른 실수가 몇 가지 있었는데, 결국 그 프로젝트에 큰 도움이 되는 시나리오로 이어졌습니다. 그래서 만약 제가 그런 실수를 하지 않았다면, 어떻게 되었을지 잘 모르겠습니다.

앞서 언급한 경쟁에 관한 이슈는 기여자 일부와 초기에 소통을 하지 않게 만들었습니다. 좋은 아이디어를 가지고, 저보

○

1 HTML : Mason 공식 홈페이지 : https://metacpan.org/pod/HTML::Mason

2 마이기티(Myghty) : https://pypi.org/project/Myghty/, 레거시 라이브러리이며, 현재는 마코가 후속 라이브러리임

3 파이론즈(Pylons) 프로젝트 : 파이썬 커뮤니티를 위한 웹 기술 라이브러리들을 만드는 프로젝트, 피라미드(Pylamid) 등이 포함되어 있다. https://pylonsproject.org/

4 마코(Mako) 공식 홈페이지 : https://www.makotemplates.org/

5 진자2(jinja2) 공식 홈페이지 : http://jinja.pocoo.org/

다 더 명확하게 사물을 볼 수 있는 사람들을 쫓아낸 것은 엄청 큰 실수였습니다.

또한, 파이썬에 대해 새로운 것을 알게 되면 모든 코드를 한꺼번에 수정하는 것 대신, 다른 파이썬 코드를 읽고, 올바르고 자연스러운 패턴을 사용하는 데 더 많은 시간을 보냈어야 했습니다.

SQLAlchemy를 다시 시작한다면, 다르게 해보고 싶은 것이 있습니다. 0.1 버전에는 수많은 디자인 패턴이 있고, 0.2 혹은 0.3 버전에서 제거하려고 노력했죠. 하지만, 전부 다 제거하지는 못했습니다.

버전 0.1은 코어와 ORM 레벨에서 데이터베이스 커넥션과 객체가 묵시적인 관계에 지나치게 기대고 있었습니다. 오늘날, 이 패턴을 따르고 있는 두 가지는 바운드 메타데이터와 커넥션 없이 실행하는 기능입니다. 이러한 기능들은 정말 인기가 많지만, 미묘한 혼란을 야기하며, 대조적으로 커넥션과 객체의 관계를 명시적으로 정의한 새로운 패턴이 나오고 있습니다.

'만약, 제가 현재 알고 있는 지식을 가지고 시작했더라면, SQLAlchemy는 훨씬 쉽게 시작했을 것입니다.'

수년간 빈번하게 수정하는 다른 API 패턴들도 많이 있습니다. 제가 현재 알고 있는 지식을 가지고 시작했더라면,

SQLAlchemy는 훨씬 쉽게 시작했을 것입니다. 초기 릴리즈에서 주요 API를 바꿀 필요도 없었겠죠.

제가 알렘빅[6] 마이그레이션을 만들기 전까지 sqlalchemy-migrate이 잘 하고 있었지만, 일찍부터 훌륭한 SQL 마이그레이션 도구가 필요하다는 것을 깨달았습니다.

드리스콜   **오픈소스 프로젝트를 만들면서 어떤 것을 배우셨나요?**

베 이 어   음, 제가 배운 것 한가지는 오픈소스 프로젝트가 유명해지면 절대로 끝나지 않는다는 것입니다. 파이썬 데이터베이스 API와 같이 프로젝트가 끊임없이 변경되는 기술과 연결이 되면 일이 결코 완료될 수 없습니다.

| '오픈소스 프로젝트가 유명해지면, 절대로 끝나지 않습니다.'

버그를 수정하는 일을 십 년 이상 꾸준히 할 것이라고는 생각지 못했습니다. 오픈소스가 성공하기 위해서 운도 많이 따라줘야 한다는 것도 배웠습니다. 적절한 시기를 만나는 행운이 꼭 필요합니다. 저는 커뮤니티 대부분보다 파이썬을 매우 빨리 시작했고, 완벽한 시점에 저의 소프트웨어를 생산했습니다.

○

6   알렘빅(Alembic) 공식 홈페이지 : https://alembic.zzzcomputing.com/en/latest/

결국, 저는 사용자가 어떤 기능 혹은 X 행동을 원할 때, 반드시 옳고 그름을 따져야 한다는 것을 수없이 배웠습니다. 실은 사용자가 구두로 전달하는 요구사항은 그대로 받아들이기 힘듭니다. 사용자가 X를 원한다고 해도, 실제로 원하는 것은 Y인 경우가 많습니다. 때로는 그들이 X를 원한다고 생각하지만, 그에 따른 결과에 대해서는 생각하지 않습니다.

X를 추가하는 것에 관하여 항상 매우 신중해야 합니다. 그러면서 사용자의 요청을 거부하더라도, 그들을 속상하지 않게 만들고 싶을 것입니다. 특히, 메인테이너로서 최대한 공손해야 합니다. 많은 사용자가 꽤 무례하고 아는 척을 하기 때문에 공손하게 대하기가 정말 어렵습니다. 하지만 분통을 터뜨려 봤자 얻을 수 있는 것은 아무것도 없습니다.

드리스콜   **우리는 인공지능과 기계학습에서 파이썬을 많이 사용하고 있는 것을 봅니다. 이 영역에서 파이썬이 이리도 위대한 언어가 된 이유가 무엇이라고 생각하나요?**

베 이 어   저희는 현장에서 수학과 알고리듬을 개발하고 있습니다. 싸이킷-런scikit-learn과 같은 라이브러리에 계속 간직하고 최적화하고 싶은 알고리듬을 집어 넣고 있죠. 그리고나서, 끊임없이 반복적으로 데이터를 분석하며, 데이터 처리 방법과 분석 결과에서 얻은 통찰을 공유합니다.

고수준 스크립팅 언어는 인공지능과 기계학습에 이상적입니다. 빠르게 바꾸고, 다시 시도할 수 있게 해주기 때문이죠. 우리가 만드는 코드는 실제 수학과 데이터 구조를 표현하는 소스 코드가 대부분입니다. 어쩔 수 없이 추가해야하는 보일러플레이트가 아닙니다.

파이썬과 같은 스크립팅 언어는 규칙이 엄격하고 일관성이 있기 때문에 훨씬 좋습니다. 혼란스럽고 일관성 없는 프로그래밍 패러다임을 갖고 있는 다른 언어보다 훨씬 쉽게 다른 사람의 파이썬 코드를 이해할 수 있습니다.

아이파이썬 노트북IPython notebook과 같은 도구는 반복을 가능케하며, 우리의 수학과 알고리듬을 전체 신규 인력에게 공유할 수 있게 합니다. 파이썬은 우리가 하려고 하는 일의 핵심을 강조하면서, 컴퓨터가 해야만 하는 나머지 모든 일을 완전히 최소화합니다. 여러분이 생각할 필요가 없는 모든 것들을 자동화하는 것이죠.

'여러분이 생각할 필요가 없는 모든 것들을 자동화하는 것이죠.'

드리스콜   **파이썬이 인공지능과 기계학습을 위해 더 나은 언어가 되려면 어떻게 해야 할까요?**

    Mike Bayer

베 이 어 　기계학습은 CPU에 집중적인 작업입니다. 그래서 프로세스 코어 모두를 사용하는 더 좋은 방법을 계속해서 찾아야 하겠죠. 불행하게도 Global Interpreter Lock(GIL)에 대해서 말하는 것입니다. 지금 현재는 멀티프로세싱을 사용하는 방법 밖에 없습니다.

| '파이썬은 제대로 된 동시성 패러다임이 여전히 부족합니다.'

파이썬은 제대로 된 동시성 패러다임이 여전히 부족합니다. 이는 쓰레드간에 데이터를 공유하기 위해 복잡성과 비용을 증가시키는 절차와 GIL을 의미하는 파이썬의 동적 약속을 말하는 것입니다. 멀티프로세스와 같이 동작하는 개념을 지닌 번역기가 있으면 도움이 될 수도 있겠지만, 이것 또한 단일 프로세스 공간에서 실행이 되어야 합니다. 이 개념은 OS-수준 쓰레드를 사용하여, 여전히 동일한 GIL을 공유하지 않으면서 충분히 프로세스가 고립되어야 합니다.

드리스콜 　**일반적으로 프로그래밍을 시작하려는 사람에게 어떤 조언을 해주시겠어요?**

베 이 어 　컴퓨터 프로그래밍에는 관습적인 지혜가 많습니다. 이 관습적인 지혜를 항상 실험해봐야 합니다.

| '이 관습적인 지혜를 항상 실험해봐야 합니다.'

　　　　　　　　　　　　　　　마이크 베이어

변경할 수 있는 글로벌 변수를 사용하지 말라는 프로그래밍 규칙이 있습니다. 이는 실제로 입문자에게 유모차의 보조 바퀴보다 더 한 것이죠. 실제로 유용한 좋은 규칙들도 있지만, 모든 규칙이 모든 경우에 적용되는 것은 아닙니다.

입문자에서 조금 더 수준이 올라가면, 본인 스스로 생각할 수 있는 능력을 원할 것입니다. 또한, 문제를 풀기 위해 새롭고 창의적인 방법을 찾는 경험을 하고 싶을 것입니다. 이러한 아이디어가 항상 계획대로 되는 것은 아니지만, 현재 상황에 항상 도전하는 핵심 사례를 만들다 보면, 어느날 문제를 해결할 수 있는 훌륭한 방법을 찾게 될 것입니다.

드리스콜   **프로그래밍을 시작하려는 사람에게 어떤 언어를 추천하나요?**

베 이 어   제가 지금까지 본 언어 중 파이썬이 입문용 언어로는 최고라고 생각해요. 프로그래밍을 시작하는 첫 몇년은 파이썬을 사용할 것이고, 브라우저를 피할 수 없는 한 자바스크립트도 해야 할 수 있겠죠.

언젠가는, 스크립팅 언어 번역기나 컴파일러와 같은 것을 만드는 것도 좋은 아이디어입니다. 파이썬 함수와 같이 추상화 수준이 높은 언어가 동작하는 방식을 이해하면, 필수적으로 이해해야하는 CPU 실행 방법을 알게 될 것입니다.

Mike Bayer

| 드리스콜 | **오늘날 파이썬에서 가장 흥분되는 것은 무엇인가요?** |

| 베 이 어 | 저는 데이터를 신중하게 다루는 분야에서 가장 먼저 선택하는 기본 프로그래밍 언어가 파이썬이라는 사실에 흥분됩니다. 특히 언론 분야를 꼽을 수 있죠. |

'헤드라인 기사를 작성하는 사람이 직접 파이썬 프로그래밍을 할 수 있는 언론인 무리가 생기는 것을 보고 싶습니다.'

언론은 점점 데이터 중심이 되고 있으며, 헤드라인 기사를 작성하는 사람이 직접 파이썬 프로그래밍을 할 수 있는 언론인 무리가 생기는 것을 보고 싶습니다. 우리는 근본적으로 철저히 데이터 기반의 기사를 생산할 수 있는 언론인이 필요합니다. 이는 요구의 증가에 따라 더 많은 데이터를 사용할 수 있게 해줄 것입니다. 워싱턴 포스트의 기사를 읽을 때마다, 아이파이썬 노트북을 가지고 기사의 데이터를 분석하는 모습을 상상해보세요.

| 드리스콜 | **사람들이 파이썬 2.7을 떠나야 하나요?** |

| 베 이 어 | 2.7을 떠나는 문제는 스스로 해결될 것입니다. 데이터 영역에 있는 사람들은 현재 확실히 3.x 시리즈로 시작하고 있다고 생각해요. 제가 일하고 있는 인프라 세계는 2.7을 떠나려면 많은 시간이 걸리겠지만, 결국 떠날 것입니다. |

마이크 베이어

'2.7을 떠나는 문제는 스스로 해결될 것입니다. 데이터 영역에 있는 사람들은 현재 확실히 3.x 시리즈로 시작하고 있다고 생각해요.'

드리스콜   **미래 파이썬 릴리즈에서 보고 싶은 변화가 있나요?**

베 이 어   솔직히, 저는 미래에 "asyncio" 시스템이 덜 강조되었으면 좋겠습니다. 이는 분명 광범위하게 오해할 수 있는 API가 될 것이라고 믿어요.

신규 프로그래머는 전체 시스템의 처음부터 끝까지 비동기를 사용하여 프로젝트를 시작할 것입니다. 결과적으로 전통적인 기술을 사용한 것보다 더 성능이 좋지 않으면서, 버그가 많고 몹시 복잡한 애플리케이션을 만들 것입니다.

분명 비동기식 I/O가 필요한 곳이 있습니다만, 사실상 실세계 애플리케이션 대부분은 외부 자원과 클라이언트간에 데이터를 주고 받는 것에 제한을 주어야만 합니다. 비동기식 I/O는 외부 데이터와 데이터를 주고 받는 것이 매우 광범위하고 동시성을 요구하는 곳에서만 사용해야 합니다(예 : 수천 개의 웹 사이트 데이터를 긁어 오는 경우, 혹은 수천개의 클라이언트로부터 명령을 기다리는 경우).

(로컬 데이터를 사용하여 비즈니스 로직과 알고리듬을 수행하는) 애플리케이션 중심 엔진은 전통적인 쓰레딩으로 작성

Mike Bayer

되어야만 합니다. 비동기식과 동기식 컴포넌트는 서로 꽤 잘 대화할 수 있습니다, 반면에 프로그래머는 양쪽 패러다임을 잘 이해할 필요가 있죠. 현재 비동기 문화는 이것을 전혀 강조하고 있지 않습니다.

드리스콜   고맙습니다, 마이크 베이어.

20
제이크 반데르플라스
Jake Vanderplas

제이크 반데르플라스는 데이터 과학자이자, "파이썬 데이터 과학 핸드북(Python Data Science Handbook[1])"의 저자이다. 워싱턴 대학의 eScience Institue의 오픈 소스 임원이다. 이전에는 워싱턴 대학에서 물리 과학 연구 이사였다. 제이크는 파이썬 과학 스택의 오랜 기여자이며, 싸이파이SciPy, 싸이킷-런scikit-learn과 알테어[2]와 같은 프로젝트에서 일하고 있다. 그는 정기적으로 미국의 파이썬 콘퍼런스에서 발표하며, 파이콘PyCon, 파이데이터PyData와 싸이파이SciPy에서 키노트 발표를 하고 있다. 제이크는 구글의 방문 연구원이며, 기술 블로그[3]에 글을 쓴다.

토론 주제   데이터 과학과 천문학을 위한 파이썬

제이크 반데르플라스 소셜 미디어 주소   @jakevdp

○

[1]   무료 책 깃허브 링크 : https://github.com/jakevdp/PythonDataScienceHandbook

[2]   알테어(Altair) : 파이썬 통계 시각화 도구, https://altair-viz.github.io/

[3]   블로그 주소 : http://jakevdp.github.io/

마이크 드리스콜   **당신의 배경에 대해서 조금 말씀해 주시겠어요?**

제 이 크   저는 학부생으로서 물리학을 공부했고, 대학을 졸업하고 몇
반데르플라스   년동안 환경 교육자와 등산가이드로 일을 했습니다.

저는 학부생으로서 물리학을 공부했고, 대학을 졸업하고 몇

                  캘리포니아 시에라 네바다에서 매일 밤 별 밑에서 잠들던 여
                  러 여름을 보낸 후, 저는 천문학에 푹 빠졌고, 물리학을 이용
                  하여 대학원에서 더 많은 것을 배우기로 결심했습니다.

                  저는 대학원에 입학하기 전까지 코딩을 거의 하지 않았습니
                  다. 중학교 때 하이퍼카드HyperCard를 가지고 놀았고, 고등학
                  교 때는 C++ 수업을 들었습니다. 대학에서는 기초 메스메티
                  카(수리 해석용 소프트웨어)를 조금 배우기도 했었죠.

드 리 스 콜   **어떻게 파이썬 프로그래밍 언어를 사용하기 시작했나요?**

반데르플라스   근래의 천문학은 매우 무거운 계산 중심의 학문이었기에,
                  학교를 졸업했을 때, 코딩을 어떻게 하는지 다시 배워야 했
                  어요.

| '근래의 천문학은 매우 무거운 계산-중심의 학문입니다.'

                  저희 과 대부분은 IDL(Interactive Data Language, 데이터
                  분석용 프로그래밍 언어)을 사용하던 때였지만, 저는 파이

제이크 반데르플라스

썬을 추천하는 교수님과 반학기 연구 프로젝트를 함께 수행하는 엄청난 행운이 있었습니다. 그는 파이썬이 미래라고 말했고, 돌이켜보면 그가 전적으로 맞았어요!

저는 겨울 방학동안 스스로 만든 수도쿠 퍼즐 프로그램을 수도쿠 퍼즐 생성기에 집어 넣으면서 파이썬을 스스로 배웠습니다. 그러고 나서 오랜 시간이 지나, 파이콘 2017에서 수많은 과학자들이 왜 파이썬을 좋아하는지 발표하게 됩니다.

드 리 스 콜　　**파이썬을 좋아하는 이유가 무엇인가요?**

반데르플라스　　저는 우선 파이썬의 개방성이 학교에서 인기있는 다른 도구들(매스매티카Mathematica, IDL과 매트랩MATLAB이 생각나는 군요)보다 큰 이점을 가져오기 때문에 파이썬을 좋아합니다.

제가 처음 파이썬을 사용했을 때, 문법과 의미가 믿을 수 없을 정도로 깔끔하고 직관적인 것을 발견했습니다. 이는 제가 처음 C++를 배웠을 때와는 전혀 다른 방법으로 코딩하는 즐거움을 가져다 주었죠.

'파이썬의 문법과 의미가 믿을 수 없을 정도로 깔끔하고 직관적인 것을 발견했습니다.'

또한, 과학적 파이썬 생태계는 제가 시작했을 때 상당히 초

　　　　　　　　　　　　　Jake Vanderplas

기 단계였음에도 불구하고, 매우 요긴하였습니다. 과학 영역에서 파이썬으로 무엇을 하든지간에, 이미 누군가가 그것을 위한 패키지를 만들어 놓았습니다.

파이썬의 수많은 언어와의 상호 호환성은 과학자들이 함께 사용할 필요가 있는 다양한 도구들을 접착제로 붙이는 것과 같이 동작한다는 것을 의미합니다. 그리고 파이썬은 거의 모든 것을 위한 내장 라이브러리와 나머지 모든 것을 위한 써드-파티 라이브러리가 있습니다.

'파이썬은…. 과학자들이 함께 사용할 필요가 있는 다양한 도구들을 접착제로 붙이는 것과 같이 동작합니다.'

파이썬의 단순하고 동적인 본성은, 실행 속도보다는 빠르게 개발하는 것이 더욱 중요한 일상의 과학적 데이터 탐험에 완벽합니다.

마지막으로, 하지만 앞에서 언급한 것만큼 중요한 것은, 파이썬의 열린 정신이 과학과 잘 맞으며, 더 많은 과학자들이 재현을 위한 보조 도구로 깃허브나 유사한 서비스에 연구 코드를 올리고 있다는 것입니다.

드 리 스 콜   **어떻게 파이썬의 열린 정신이 과학 커뮤니티를 돕고 있나요?**

제이크 반데르플라스

반데르플라스   파이썬의 열린 정신은 과학이 추구하는 방법과 정말 잘 맞습니다. 제가 파이콘 2017의 키노트[1]에서 강조했듯이, 지난 5년에서 10년사이에 과학자들은 오픈소스 커뮤니티로부터 모범-사례 교훈을 정말 많이 흡수했습니다.

코드 공유, 버전 제어, 단위 테스팅 그리고 코드 문서화는 현대 과학을 재현하기 위해 필수적인 것들입니다. 과학 커뮤니티에서 최고의 계산 작업을 수행하는 사람들은 오픈소스 (그리고 특히 파이썬 오픈소스) 커뮤니티의 관련 사례들을 많이 적용하고 있습니다.

드 리 스 콜   **과학자 관점에서 보았을 때, 파이썬이 놓치고 있는 것은 무엇인가요?**

반데르플라스   과학자들을 위한 파이썬의 가장 큰 도전은 연산 능력을 확장할 때, 파이썬이 아닌 언어로 코드를 작성해야만 한다는 것입니다.

'과학자들을 위한 파이썬의 가장 큰 도전은 연산 능력을 확장할 때, 파이썬이 아닌 언어로 코드를 작성해야만 한다는 것입니다.'

○

1   파이콘 2017 키노트 영상 : https://youtu.be/ZyjCqQEUa8o

Jake Vanderplas

싸이썬Cython과 눔바Numba [2] 와 같은 도구가 파이썬 혹은 파이썬과 비슷한 코드를 빠른 컴파일 코드로 변환해주면서 이러한 문제점들을 다루고 있습니다만, 이러한 추가 도구들로 언제 혹은 어느 곳을 변경해야 하는지 결정하는 것 자체가 부담이라는 것은 이미 알려진 사실입니다. 파이파이PyPy가 기대 됩니다만, 문제는 과학 생태계에서 많이 요구하는 씨파이썬CPython의 C-API를 지원하지 않는다는 것입니다.

이것이 커뮤니티 일부가 줄리아Julia [3] 에게 눈길을 주는 이유입니다. 줄리아는 근본적으로 철저히 빠른 LLVM 기반으로 실행됩니다. 저에게는 줄리아가 일부 영역에서 투박하다고 느낍니다. 그리고 저는 파이썬의 문법과 줄리아의 성능을 가진 행복한 도구가 있으면 좋겠습니다.

드리스콜 **어떻게 파이썬 커뮤니티가 과학 커뮤니티의 파이썬 학습을 도울 수 있을까요? 현재 파이썬을 사용하고 있는 프로젝트는 무엇인가요?**

반데르플라스 저는 파이썬으로 모든 일상 작업을 합니다. 현재 워싱턴 대학(UW)에서 여러 연구 프로젝트에 참여하고 있습니다. 또한 천문학과 교통-중심 데이터 과학 작업을 하는 학생들을 멘토링하고 있습니다.

시각화를 위한 베가-라이트 문법 [4] 에 사용하는 파이썬 인터페이스인 알테어Altair 라이브러리 개발을 돕고 있습니다. 이 라이브러리가 현재 파이썬 과학 분야의 구멍 중 하나인 탐구적인 데이터 분석에도 적합하다고 생각합니다.

> '저는 요즘 일반적으로 파이썬을 강하게 밀어 붙이며, 대부분 쉽게 받아들입니다!'

UW의 일부 업무는 대학 연구자들의 연구를 위한 계산과 통계 처리를 제대로 수행하기 위한 컨설팅을 하는 것입니다. 저는 요즘 일반적으로 파이썬을 강하게 밀어 붙이며, 대부분 쉽게 받아들입니다!

드리스콜 **천문학자들 대부분이 컴퓨터 프로그래밍을 많이 하나요?**

반데르플라스 컴퓨팅은 현대 천문학에 필수적입니다! 망원경으로 관찰하기 위해 먼 봉우리로 여행하던 로맨틱한 시기를 넘어선지 오래입니다. 현장에서 관측을 한다해도, 관측 내용은 망원경에 붙어 있는 CCD에 의해서 기록된 것입니다.

○

2 눔바(Numba) : 파이썬 코드를 업계 표준 컴파일러이 LLVM으로 컴파일하여 최적화된 머신 코드로 바꿔주는 라이브러리, http://numba.pydata.org/

3 줄리아(Julia) : 고성능의 수치 해석 및 계산과학의 필요사항을 만족시키면서 일반 목적 프로그래밍에도 효과적으로 사용될 수 있도록 설계된 고급 동적 프로그래밍 언어, https://julialang.org/

4 베가-라이트 문법(Vega-lite grammer) : 상호 작용 그래프 시각화를 위한 고수준 문법, https://vega.github.io/vega-lite/

Jake Vanderplas

그 밖에도, 일반적으로 쉬운 관측은 이미 다 이루어진 것이 사실이죠. 우주를 위한 이해를 더 넓히기 위해서는 새로운 공부가 필요합니다. 매우 희미한 개체를 관측하는 것일 수도 있습니다(노이즈가 많은 모델이 필수), 혹은 많은 개체의 통계적 속성에 관한 학습일 수도 있죠(확장이 가능한 컴퓨팅 환경이 필수).

위 두 가지 스펙트럼의 끝에는 망원경 이미지를 데이터로 집어 넣기 위해 코드를 작성하고, 흥미로운 특징을 모델링하여, 유용한 결과를 뱉어내는 방법을 아는 것이 더 좋습니다.

드 리 스 콜   **과학자가 코드를 작성하는 것이 얼마나 일반적인가요?**

반데르플라스   천문학 과학자들과 같이, 여러 분야의 과학자 대부분이 코딩이 필수적이라는 것을 깨닫고 있습니다.

| '여러 분야의 과학자 대부분이 코딩이 필수적이라는 것을 깨닫고 있습니다.'

저희 천문학자들은 데이터 볼륨 측면에서 보았을 때 조금 앞섰다고 볼 수 있습니다만, 센서, 카메라, 위성과 다양한 장치들이 저렴해지고 풍부해지고 있으며, 데이터 홍수는 더 이상 천문학 분야의 이야기만은 아닙니다.

제이크 반데르플라스

| 드 리 스 콜 | **어느 과학 분야가 가장 많이 프로그래밍을 사용하나요?** |

반데르플라스 말씀드리기 무척 어렵지만, 천문학에서 엄청난 양의 데이터를 생산하고 있습니다.

예를 들어, 전파 천문학은 초당 5GB 데이터를 생산하고 있습니다. 물리학에서 거대 입자 가속기(LHC)는 초당 25GB 데이터를 생산하고 있죠. 그리고 생물 통계학에서는 개인의 유전자 열거형 데이터가 보통 수백 GB입니다. 이 모든 분야에서 데이터의 의미를 추출하기 위해 정교한 알고리듬을 사용하고 있습니다.

드 리 스 콜 **반면에 파이썬이 약한 과학 분야도 있나요? 있다면, 무엇이죠?**

반데르플라스 일부 분야는 오랫동안 사용해온 도구 사슬의 긴 역사를 가지고 있죠. 예를 들어 매트랩은 아마도 많은 엔지니어링과 응용 수학과의 표준으로 묘사되고 있습니다.

10년 전에는 IDL이라고 부르는 언어가 천문학 연구 대부분을 지배하고 있었지만, 현재 파이썬이 지배적인 언어가 되었습니다.

천문학의 이러한 변화는 두 가지 배경이 있습니다. 초기에 파이썬을 밀어주는 영향력이 큰 위치에 몇 명의 공상가가 있었습니다(예 : 우주 망원경 과학 협회Space Telescope Science Institute의 페리 그린필드Perry Greenfield). 그러고 나서 대학원생과 포스트닥 과정의 학생들이 서로를 열심히 가르치기 시작하더군요(예 : 소프트웨어 카펜트리[5] 워크숍과 싸이코더[6] 프로그램).

'파이썬의 가속도에 불을 지폈다는 것을 말합니다.'

커뮤니티 전반에 걸쳐서, 천문학 파이썬 도구 스택을 표준으로 만들기 위해 밀어 붙이고 있습니다. 그 결과가 바로 (경이로운) 아스트로피 프로젝트[7]입니다. 그 기반에는 파이썬의 가속도에 불을 지폈다는 것을 말합니다.

드 리 스 콜　　고맙습니다, 제이크 반데르플라스.

　　　　　　　제이크 반데르플라스

○

5   소프트웨어 카펜트리(software carpentry) : 연구원들에게 소프트웨어 기술을 알려주는 비영리 단체,
https://software-carpentry.org/

6   싸이코더(SciCoder) : 초보 연구원에게 과학 연구에 사용하는 현대 프로그래밍 사례, 언어와 도구를 가르
치는 5일짜리 워크숍 프로그램, http://scicoder.org/

7   아스트로피(astropy) : http://www.astropy.org/

21
김영근
Younggun Kim

김영근은 한국 소프트웨어 엔지니어이자, 판다스Pandas 기여자Contributor이다. 그는 현재 비디오 스트리밍 회사에서 VP of Engineering로 근무하고 있으며, 회사와 개발자가 함께 성장할 수 있는 좋은 개발 문화를 만드는데 노력하고 있다. 이전에는 핑크퐁으로 잘 알려진 스마트스터디의 기술본부장을 역임하였고, 서울과학종합대학원에서 MBA 학생들에게 파이썬으로 수행하는 데이터 분석 강의를 하기도 하였다. 그는 2016년부터 2017년까지 한국인 최초로 파이썬 소프트웨어 재단(PSF)의 이사로 활동하였다. "파이썬 라이브러리를 활용한 데이터 분석[1]"의 역자이기도 하다.

토론 주제	PSF, PyCon, 판다스 기여 활동, 커뮤니티
소셜 미디어 주소	@scari_net

O

1   http://www.hanbit.co.kr/store/books/look.php?p_code=B6540908288

O

본 챕터는 원서에는 없는 챕터로, 역자의 제안으로 한국인 최초의 PSF 이사인 김영근님을 인터뷰하여 한국어 번역본에만 추가된 챕터이다. 또한, 김영근님은 본 책의 원 저자인 마이크 드리스콜과도 인터뷰를 하였고, 최근 블로그에 해당 글이 공개되었다. 그 중 일부 내용은 본 챕터에 번역하여 삽입하였다. 관심있는 분들은 아래 전문을 읽어 보기 바란다 : https://www.blog.pythonlibrary.org/2018/09/17/pydev-of-the-week-younggun-kim/

조 인 석   **현재 하고 있는 일은 어떻게 되시나요?**

김 영 근   비디오 스트리밍 회사에서 Engineering VP를 맡고 있습니다. 회사와 개발자가 함께 성장할 수 있는 좋은 개발문화를 만드는 데 시간을 많이 쓰고 있습니다. 간혹 파이썬 소프트웨어 재단(PSF)에서 월급을 받는 것으로 오해하시는 분들이 있는데 PSF 업무는 모두 무급 자원봉사입니다. 회사 업무와는 별개로 PSF, PyCon APAC 멤버로 활동하고 있습니다.

조 인 석   **개발자가 된 계기가 무엇인가요?**

김 영 근   코딩을 처음 시작한 건 8살때였는데요. 소년 잡지에서 희망찬 미래에 대해서 얘기를 하는 기사가 있었는데 거기서 컴퓨터를 소개해주더라고요. 저한테는 또다른 세상을 창조해내는 마법 지팡이 같은 느낌이었습니다. 그 길로 어머니에게 컴퓨터를 하고 싶다고 졸랐고 그 당시 제가 여행할 수 있는 가장 먼 거리를 차로 이동하면서 학원을 다녔어요. 그때가 8살이었고, 처음 배운 건 알파벳이었어요. 저는 키보드로 알파벳을 배웠고 BASIC 언어에서 몇 가지 단어들을 배웠습니다. PRINT, RUN, GOTO 이런 단어들이요. 사실 단어의 의미를 알지는 못했어요.

컴퓨터를 사줄만큼 넉넉한 형편이 아니어서 처음 프로그래밍을 배우고 저만의 컴퓨터를 가지기까지 꽤 오랜 시간이 걸

김영근

렸습니다. 학원이나 학교에 있는 컴퓨터를 이용하는 게 전부였죠. 집에서는 BASIC 책에 있는 키보드 그림을 펼쳐놓고 타이핑을 하기도 했어요. 당시 학교 컴퓨터실에서 플로피디스크에 담긴 CAI 프로그램으로 수업을 진행하기도 했는데 코드가 BASIC으로 작성되어 있어서 죄다 엉뚱한 프로그램으로 고쳐놓기도 했었고 전교에서 그런 짓을 할 녀석은 저뿐이라서 교무실에 불려가기도 했었습니다. 매일 매일 코드를 작성하는 일이 무척 즐거웠고 처음부터 쭉 프로그래머가 되고 싶다고 생각했어요. 그렇게 CS(Computer Science)를 전공하고 자연스럽게 개발자가 되었죠.

> '매일 매일 코드를 작성하는 일이 너무 즐거웠고 처음부터 쭉 프로그래머가 되고 싶다고 생각했어요.'

조 인 석 **파이썬을 배우고 사용하게 된 계기가 무엇인가요?**

김 영 근 2000년대 초기에 IRC에서 알게 된 장혜식님이 파이썬 이야기를 자주 하셔서 관심을 가지게 되었습니다. 당시에는 임베디드 환경에서 시스템 프로그래밍을 하던 시기라 C 언어를 주 언어로 사용하던 시기였는데 운명처럼 회사 프로젝트도 파이썬을 채택하면서 본격적으로 시작했죠. 지금은 사라진 TG에서 출시한 LLUON이라는 데스크탑 컴퓨터의 미디어 센터 애플리케이션을 파이썬으로 작성했었습니다. 당시만 하더라도 코드가 낯설고 개발도 그렇게 잘하는 편은 아니어서 삽질을 많이 했던 기억이 납니다. 그 뒤로는 간단한 스크립팅이나 자동화 용도로만 사용하다가 점차 웹 애플리케이션, 데이터 처리에 파이썬을 쓰게 되었고요.

드리스콜	**파이썬 라이브러리 중 가장 좋아하는 라이브러리가 무엇인가요 (코어 or 써드파티)?**

김 영 근   misspellings입니다(https://pypi.org/project/misspellings/). 농담아니에요. misspellings은 소스 코드에서 오타를 찾아주는 라이브러리입니다. 제가 쓰기도 하지만, 오픈소스 기여자들에게 발표를 하면서 소개하기도 하죠.

제 발표에서 강조하는 것은 어려운 문제를 푸는 대단한 커밋 뿐만이 아니라, 버그를 보고하고, 오타를 고치며, 기부를 하는 것 또한 매우 가치 있는 기여 활동이라는 것입니다. 저는 misspellings를 기여자들이 쉽게 기여 활동을 시작하는데 사용하라고 조언합니다. 그들이 시작하기만 하면, 다음번에도 지속적으로 기여하게 될 것이고, 이는 미래에 모두에게 도움이 될 것이라고 믿습니다.

'저는 misspellings를 기여자들이 쉽게 기여 활동을 시작하는데 사용하라고 조언합니다.'

김영근

| 드리스콜 | **어떤 언어를 또 알고 있고, 가장 좋아하는 언어는 무엇인가요?** |

| 김 영 근 | 저는 굉장히 많은 프로그래밍 언어를 알고 있습니다. 오래된 것부터, 소수만이 아는 언어를 포함해서요. C가 제가 가장 오래 사용한 언어이기 때문에 가장 좋아하는 언어였습니다. 하지만, 지금은 파이썬을 가장 좋아합니다. 저는 C 언어를 수동 변속기를 가진 자동차와 비교하곤 합니다. 수동 변속기로 운전하는 것은 즐겁지만, 매일 교통 체증을 겪는 곳이라면 무척 귀찮겠죠? |

| 조 인 석 | **얼마나 자주 국내외 파이콘PyCon에 참석하시나요? 어떻게 시작하게 되었나요?** |

| 김 영 근 | 처음 파이콘 한국을 개최하기 전에, 대만에서 열린 파이콘 APAC에 무작정 찾아가서 한국에서도 파이콘을 하고 싶다고 도움을 요청했었습니다. 운영 노하우나 상세한 예산 내역 등을 친절하게 알려줘서 파이콘을 준비하는데 많은 도움이 되었어요. 그 이후로 파이콘 한국을 처음 개최하고 나서, 다음 해에는 규모를 더 키워야겠다고 생각했고 다른 나라 파이콘도 많이 가봐야겠다고 생각했습니다.

몬트리올에서 열린 파이콘 US에서는 행사기간 내내 세션 스탭으로 활동했었습니다. 발표자 선정과 발표 제안 리뷰 과정이 궁금해서 일본 파이콘에서 처음으로 발표자로 지원해 |

Younggun Kim

서 발표를 하게 됐고요. 홍콩은 첫 파이콘을 응원해주기 위해서 발표자로 지원했습니다. 첫 파이콘에서 발표자 모으는 일이 얼마나 힘든 일인지 잘 알고 있었으니까요.

이렇게 여러 파이콘을 다니다보면 전세계에 친구들이 생기게 됩니다. 아시아 지역 파이썬 커뮤니티라는 테두리 안에서 서로 교류하게 되는 거죠. 이렇게 한국 파이콘을 찾는 친구들도 많아졌습니다. 태국과 인도네시아에서는 파이콘을 열고 싶어하는 지역 커뮤니티 멤버들에게, 다른 지역 친구들이 제게 그랬던 것처럼 제가 알고 있는 노하우들을 몽땅 전해줬죠. 직접 가서 발표도 하고 응원도 해줍니다. 처음에는 1년에 3, 4번 정도 해외 파이콘을 참석하게 되었는데 올해는 파이콘만 9군데 참석했습니다. 월급 받아서 전부 파이콘 다니는 데 쓰는 기분이에요!

조 인 석   **판다스Pandas의 기여자가 된 과정과 스프린트 관련 경험을 들려주세요.**

김 영 근   우선, 저는 판다스 기여자contributor이긴 하지만, 머지merge 권한을 갖고 있는 코어 멤버는 아닙니다.

판다스 책을 번역하고 나서, 파이콘 대만에서 판다스 창시자인 웨스 맥키니Wes McKinney와 쥬피터Jupyter 노트북 창시자인 페르난도 페레즈Fernando Pérez와 이야기를 나눌 기회가 있었습니다. 대화 도중에 '사실 그 책 한국어 번역한 사람이 나야'

라고 이야기를 했는데, 코드 기여가 아니라는 게 조금 부끄럽더라고요. 이 두 분과는 그 이후로도 여러 차례 만나게 되었는데 코드 기여를 못한 부분이 계속 아쉬움으로 다가왔습니다.

그래서 파이콘 US에서 판다스 스프린트에 참여하고 첫 PR을 보내게 되었죠. 오픈소스 기여라는게 처음에만 어렵지, 한번 해보고 나면 계속 하게 됩니다. 몇번 해보고 나니 직접 프로젝트에 기여를 하는 것보다 더 많은 사람들에게 이런 경험을 나눠주고 싶었어요. 그래서 우여곡절 끝에 파이콘 한국에서 처음으로 스프린트라는 이벤트를 도입하게 되었고 생각보다 많은 분들이 스프린트 문화를 좋게 받아들이고 즐겨주셔서 앞으로도 계속 스프린트 모임을 만들 생각입니다.

| '오픈소스 기여라는게 처음에만 어렵지, 한번 해보고 나면 계속 하게 됩니다.'

조 인 석 **2016-2017 시즌에 한국인 최초로 파이썬 소프트웨어 재단 (PSF) 이사가 되셨습니다. 쉽지 않은 일일텐데, 어떻게 선출이 되신건가요? 그리고 본인의 경력에 어떤 영향을 미치고 있나요?**

김 영 근 "아시아 지역 파이콘마다 나타나는 한국인 개발자가 한명 있다더라."는 이야기가 있었나봐요. 쥬피터 프로젝트의 캐롤 윌링과 파이콘 필리핀에서 만났었는데, 저녁 자리에서 PSF 이사회에 저 같은 사람이 필요하다고 추천을 하고 싶다고 하시더라고요. APAC 커뮤니티가 막 활성화되기 시작하면서 유럽 지역의 "EuroPython Society"처럼 성장할 가능성이 보이던 시기였고, 아시아 지역을 대표하는 이사회 멤버는 없었던 상황이라, 괜찮은 후보를 찾았다고 생각을 했던 것 같아요. 그렇게 이사회 후보로 올라가고 투표를 거쳐서 이사회 멤버로 선출이 되었습니다. 글로벌 비영리 재단의 이사회 멤버로서, 엄청난 사람들과 함께 재단운영을 논하는 경험은 분명 값진 경험입니다. 어릴적 장래희망이던 개발자의 꿈을 이룬 뒤로, 제 2의 장래희망은 장학재단 운영인데요. 이 경험이 많은 도움이 될 것이라고 믿고 있습니다.

드리스콜 **혹시 더 하고 싶은 이야기가 있나요?**

김 영 근 아시는지 모르겠지만, 한반도의 평화가 곧 찾아올 것입니다. 한국인들의 오랜 염원이죠. 하지만, 70년간 분단된 세월 때문에, 생활 방식, 부, 정치적 신념 등의 어마어마한 격차가 우리를 매일 힘들게 할 것입니다.

저는 남한과 북한의 파이써니스타들이 한자리에 모여서, 커뮤니티에서 서로 배워가면서 양측간의 격차들을 초월하기 바랍니다. 그리고 이것이 한반도 평화를 위한 작은 기여가 되었으면 좋겠습니다.

만약, 이 인터뷰 글을 읽는 북한의 파이써니스타가 있다면, 제가 갈 때까지 조금만 기다려달라고 말씀해주시겠습니까?

김영근

조 인 석   **마지막으로 한국 파이썬 커뮤니티와 후배 개발자에게 조언 한 마디 부탁드립니다.**

김 영 근   지금 파이썬이 이렇게 다양한 분야에서 쓰이고 있는 이유는 바로 건강한 생태계 때문일 것입니다. 파이썬이라는 공통 주제 하나로, 구성원들 각각은 서로에게 동료의식을 가지고 있습니다. 동료의식에서 싹트는 존중과 배려는 구성원들이 커뮤니티 내에서 소속감과 참여감을 느끼게끔 만듭니다. 이런 소속감과 참여감을 통해 생태계에 기여를 하게 되고, 이런 자발적인 기여는 더 다양한 라이브러리, 더 풍부한 자료의 형태로 생태계를 발전시킵니다. 생태계가 발전하면, 여기에 새로운 사람들이 모여들고요. 이 사람들 역시 파이썬이라는 공통 주제 하나로 서로에게 동료의식을 느끼게 됩니다.

> '지금 파이썬이 이렇게 다양한 분야에서 쓰이고 있는 이유는 바로 건강한 생태계 때문일 것입니다.'

개발 커뮤니티인만큼 개발이 가장 기본이지만 다양성을 수용하고 모두를 동료로서 존중하며 받아들인다면, 그 생태계에 속한 우리들도 함께 성장하게 됩니다. 좋은 동료들이 이렇게나 많이 있으니까요! 모두가 생태계의 구성원이자 동료라는 사실을 잊지 마세요.

조 인 석   고맙습니다, 김영근님.

파이썬
핵심 개발자들과의
인터뷰

2019년 1월 14일 초판 1쇄 인쇄
2019년 1월 21일 초판 1쇄 발행

지은이 마이크 드리스콜
옮긴이 조인석

펴낸이 정상석
책임 편집 엄진영
마케팅 이병진
디자인 김보라
펴낸 곳 터닝포인트(www.diytp.com)
등록번호 제2005-000285호

주소 (03991) 서울시 마포구 동교로27길 53 지남빌딩 308호
전화 (02) 332-7646
팩스 (02) 3142-7646
ISBN 979-11-6134-037-1 (13000)
정가 18,800원

내용 및 집필 문의 diamat@naver.com

이 도서의 국립중앙도서관 출판예정도서목록(CIP)은 서지정보유통지원시스템 홈페이지(http://seoji.nl.go.kr)와
국가자료공동목록시스템(http://www.nl.go.kr/kolisnet)에서 이용하실 수 있습니다.
(CIP제어번호: CIP2018040173)